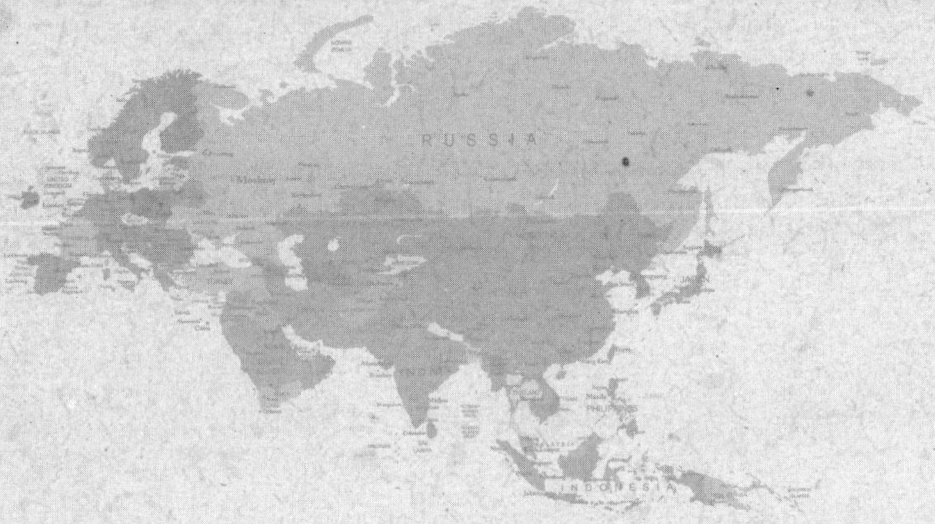
RUSSIA
INDONESIA

当代西方经济学经典译丛

Teachings from
the Worldly Philosophy

改变世界的经济学家

[美] 罗伯特·海尔布罗纳◎著

陈小白◎译

华夏出版社
HUAXIA PUBLISHING HOUSE

图书在版编目（CIP）数据

改变世界的经济学家/（美）海尔布罗纳著；陈小白译. —北京：华夏出版社，2016.1
（当代西方经济学经典译丛）
书名原文：Teachings from the Worldly Philosophy
ISBN 978-7-5080-8586-9

Ⅰ. ①改… Ⅱ. ①海… ②陈… Ⅲ. ①经济思想史-世界 Ⅳ. ①F091

中国版本图书馆 CIP 数据核字（2015）第 210216 号

Teachings from the Worldly Philosophy
Copyright ©1996 by Robert Heilbroner
First published as a Norton paperback 1997

本书中文版专有出版权由 W. W. Norton & Company 授予华夏出版社，版权为华夏出版社所有。未经出版者书面允许，不得以任何方式复制或抄袭本书内容。

版权所有，翻印必究
北京市版权局著作权合同登记号：01-2013-9174

改变世界的经济学家

作　　者	[美]罗伯特·海尔布罗纳	译　者	陈小白
策　　划	陈小兰	责任编辑	增慧　喻匀

出版发行	华夏出版社
经　　销	新华书店
印　　装	三河市兴达印务有限公司
版　　次	2016 年 1 月北京第 1 版 2016 年 1 月北京第 1 次印刷
开　　本	720×1030　1/16 开
印　　张	17
字　　数	277 千字
定　　价	49.00 元

华夏出版社　地址：北京市东直门外香河园北里 4 号　邮编：100028
网址：www.hxph.com.cn　电话：(010) 64663331（转）
若发现本版图书有印装质量问题，请与我社营销中心联系调换。

目 录

序 …………………………………………………………………… 1

一 最早期的经济思想 ……………………………………………… 1

圣经 ……………………………………………………………… 3
亚里士多德(公元前 384 – 前 322 年) ……………………… 6
圣·托马斯·阿奎那(1224 – 1274 年) …………………… 10

二 商业革命 ………………………………………………………… 13

简介 …………………………………………………………… 15
伯纳德·曼德维尔(1670 – 1733 年) ……………………… 16
托马斯·孟(1571 – 1641 年) ……………………………… 22
理查德·坎蒂隆(1680 – 1734 年) ………………………… 26
弗朗西瓦·魁奈(1694 – 1774 年) ………………………… 31
安·罗伯特·雅克·杜尔哥(1727 – 1781 年) …………… 37

三 古典经济学家 …………………………………………………… 47

亚当·斯密(1723 – 1790 年) ……………………………… 49
托马斯·罗伯特·马尔萨斯(1766 – 1834 年)和大卫·李嘉图(1772 – 1823 年)
………………………………………………………………… 86

约翰·斯图尔特·穆勒(1806-1873年) ······················· 103

四 卡尔·马克思 ··· 127

卡尔·马克思(1818-1883年) ····································· 129

五 边际主义者 ··· 155

杰里米·边沁(1748-1832年) ····································· 157
威廉·斯坦利·杰文斯(1835-1882年) ······················ 164
莱昂·瓦尔拉斯(1834-1910年) ································· 172
阿尔弗雷德·马歇尔(1842-1924年) ·························· 179

六 二十世纪的经济学家 ··· 193

托斯丹·邦德·凡勃伦(1857-1929年) ······················ 195
约翰·梅纳德·凯恩斯(1883-1946年) ······················ 207
约瑟夫·阿洛伊斯·熊彼特(1883-1950年) ··············· 233

跋 ·· 260
思想的力量——译后记 ·· 263

序

　　四十多年前,我还是一名研究生,在无知者无畏——我曾经描述为只有研究生才具有这种既自负又无知——的情况下,便着手撰写经济思想演进史,我希望其标题是朗朗上口的《世俗哲学家》。当时我并不知道,爱德华·吉本在其经典著作《罗马帝国衰亡史》一书中,已经使用了这个一模一样的字眼,来描述罗马帝国中寻求对早期基督教神父有关修来世的建议进行反击的最高权力顾问们,而非经济学家,那时候还没有经济学家的踪影呢。[①] 不论是由于标题的缘故,还是因为它填补了某个缺口,我的那本书确实找到了销路,而且一直到今天都为人所用,真是老天保佑。

　　该书出版后的40年来已有若干个版本,我一直在更新书中的内容,但是有一项主要的修订始终没有触及,这就是找到一个办法,把那些对经济思想的兴起和更替感兴趣的读者,引向这些大经济学家们的亲笔著作。这也是我希望在这本新书中要实现的目标。本书尽管与其已届中年的父本有联系,却自有根基,独立成篇,因为它以不同的方式介绍经济学先驱们的思想,即,让这些世俗哲学家"现身"说法。"真货"无替代品,世事往往如此。

　　为了便于驾驭这项任务,我对他们的文字采用了两种自由的做法。首先是大大限制这门学科的代言人数量。在近期权威的经济学综述中[②],其贡献颇值得一书的经济学家接近1000位,我只是选取了不到20位来代表其历史轨迹。这就要

[①] 爱德华·吉本,《罗马帝国衰亡史》,《现代图书馆经典图书》,未注明出版日期,第一卷,第412页。
[②] 《新帕尔格雷夫经济学大词典》,约翰·伊特韦尔、默里·米尔盖特和彼得·纽曼编撰。纽约,斯托克顿出版社,1987年。

求把注意力集中在少许关键人物身上,譬如亚当·斯密、约翰·斯图尔特·穆勒、卡尔·马克思、约翰·梅纳德·凯恩斯及另外几个屈指可数的人,而对其他的代表性人物,其中的一些人物虽然在本学科中赫赫有名,本文只用数页篇幅论及,甚至完全略过。这是因为,我感兴趣的是提供一种概览而非一览表,一本可供实际阅读的书,而不是注定会永远束之高阁的著作。还应该提及,我的这个限制可被读到的代言人的决定,使本书能够以凯恩斯和熊彼特结笔。这也免除了我在当今许多广为人知但其历史性贡献尚有待时间检验的经济学家中间进行选择这一令人反感的任务。我们拥有的一流分析家数以十计,尘世哲人却难以寻觅。

我的第二项自由随第一项而来。我允许自己自由地充当一名讲解员,而不只是编撰者,不论是在事前还是事后,追着每一位作者,求他指出我精选出的语句的意义,就是在其作品的每个部分之间也常这样做。我希望这些插入语能够充当阿里阿德涅之线,帮助读者——不论他/她是蜻蜓点水地浏览,还是系统地阅读本书——找到所需的主题,将那些对于那演进中的更大的经济思想主体而言其意义也许不那么明显的思想关联并统一起来。然而,我只是作为画廊导游而非代言人出现。本书中的作者都是大经济学家,本书中规模宏大的叙事是他们的,而不是我的。

此外,我应该强调,书中的节录不费吹灰之力便能以小见大,展现其作者的全部成就。我还撇开了他们文本的许多部分,其中一些本身就具有相当的重要性,因为我认为它们不适合进入也许可被称为的经济思想大图景之中。可见,我选择节录的首要标准是,我奉献出的东西有重要意义,并对读者产生足够的内在兴趣,从而把一些读者吸引到一个苛刻得多的任务上,即,当他们看到节录时,会有兴趣对原书探究一番。因此,我的希望是,我的两本书合在一起,将以任何单一的一本书都不能完成的方式帮助读者增进对经济学的理解。

其次,是不可或缺的感谢。我的同事威廉·米尔伯格和杰森·赫克特以关爱之心阅读了手稿,既给予了我鼓励,也提出了批评,这些都是不可缺少的。另外,我要稍微解释一下。当我完成《世俗哲人》[①]一书时,我对书名若有所失。正如我在该书的最后一个版本中所讲述的:

[①] 中文版本名为《几位著名经济思想家的生平、时代和思想》。——译注

我很清楚,"经济学"一词已经没有任何票房价值,于是我苦心孤诣地寻找一个替代物。一个……至关重要的午餐是和《哈珀》杂志编辑弗里德里克·阿兰共进的。我给他写过几篇文章,他对我友善之至并帮助极大。我向他诉说了给书命名的踌躇,告诉他我想把书名定为"金钱哲学家",虽然我也知道,"金钱"一词不太恰当。他说:"你的意思是'世俗的'吧。"我说:"这顿午餐我买单。"

类似的一幕在本书尚处于打字稿的时候发生了。当时我和一个老朋友正共进午餐,我对他说我正在考虑将书命名为《来自世俗哲理的教训》,但对于"教训"一词不太有把握。他说,"你的意思是'教导'吧"。于是我告诉他这顿午餐我买单。我买了单,但我并没有提及,我当时已经知道献词页上该署谁的名字。

罗伯特·海尔布罗纳

一 最早期的经济思想

圣 经

应该从何处开始搜寻来自经济思想史的教训呢？本章标题给出的是答案，而不是理由，我们将会在适当的时候，对后者给予解答。

下面的文字是从我们在圣经（其时间跨度至少二百年的著述集）里找到的有关财富的评论中抽取的小小样本。尽管如此，这些最早时期的知识却给了我们一个机会，去思考我们肯定会认为是位于经济学核心的一个问题，即获取财富的动力。在我们细细品读这个虽然简短却具有代表性的对财富贬多褒少的样本之前，我不想再对它多说些什么了。

《申命记》

第15章第11节：原来那地上的穷人永不断绝，所以我吩咐你说："总要向你地上困苦穷乏的弟兄松开手。"

第23章第20节：借给外邦人可以取利，只是借给你弟兄不可取利。这样，耶和华你的神必在你所去得为业的地上，和你手里所办的一切事上赐福与你。

《传道书》

第10章第19节：设摆筵席，是为喜笑。酒能使人快活，钱能叫万事应心。

《提摩太前书》

第6章第9节：但那些想要发财的人，就陷在迷惑、落在网罗和许多无知有害的私欲里，叫人沉在败坏和灭亡中。

第6章第10节：贪财是万恶之根……

《箴言书》

第13章第11节：不劳而得之财必然消耗，勤劳积蓄的必见加增。

《马太福音》

第19章第24节：我又告诉你们，骆驼穿过针的眼①，比财主进神的国还容易呢。

现在就我们自身的目的谈谈这些苛评和赞语的相关性。有一个方面的问题是显而易见的。圣经对它认为值得考虑的各种行为的社会后果没有什么要说的。高利贷受到了激烈的谴责，但是关于如果人们收取了利息——这正是高利贷意之所指——会产生什么后果，却什么都没有说。以同样的方式，圣经告诉我们，追求财富会导致我们受此诱惑和更糟的结果，但它并没有说为什么，例如，一个人财富的增加必然会减少另一个人的财富。同样，为什么得之于虚荣的财富会减少，而得之于劳动的财富会增加呢？

提出这样的问题是为了快速抓住问题的根本。获取财富未被认为是某个特殊社会阶层的一个属性，而只被认为是一项以追求者的道德品质为代价才能成功的私人活动。换个方式来说，追求财富几乎完全被认为是一个道德问题，而非"经济"问题。这是一项具有严重的个人后果的活动，而不是一个会引发一连串社会后果的活动，不论是有益的还是其他的后果。减轻穷人的痛苦也是如此，对于穷人，我们被要求出于我们自身的道德安宁考虑（以及无疑为了改善他们的物质状况）而伸出我们的援助之手，但不是为了促成社会条件的改变，使之作为一种普遍存在的条件减少贫困，即绝不再让这片土地产生贫困。

圣经的这些话语，一言以蔽之，是在财富成为一种使那更大的社会整体有活

---

① 针的眼指的是一个窄门，大概位于耶路撒冷的城墙上。

力和成为一体的机制的一部分以前,在某个可识别为"经济"的东西已经从周围的社会中分离出来以前关于财富的表述。它不属于"经济学"而属于伦理学,这肯定不是一个次要的类别,而是一个不同的类别。

那么,这些话语为什么仍在现代人的耳朵中回响呢?答案虽然不那么清楚,但我认为,一旦我们认同它就是有说服力的。这在于不论是《旧约》还是《新约》的作者们在谈及财富时的爱恨交加的矛盾心理。为什么会是这样呢?更有趣的是,为什么一直持续如此呢?为什么我们"理解"这种关于财富的矛盾心理是一致的,尽管古代时期和我们的现代时期之间横亘着巨大的鸿沟?

经济学中没有任何关于这个问题的文献,而且在这方面而言,只是心理学中勉强有那么一篇。① 我本人倾向于把这种矛盾心理视为下述事实的结果:财富始终是权力的一个代表,人们对权力也是既爱又怕、既抵制又崇拜的。不论其起源如何,不安感在财富的驱动力被严格地认为是一种私人的、要冒道德风险的事业之后很久,在这种驱动力被人们作为下述动机接受之前很久一直存在:这种动机即使不是特别高尚,但也是与其作为"进步的"社会制度之活跃性力量的应有权利相一致。

那么,这是什么时候发生的呢?一位社会史学家会暗示说,它起源于十六世纪初期,马丁·路德的新教与一种新兴的、尚未完全成型的、后来被称为资本主义的社会秩序和平共处的时候。但是在亚里士多德的作品中,至少有了一个对这种变化的预示。我们接下来就要谈到亚里士多德,他是一切哲学家中的最富预见者。

---

① 对于感兴趣的读者,我推荐精神分析领域的先驱奥托·费尼切尔所作的一篇杰出的文章:"集聚财富的动力",《精神分析季刊》第一期,1938年。

亚里士多德

(公元前 384 – 前 322 年)

亚里士多德与柏拉图一道,并称为古希腊永恒的智者。正如我们预期的,他也从道德的视角,对"经济"生活的事务发生了浓厚的兴趣。于是,他把一切买卖活动分为两大类:那些跟家政管理或维持一个良好运行的国家有关的活动,以及那些与纯粹为了赚钱而赚钱有关的活动。第一类他称之为 oeconomia,"经济学"即由此而来;第二类他称之为 chrematistike①。

不止一位经济学家提出,我们的对象应该更名为"理财学",但不论是好是坏,oeconomia 仍然是其语言学之根。我们的第一个摘录来自《政治学》,探讨了赚钱的哪个部分可以被认为是经济的,哪个部分又是理财的问题。其答案与亚里士多德的一般道德原理十分契合,即在于有界限的因而是"自然的"活动和没有界限的因而是"违反自然的"活动之间的区别。鉴于亚里士多德的观点,经济活动是自然的,而理财活动是违反自然的,就不令人奇怪了。

《政治学》

卷 一

在取得财富的技术中,有一种是属于自然的,是家务管理的一部分。要么我们假定生活必需品先前已经存在,要么家务管理技术必须提供许多的生活必需品

---

① 古希腊语,意为对他人毫不关心,只追求自己的财富。理财学 chrematistics 一词便由此而来。——译注

以为家庭或国家共同使用。它们是真财富的要素;因为美好生活所需要的财产的量并不是无限度的……【但是】还有另一个获取财富的技术,通常称作赚钱术或生财之道,这个名称很恰当,这实际上意味着财富和财产无限度这一概念。由于上述后者与前者密切相关,因此常常把二者混而为一。但是,虽然它们并非很不相同,却也绝非完全一样……

自然财富和赚取财富的自然技术与求取货币在性质上是不同的,它们实际上是家务管理的一部分,而买进卖出是产生财富的技术,这里所使用的手段不是别的,而是通过交换。交换似乎跟货币有关,因为货币是交换的出发点和目的。由这种赚钱技术所获得的财富是没有限度的……但是,家务管理技术则是有一个限度的,无止境地求取财富不是它的事……

如上所述,有两种生财方式,一种是家务管理的一部分,另一种是买进卖出;前者是必要的、体面的,后者是一种交换,应当受到谴责,因为它是违反自然的,是互相谋取利益的一种方式。最令人可憎的方式是高利贷,我这样说是有充分理由的,因为高利贷不是对金钱的自然使用,而是从钱本身获取利益。金钱是在交换中使用的,不是供人们用利息的方式来进行增殖的。而高利贷一词的意思就是,母钱可以生子钱,就好像父母生子女一样。这表明,高利贷在一切生财方式中是最不合乎自然的。

关于生财的理论就说到这里,我们现在要说一说生财的实践部分。对这类问题的讨论在学术上不是没有价值,但实际从事之却是件既鄙陋又惹厌的事。[①]

接下来是对被适当地认为属于经济范畴的赚钱活动的某种考虑,主要是农业和畜牧业,包括养蜂或饲养某种有用的动物或鱼类。属于理财范畴的赚钱诸部分是海路或陆路贸易、商店卖货;高利贷;以及提供个人雇佣服务。其他的职业,比如伐木业和采矿业,占据了经济活动和理财活动之间的位置,可是正如亚里士多德评论的,"在这里对它们给予较长篇幅的叙述将是令人生厌的"。

但是亚里士多德让我们感兴趣还有一个原因。由于他不喜欢理财活动,他是第一位认识到在市场事务的行为中,存在着一个分析性以及道德性问题的哲学

---

① 摘自门罗,《早期经济思想》,哈佛大学出版社,1930 年,第 15–20 页。

家。我们可以在下面摘自《尼各马可伦理学》的选文中看到这个新的见解。它探究了向个人支付适当比例的工作报酬的问题。

《尼各马可伦理学》

卷 五

假设甲代表一名建造商，乙为一名鞋匠，丙为一幢房子，丁为一双鞋子，则那名建造商应该从鞋匠那里取得其产品的一部分，而作为交换，把自己产品的一部分给予鞋匠。这时，如果首先就存在着一种成比例的等式，则报答或互惠关系就会跟着发生，我们所说的结果将会实现。否则，这种交换就不会是平等的或持久的。

……由此可知，能成为交换对象的那些事物，必须在某种意义上是可比较的。这就是所以发明货币的理由。货币是一种媒介或中介，因为它可以衡量万事万物，因此可以度量出其他物中之有余或不足，例如若干双鞋子等于一幢房子或一餐饭。就一名建造商相对于一名鞋匠来说，必须以那么多双鞋子交换一幢房子或一餐饭，否则彼此之间就不会有交换或联系了。但是，除非使那若干双鞋子、那幢房子和那餐饭在某种意义上是相等的，否则这种交换或联系便不可能发生。因此，如前所述，这就出现了对单一的普遍的度量标准的必要性……这种标准实际上就是对互惠互济的需求，使社会凝聚在一起所依靠的就是这种力量。因为如果人们无所需要，或者他们的需要各不相同，那么，要么就没有任何交换，要么就跟现在的情况完全不同……

因此，货币就像是可以使事物彼此等价的一把尺子，它使一切事物可以用同一标准来衡量；因为没有公度性便没有相等，没有相等便没有交换，没有交换则一切联系、结合就从无谈起。

要使这世上纷繁复杂、多种多样的事物成为可衡量的事物，虽然看上去好像是不可能的，但实际上是完全可以办到的。这里必须有一个单一的标准，一个获得举世公认的标准……假设甲为一幢房子，乙为10迈纳①，丙为一把睡椅，现

---

① 古希腊和埃及等的货币或重量单位。——译注

在假定甲是乙的一半,也就是说,那房子值或等于5迈纳;再假定那睡椅丙是乙的十分之一。十分明显的一点是,这是货币发明以前的交换方式;因为为取得一幢房子,无论是5把睡椅,还是5把睡椅的价值,是没有差别的。①

由于交换涉及向人们生产的商品或他们提供的服务支付款项,其分析使亚里士多德遭遇到价格背后的基本理论问题。在"价值"的名下,定价问题将成为那些在亚里士多德之后大约两千年才出场的经济学家的一个中心问题。对他们来说,价值作为一个判断市场机制效率的手段是重要的。但亚里士多德处理了真正的问题:市场分工使其参与者获得了什么,才允许交换变成正规化的手段,即,一种使社会持续而非社会不满的手段?

---

① 门罗,《早期经济思想》,哈佛大学出版社,1930年,第27-28页。

圣·托马斯·阿奎那

(1224–1274 年)

　　同亚里士多德一样,圣·托马斯·阿奎那也不关心像我们目前所知的经济学,而是关心与道德问题纠缠在一起的经济学。根据普遍的共识,作为中世纪最伟大的哲学家,阿奎那著述了大约 60 部著作,这些著作取得了就后来的学术论文而言与亚里士多德此前的作品相同的地位。其中,《神学大全》无疑是最伟大的。该书分为三大部分,其中第一卷和第三卷分别专门论述上帝和基督的性质,《神学大全》第二卷致力于研究人类行为的性质和后果。让我们感兴趣的正是此卷。

　　就他们聚焦于道德而非"经济"行为的物质结果而言,阿奎那所关心的跟亚里士多德类似,但是有一个有趣的差别。亚里士多德对经济活动和理财活动的划分依行为的"自然"方面和"非自然"方面之间合乎逻辑的差别而定,就像亚里士多德对这些属性比较考察的那样。但截然相反的是,阿奎那的考察与其说基于他本人对这些属性的性质的评估,远不如说是基于他对那些给予它们合法地位或使它们丧失合法性的权威所作的判断(从未给予明确说明)。在本段落下面的摘录中,我们应该注意他是如何通过引用三位权威人士(其中包括亚里士多德在内,他是以其中古名字"那位哲学家"出现的)的言论,从正反两方面对他列举的情形进行论证的。正如在其他的情形中一样,在这个情形中,结果不是依据逻辑的或实用的正当理由来确定,而是依据它们在每个方面的相对道德权重来确定。因此,在下面的第一个情形中,我们发现了三个正方论据,而只有一个反方论据,但反方赢了,因为它依靠的是《新约》。

《神学大全》，问题第七十七

关于在买和卖中所犯的欺骗罪行

接下来，我们必须探讨与自愿交易有关的罪恶：首先，在买和卖中所犯的欺骗罪行；其次，放债时收取的高利贷。因为就自愿交易的其他形式来说，并没有哪种跟抢掠或偷盗明显分清的罪恶曾被指出过。

第一条　一个人是否可以合法地按照高于物品价值的价格出售该物品

第一条可分析如下：

（1）一个人似乎可以合法地按照高于物品价值的价格出售该物品。因为在人类生活的交换活动中，公正与否是由罗马法规定的。但是依照这个法律，买者和卖者之间的相互欺骗是合法的（《法典》，第四册，第44条《论废除交易》），而这种情况往往发生在卖者按照高于物品价值的价格出售该物品，或者买者按照低于物品价值的价格买进该物品的时候。因此，一个人按照高于物品价值的价格出售该物品是合法的。

（2）此外，那种对所有人来说都很寻常的事，似乎都是自然的和没有罪恶的。但正如奥古斯丁所说（《论三位一体》，第三章，第13节），某个行动者所说的那句俗话是所有人都接受的："你总想买得便宜些，卖得贵些。"这句俗话也很符合《旧约·箴言》第二十章第14节中的那句话："买者说：'不好，不好！'及至买去，他便自夸。"因此，高于实值卖出低于实值买入物品是合法的。

（3）再者，根据协议来做那种为荣誉的要求所需要的事，似乎是不违法的。但根据那位哲学家的意见（《伦理学》，第八章，第13节），在那种以效用补偿为基础的友谊中，应该遵照把自然增生出来的利益给予受益者的原则；而这种利益有时是会超过所给予物的价值的，比如，一个人或者为了避险或者为了得利，而对某物品需要得很多的时候，就会发生这种情形。因为，在买卖契约中以高于所值之价出售物品是合法的。

但正与此相反的，是《马太福音》第七章第12节："所以无论何事，你们愿意人怎么待你，你们也要怎么待人。"但是没人愿意按照高于其实值的价格来得到卖给他的物品，因此人们都不应该按照高于其实值的价格把物品卖给别人。

我的回答是，为了达到按照高于公正价格的价格出卖物品的特殊目的而进行欺骗，是完全有罪的，因为一个人欺骗了他的邻人，会使邻人蒙受损失。所以西塞罗说（《义务论》第三章）："所有的欺骗行为都应当从契约中删除掉；卖者不应该促使某人故意出高价，买者也不应该促使某人故意出低价。"①

就这样，马太的意见占了上风，尽管最后的那个绝对肯定的陈述——"我的回答是完全有罪"——使西塞罗成了一个同盟。在阿奎那的所有著作中，我们发现了一种可能有其自身逻辑的论证方式，但那不是我们时代的论证方式。因此，关于阿奎那对于其他问题的类似处理，比如，出售是否因所售物品中的缺陷而使之不合法；卖方是否一定要说明某件所售物品中的缺陷；在交易中以高于支付价出售物品是否合法；或者是对各种高利贷形式的冗长讨论，我们将不再赘述。所有这些情形会使问题复杂化，因为正如我们所知，它们都不是经济学论证。

因此，从这个简短的讨论所能得到的有益的东西，并不是它的分析方式，而是对于那个古代时期如何看待不同"经济"问题的评价。在那个时期，人们尚未摆脱那种通过交易——而非通过军事胜利——而获利天生就是可疑的古代观念；市场是有用的，但交易的条件应根据它们的"公正性"，而非它们的功效来作判断；商业意图的重要性超过结果。对这样一个世界的这么一瞥为将要到来的大变迁搭建了舞台。作为一套道德问题的经济学世界必须让位于这样的世界：在这个世界中，经济学变成对一个完全不同的问题——一个由市场驱动的社会如何运转——的研究；在这个世界中，亚里士多德的问题和阿奎那的问题看起来几乎是晦涩难懂的。在下一篇中，我们将读到人们最初是如何尝试着去理解这样一种陌生的事态的。

---

① 门罗，《早期经济思想》，哈佛大学出版社，1930年，第53-54页。

二 商业革命

简　介

　　一个市场驱动的社会在阿奎那的时代已经显露了最初的一些端倪。驮运货物的商队早在公元九世纪就已出现，他们沿途穿过大大小小的封地和公国。到那时，封建领地已经有每周定期举办的集市，商人们可在集市出售从意大利甚至更遥远的地方运来的货物，农民则在集市售卖农产品和手工织物或者自制的物品。

　　这是阿奎那的问答已经探讨过的世界，但是在十七世纪以前，市场的范围尚未达到类似于一种市场"体系"——羽翼丰满的资本主义制度的前身。到那时，封建制度已经演进为国家实体的形式，至少在英国、法国和低地国家是如此；农奴制度开始让位于一种自由的劳动队伍；一千座城镇涌现出来，它们拥有行会控制的小型作坊，具有一种相当的商业气息。

　　这种正迅速变化的社会结构将有三个方面引起本篇中诸作者的兴趣。首先是日益看出，一个赚钱变成一种越来越普遍的活动的社会，是不可能轻而易举地将诸般在阿奎那的学说中例证的教会戒律应用于日常生活现实的。其次，因为对外贸易也开始在这些新的民族国家所考虑的事务中占据更重要的位置，各种问题出现了，对于这些问题，较早期的思想家们是根本没有任何答案的，即，一个人能不能从国外购买到超过其所售出的货物？如果商人用外国的金币兑换纯粹的商品，这是否可以接受？最后，在看似杂乱无章的市场活动背后，是否隐藏着某种赋予市场秩序的机制？

伯纳德·曼德维尔

(1670–1733 年)

我们首先讨论伯纳德·曼德维尔于 1705 年出版的一首诗。曼德维尔是一名土生土长的荷兰人,后来在英国学习医学并行医。这首原名为《抱怨的蜂巢》或《无赖转为诚实》的诗作,先后于 1714 年和 1724 年重印,并增加了述评。诗作立刻引起了一场全国性的公愤;事实上,一个大陪审团经审判后宣布它是"令人生厌的东西",而且在大众媒体上,诗的作者被称为"恶魔人"①。但是萨缪尔·约翰逊发现它是大量启示的源泉,而且,或许由于其中有诽谤性的内容,它立刻变得家喻户晓。

《蜜蜂的寓言》的内容是侮辱性的。在一个商业社会中,欺骗、奢侈和浪费也许是罪恶的源泉,但它们也是繁荣的原因。在该诗中,曼德维尔把带有可怕后果的诚实诅咒加在了这样一个繁荣的社会上。我们将在下文中将看到这一点,只是内容大为节略:

抱怨的蜂巢

宽敞的蜂巢有众多蜜蜂聚居,
他们的生活实在是奢华安逸;
这蜂国素以法律和军队驰名,
它繁育着庞大而勤劳的蜂群。

---

① Man-Devil,这里用了双关,因为作者的姓是 Mandeville。——译注

这蜜蜂之国的确可以被列入
科学与勤勉的一方伟大苗圃……
大群的蜜蜂涌进兴旺的蜂巢，
那众多的蜜蜂更使它们繁茂；
数百万蜜蜂无不在纷纷尽力
满足着彼此间的虚荣和贪欲；
而另外数百万蜜蜂则被雇来
目睹他们的手工在横遭破坏……
有些拥有丰沛股本，痛苦很少，
他们全力投入生意，收益丰饶；
有些则注定使用斧头和铁铲，
肩负着一切艰苦辛劳的重担；
那不幸者，则情愿日日挥汗，
气力用尽、四肢疲惫才能用饭；
另一些则从事那些神秘工艺，
唯有少数蜜蜂才能成其徒弟……
他们是骗子、寄生虫、皮条客和优伶，
是小偷、造假币的、庸医和算命先生……
此辈被称为骗子，他们否认此名，
严肃勤勉者也无不徒有其名；
一切行当和地方都存在欺骗，
没有一种行业里不包含谎言……

因此，每个部分虽都被恶充满，
然而，整个蜂国却是一个乐园……
贪婪，这个衍生出邪恶的根基，
这该诅咒的劣根的天生恶德，
乃是那些挥霍者的仆从奴隶。
挥霍是一种高贵罪孽；而奢侈

亦在支配着上百万劳苦之士，
可恶的骄傲则主宰着更多人；
皆因为嫉妒心和虚荣心本身
均为激励勤勉奋斗的传道人；
他们那种可爱的愚蠢和无常
见诸其饮食、家具以及服装。
那恶德虽说是格外荒唐万分，
却在摇动着贸易的车轮前进……

恶德就这样养育了机智精明……
其威力无比，竟使那赤贫者
生活得比往日阔人还要快乐，
因此他们的所求已没有再多……

一旦众生了解了至福的界限，
便会懂得其幸福是何等虚幻！
下界凡胎所拥有的那种完美，
已非上界众神所能一一具备……
但他们虽每每取得邪恶成功，
却喜爱那班无可救药的生灵，
即那些该死的政客、军队和舰只；
虽然人人喊叫着骗子手该死……
但最后，被抱怨感染的主神
……终于愤怒地发出了誓言，
使那个抱怨的蜂巢全无欺诈。
神实现了誓言。欺诈刚离片刻，
诚实便充满了蜜蜂们的心窝……
众神啊！蜜蜂是何等惴惴不安，

二 商业革命

其变化又是何其广泛而突然!
半点钟之后,在整个蜂国里
一磅的价值跌至仅值一文钱……

现在我们看看这光荣的蜂巢,
看看诚实与商业的相合相交。
虚饰已不复存在,正迅速消失;
而另一种面貌已经取而代之。
因为现在已不仅是个别蜜蜂
每年都在市场花去大笔开支;
而以劳作为生的众多蜜蜂,
每天都不得不作同样的劳动。

土地和房屋的价格急剧下降,
贬值的还有奇丽的殿宇宫墙;
犹如底比斯宫殿被当作赌注,
等待出租……
建筑业亦几乎全被弃诸一旁,
没有任何人想雇用建筑工匠。
高傲的克洛亚为了过得豪华,
曾经迫使她丈夫去抢劫国家。
而现在她卖掉了自己的家具,
酒鬼们一直拼命将它们寻觅……
骄傲和奢侈已经日益减少,
众蜂便不再到大海上飘摇。
不单是商号,而且所有公司
现已将工场作坊全部关掉。
各行与各业无不弃绝扯谎;

而那种毁灭了勤勉的满足
则是众蜂赞美简朴的器具,
不寻觅亦不贪图更多的东西……

寓　意

因此不必抱怨;傻瓜只会竭力
去使一个诚实的蜂国变得伟大。
为了享有世间最多的便利,既
赢得战争荣耀,又要生活安逸,
不存在重大的恶德;但这不过
是他们头脑里的一个理想国。
每当我们享受各种益处便利,
亦必定见到欺诈、奢侈和骄傲。
饥饿无疑是一种可怕的瘟疫,
但是有谁在一生中未曾感到?……
纯粹的美德没法使各国变得
繁荣昌盛;各国若是希望复活
黄金时代,就必须同样地悦纳
正直诚实和坚硬苦涩的橡果。[①]

对此,曼德维尔是否有"答案"呢?这是今天的现代经济学尽量回避的一个问题。也许正如曼德维尔所说的那样,商业社会把至少是一些穷人的物质命运提高到了早期社会中的富人闻所未闻的水平。也可能像曼德维尔所坚持的那样,适度欺骗的运用(比如广告上哄骗劝诱的用语)、对奢侈的鼓励及对自尊心的诉求是一个忙碌的蜂群——我们也许可称之为一个商业文明——所必不可少的驱动力量。

[①] 伯纳德·曼德维尔,《蜜蜂的寓言》,菲利普·哈思编辑。企鹅出版社,1970年,第63－76页。从原作节选。

承认这一点，就是承认这个文明依赖于那些不会满足亚里士多德或阿奎那之标准的动机和行为。这样一个文明能否依靠一个不那么惹人厌恶和苛求的基础来支撑其物质成就及其相当的政治进步，这个问题位于我们生活方式的核心，但它并不处在今日大多数经济学家所专注的问题的核心。如果暂时回顾一下亚里士多德的两个分类，那么，现代经济学已经极大地澄清了理财活动所提出的许多问题，但在经济活动方面，就几乎不能这么说了。

托马斯·孟

(1571–1641 年)

　　曼德维尔关于俗世事务中诚实和欺骗的异端邪说明白无误地宣告了 17 世纪观念的根本变化。意义不逊于此的，是亚当·斯密所谓的商业社会"重商主义"的兴起。并不存在任何明确的重商主义的作者名册，他们或许可被视为许多类型的前亚当派。然而在英国，有一个重要的群体是由撰写有关货币和对外贸易的作用的商人组成的。

　　在他们的作品出现之前，盛行的是亚里士多德的观点。正如我们已经见到的，亚里士多德强调，货币的功能本质上是提供一种交换的媒介。重商主义者则大大突出了货币的重要性，把货币等同于"财宝"，这是一个流行的重商主义术语。财宝主要是指统治者们设法聚敛的窖藏黄金，部分是为了支持高昂的宫廷开支，部分是为了资助雇佣兵的招募。当时更加特别的是，重商主义者为黄金出口辩护，他们把黄金当作一种像羊毛一样的纯商品。当然，他们认为黄金能够购买进口商品，轮到再把进口商品出口时，给母国带回更大的黄金流。

　　在我们的第一篇节录中，我们将读到托马斯·孟所写的关于蓄积财宝的阐述。孟是一位十分成功的商人和东印度公司的董事，他主张，对英国来说，追求贸易顺差——即出口超过进口——是压倒性的需要。（对一国的这种建议如何能够与对其他国家的类似建议对上号，这是重商主义者未曾考虑的一个问题。）无论如何，在孟身上，我们看到了一种对市场经济体的分析方法，这是激进的再评估时期的又一迹象。

《英国得自对外贸易的财富》

第二章 使王国致富和增加我们财富的手段

虽然一个国家可以由所得的礼物或购自他国的货物而增加财富，但这些事情到底在什么时候发生，却是没有把握的，也是无足轻重的。因而增加我们财富和现金的通常手段乃是对外贸易，在这点上我们必须时时谨守这一原则：在价值上，每年卖给外国人的货物，必须比我们消费他们的更多。我们可以假定，这个王国获有布匹、铅、锡、铁、鱼类和他国产品的丰富供应，另外每年尚有价值220万镑的剩余货物输往外国；靠着这笔出口，我们能够从海外买到并输入价值约200万镑的外国货物，以供我们使用和消费。我们在贸易上遵循着这种惯例去做，就可以稳稳地保证我们的王国每年一定会增多20万镑的财富，并且一定是大部分以现金的形态带回祖国；因为在我们所出口的货物里，既然有一部分没有以货物的形态换回一些东西，它必然以现金的形态带回本国。

在这个方面，一个王国的财富中所发生的事情，正如在一个私人的财产里发生的一样。假定某一个私人每年有1 000镑的进款，并且在他的钱柜里有2 000镑的存金；如果这样一个人由于生活奢侈，每年竟然要花1 500英镑，那么他的全部存金将在五年之内就花光了；在同样的时期，如果他采取了一条节约的途径，一年只花500镑，那么他的这一笔存金就将加倍了。这一准则就是在一个国家里也是同样适用的……

第四章 输出我们的货币借以换得商品乃是增加我们财富的一种手段

这一命题与一般的看法如此分歧，甚至于非得有许多的论证予以证明，才能为大众所接受。他们在眼见任何数量的金钱从祖国流出时，都会大声叫苦，一口就认定我们已经丧失了这许多的财富了，并且这就是直接违反了已有长久历史并集中这个王国的智慧在国会制定和批准的法律;不仅如此,他们还以为西班牙本身就是藏金之窟,可是连它都要禁止现金出口,当然也有某些仅有的例外。对于所有这些意见,我也许可以这样回答:就是威尼斯、佛罗伦萨、热那亚、荷兰与比利时等低地国家以及其他许多地方,都是准许货币输出的,它们的人民都是赞成的,并且还觉得因此而得到了很大利益。但是这一切只是争吵一番,不能证明什么,所以我们一定要提出关于我们所讨论问题的那些理由才是。

首先,我认为理所当然的是,除了通过对外贸易以外,我们就没有其他手段可以用来获得现金,这是任何一个有判别力的人所不能容忍的,因为我们并不拥有出产金银的矿藏;而我已经指出如何在经营我们所说的贸易上获得金银。所以,我们还要指出的,只不过是如何将我们的金银加在我们的商品上面,使它们一块儿输往外国,从而我们可以获得更多更多的财富……

我姑且假定,我们将10万镑现款航运至东方国家,在那里购得净重10万夸脱的小麦装到船上,先运到英国存在仓库里,等到售价最好的时候再将它又输出到西班牙或意大利去,那么这批小麦在那些地方所得的价款就不能少于20万镑,这样不但使那个商人成了一个有余钱的人,并且按照这个计算方法,我们看出我们的王国也已获得加倍的财富了。

再举一个例子来说,如果我们像这样在更加遥远的国家里经营贸易,这种利润恐怕就将要大得多了。比如我们运出10万镑到东印度去购买那里的胡椒运回本国,再从本国输往意大利或土耳其,在那些地方至少一定可以获得70万镑。至于商人在那些长途航行里额外用在运输、工资、石料、保险、利息、关税、征课以及其他诸项的支出,仍然全部都是国王和王国所得的收入……

因为国家对于它的财物,正像私人对于他们的财产一样,不能因为他们有了货物就断定他们不敢冒险了,也就是不敢再拿出钱去做买卖了(因为这样是不近情理的),他们一定还会再拿钱去换成货物的,因为这样他们才能增多他们的钱,并且由于这种不间断的和有规律的由一种东西换成另一种东西的变化,他们就逐渐富有起来了。而一旦他们乐意的话,便可以将全部财产都变换成金钱,因为有了货物的人是不可能会缺钱的。①

---

① 托马斯·孟,《英国得自对外贸易的财富》,选自门罗,《早期经济思想》,哈佛大学出版社,1930年,第171、179-181页。

必定很清楚，重商主义的压倒性信条是，财富只有通过买少卖多才能获得，其潜在的哲理是落后就要挨打。与这些信条相反的核心推动力在慢慢地获得动能，直到大卫·李嘉图1817年出版《政治经济学原理》，才给予其致命的一击。尽管我们无法详细地追踪重商主义的历史，但是，通过粗略地看一眼李嘉图的论点来结束本章，这也许是有益的。

论证依据的是我们所称的比较优势。李嘉图说，假定英国和葡萄牙均生产两种商品：布匹和葡萄酒；再假定对于其中的每种商品，葡萄牙的生产效率都高于英国。那么，两国之间是否存在有利可图的交易？

李嘉图的回答是肯定的。如果葡萄牙在一种商品上的比较优势大于在另一商品上的比较优势——比如在布匹上效率高50%，而在葡萄酒上效率只高20%。那么由此可知，如果葡萄牙把其在葡萄酒上的劳动力和资本移到布匹上，而英国把其在布匹上的劳动力和资本移到葡萄酒上，则两国合在一起的产量将比以前的高。由此可以得知，双方通过交易受益因而是可能存在的——葡萄牙向英国出口布匹，英国向葡萄牙出口葡萄酒，双方都将享有更多、更便宜的布匹和葡萄酒。

这个基本原理仍旧是所有通过贸易寻求改善经济关系的人的指导方针。然而，我们应该注意一件事。目前来看，该论证撇开了其与真实世界的一切瓜葛。它没有探究是否实际上有可能将劳动从农村转移到城市。它没有回答关于强大的既得利益集团是否愿意既有的利益格局不论出于什么原因而被改变的问题。如果我们再往下阅读，我们将有机会多次看到，经济学论证常常将其逻辑力量归结于对经济和政治力量和摩擦的遗漏或疏忽，这些力量和摩擦会使人对原有论证的可行性——而非逻辑——产生怀疑。现实世界中的贸易安排往往就是这种情况，这使得人们更加可以理解，为什么旨在使邻国贫穷的重商主义观点仍然容易引起普罗大众及其领导者的赞同。

理查德·坎蒂隆

(1680–1734 年)

  关于理查德·坎蒂隆的生平我们所知甚少，只知道他是一位十分成功的英国商人，在很多欧洲城市拥有房产。他唯一的著作《商业性质概论》，似乎是由作者本人翻译为法文，但是直到 1755 年，即他悲惨地死亡——他在伦敦被自己的厨师刺杀——21 年后，才得以出版。经过多年的被忽视或不为人知，坎蒂隆逐渐因其出众的经济学智慧而得到认可。实际上，十分挑剔的经济学家斯坦利·杰文斯 1881 年写道，坎蒂隆的《商业性质概论》"超过我所知的任何其他书籍，堪称首屈一指的经济学专著"。[①]

  坎蒂隆因何而能跻身于我们在本章中感兴趣的早期经济思想家之列呢？他不是重商主义者，尽管他高度重视健康的贸易平衡的重要性。而且，尽管事实是，他的著作开篇第一句话就是"土地乃一切财富由以产生的源泉或物质"，他也不是一名重农主义者，即那个杰出的探究者群体中的一员。这些探究者的经济学哲理始于这样的假设：是土地而非劳动，才是一切财富的源泉。如何更好地理解坎蒂隆的角色呢？他是第一个尝试着把一个由市场驱动的社会的运行，表述为构成一个"系统"，这个系统具有自发的自调节机制，其货币供给与社会整体的繁荣之间存在着明确而连贯的关系。

  且让我们在下面的节录中一睹这些有先见之明而且完全原创的观点的风采吧。

[①] "理查德·坎蒂隆以及政治经济学的国民性"，载于亨利·希格斯，《商业性质概论》，纽约：1964 年，第 342 页。希格斯译本是本节所有材料的来源。

《商业性质概论》

第一部分，第十章
物品的价格和内在价值
一般是生产该物品所使用的土地和劳动的尺度

某一英亩土地所生产的谷物或喂养的羊只可能比另一英亩土地多，某个人的劳动，正如我早已解释过的，由于技术水平较高，占用时间较长，因而可能比另一个人的昂贵；如果两英亩土地的土质相同，它们就能喂养同样多的羊只，出产同样多的羊毛；假如所投入的劳动也相同，这两英亩土地出产的羊毛的售价就将一样。

如果某一英亩土地出产的羊毛制成了粗毛料服装，另一英亩土地出产的羊毛制成了细毛料服装，后者往往比前者贵九倍，因为虽然两者包含着同样数量和质量的羊毛，但后者要求更多的劳动，更昂贵的做工……

一壶塞纳河水的价格为零，因为塞纳河水的供应量极大，永远不会枯竭。但在巴黎街头，它要花一个苏才能买到。这一个苏是送水夫的劳动的价格或他的劳动的尺度。

通过这些例子和归纳，我想，可以懂得，物品的价格或内在价值，在考虑到土地的丰度或产物以及劳动的质量的情况下，是衡量生产该物品所使用的土地和劳动的数量的尺度。

但也经常发生这样的事情，即许多物品虽然确实具有内在价值，但却不能按这个价值在市场上出售。这时，这些物品的售价将取决于人们的兴致和想象，取决于它们的消费量。

虽然内在价值永远不会变动，但要想使一国的商品和产品同它们的消费量保持一定比例是不可能的，这就造成了市场价格的逐日变动和永不休止的上下波动。然而，在组织完善的社会中，物品的消费是相当稳定的。因而，它们的市场价格不会过于偏离内在价值。如果每年的产量都不过于稀缺或过于充裕，城市法官就能规定诸如面包、肉类等许多物品的市场价格，而不致引起任何怨言。

第二部分，第二章
论市场价格

假定屠夫为一方，买者为另一方。经过双方一番讨价还价之后，肉价就被确定下来了，一磅牛肉的价值与一定量白银之比同在市场上出售的所有牛肉与拿到这里来买牛肉的所有白银之比基本相等。

这种比例是通过讨价还价确定的。屠夫根据他所看到的买者数量尽量抬高价格。买者一方则认为屠夫的销售量将会减少而尽量压低价格。先由某些人确定下来的价格通常会为其他人所认可。某些人在为自己的产品吹嘘时十分精明，另一些人在对别人的产品挑剔时也毫不逊色。这种确定价格的方法并无严格的或几何学的基础，因为它往往取决于少数买主或卖主成交的心情是否迫切，性情是否随和，但似乎也找不到比这更方便的定价方法了。显然，待售产品或商品的数量同买者的数量或需求量之间的比例是（或通常假定是）确定市场实际价格的基础。而且，一般而言，这些价格不会偏离物品的内在价值很远。

第六章　论一国硬币数量的增减

如果在一国发现了金矿或银矿，并且从这些矿井中采到了大量矿石，这些矿井的所有者、业主①以及所有在这里工作的人，必将根据他们所得到的财富和利润，按一定比例增加开支。他们还将把超过开支所需的那部分货币借给他人使用，从而取得一定利息。

所有这些货币，无论是贷出的还是支出的，都将进入流通。它们将在自己所进入的一切流通渠道提高产品和商品的价格。货币的增加将造成支出的增加，而这又将导致市场价格在交易水平最高的年份迅速增加，在交易水平最低的年份逐渐增加。

洛克先生将下述命题作为一条基本准则，即与货币数量成比例的产品和商品的数量是市场价格的调节器……但他并未考虑这一结果是如何形成的……因而，

---

① 我们也许注意到了，这是企业家一词的首次使用：参阅希格斯，《商业性质概论》，第388－389页。

二 商业革命　29

我还是可以冒昧地就这个问题发表几点看法,尽管我也许并不能提供准确的或精确的说明。

如果实际货币的增加来自该国的金矿或银矿,这些矿的所有者、投资者、熔炼者和其他所有工人都将根据他们的收益,按一定比例增加开支。他们将在家里消费比以前更多的肉类、葡萄酒或啤酒,他们将习惯于穿更好的衣服,更精致的亚麻布制品,他们将购买陈设更考究的房屋和其他上等商品。结果,他们将使一些以前无事可做的技工找到工作了。这些工匠基于同样的原因也将增加开支。在肉类、酒、羊毛等等商品上所增加的这些开支……必然会降低最初并未参与分享上述矿藏财富的那部分居民在国家开支中的比重。同以前相比,市场上的争吵更激烈了,或者说对肉类、葡萄酒、羊毛等等的需求增加了,这将导致上述商品价格的上涨。较高的价格又将促使租地农场主在来年使用更多的土地去生产这些商品。这些租地农场主将因这种价格上涨而受益,他们也将像其他人那样增加其家庭开支。

这种物价上涨和消费增加的受害者,首先是其出租契约仍然有效的土地所有者,其次是家庭仆役和一切工人,或者靠工资维持家庭生活的固定工资收入者。所有这些人必须与新消费量成比例地减少开支。这就迫使他们之中的很多人迁居到别处另谋生路。土地所有者将辞退他们之中的许多人,其他人则将要求增加工资以使自己能维持原有的生活水平。情况大致是这样的:由于金、银矿的开发而大量增加的货币导致了消费的增加,并且,通过减少居民的人数,它使那些留下来的人得以增加开支……①

我不打算进一步罗列这种非凡的如此超前于其时代的分析,但是请允许我引述坎蒂隆的最后一点点文字。在这里,他谈到了增加货币供给的后果:

我从所有这些事实中得出的结论是:如果一国中的货币数量增加了一倍,产品和商品的价格并不总是随之提高一倍。一条沿着河床辗转奔流的河流当水量增

---

① 希格斯,《商业性质概论》,第 159、161、163、165 页。

加一倍的时候,它的流速并不会随之增加一倍……

在该国物价由于货币量增加而上涨的程度,取决于这一货币所造成的消费和流通状况的变化……根据得到货币的那些人的想法,这一货币将或多或少地被导向某些特定的产品和商品。不管货币的充盈程度如何,某些东西的市场价格将比另一些东西上涨得更多。(第177、179页)

所有这些都使我们感到它们是坎蒂隆敏锐的分析能力的明证,它们还证实了其他的东西,那就是他关于市场的远见。在他那个时代,社会是由传统和权力所调节的,市场仍然被视为是扰乱那种被认为是和平安定的社会环境的因素,但他认为,市场实际上是另一种秩序——无疑是一种有活力得多的秩序,但也不过是一种秩序罢了——由以建立的机制。回想一下家庭主妇和屠夫言来语去、讨价还价的结果吧!

且让我再次引用威廉·斯坦利·杰文斯的话当作一个总结性的评判:"在阅读了1734年以前的经济学著述超过一千部之多以后,我要把坎蒂隆关于财富循环的分析——尽管它看似老生常谈——置于与哈维对血液循环的研究相同的优先等级。"[①]

[①] 希格斯,《商业性质概论》,第388页。

弗朗西瓦·魁奈

(1694 –1774 年)

由于弗朗西瓦·魁奈的关系，我们要介绍法国一个奇特的改革者群体，他们在法国大革命之前的岁月里想方设法地使摇摇欲坠的法国经济体系合理化。魁奈本人是一个外科医生，一位社会名流，名气不亚于法国国王路易十五的情妇蓬巴杜夫人。他那小小的但享有盛名的圈子包括：有名的米拉博侯爵，他于1775年出版了坎蒂隆的著作；安·罗伯特·雅克·杜尔哥，1776年担任法国国王路易十六的财政大臣，其非凡的作品我们将在下章见识到；杜邦·德·内穆尔，一位有天分的年轻学者，他最终移民美国，在那儿开了一家黑色火药工厂。如果不是这位医生在《国富论》出版之前已经去世的话，亚当·斯密原本会把该书献词给魁奈的。

魁奈的圈子称其政治经济学研究方法为重农主义。该词的意思是"自然秩序"，指的是这样的核心信念：因为自然和人的劳动相结合，只有土地才生产剩余，而使用机器工作的人只不过能够使最初从肥沃的土地中费力取得的材料改变形状而已。虽然在现代人听起来很奇怪，这个信念却有着乍看起来显而易见的论据：难道不是一百蒲式耳小麦生产出三四百蒲式耳庄稼吗？如果不是来自大自然的慷慨，这些多出来的小麦从何而来？

因此，魁奈和他的追随者把一切农业生产活动称作是"生产性的"，因为它看上去在耗费于其上的劳动之外，生产出了切实的财富剩余；而工业生产活动严格地说应该被称为"非生产性的"，就其产物而言，不论它们多么富有，但是与所播种的谷物和所收获的谷物之间的差别相比较，却并未证明在财富上有着明确而切实的增加。下面来看看魁奈在他为狄德罗的《百科全书》而撰写的"人"

词条中是如何描述各问题的。

抽象的"人"

……那些生产制成品的人并不创造财富,因为他们的劳动只是将商品的价值增加了一个等于支付给他们的且得自于土地之产品的工资的量。那些生产布料的制造工人、做衣服的裁缝、制鞋的鞋匠,他们所创造的财富并不比那些给主人烹饪食物的厨师、砍伐木头的工人或举办音乐会的乐师更多。支付给他们的工资都是来自于同一个基金,是与他们的劳动报酬成比例的,而且,他们是为了获得生存而花费他们的收入的。因为,他们所消费的与他们所创造的一样多;他们的劳动的产品等于他们的劳动的成本,从中根本没有任何财富剩余。所以说,创造财富或年收入的,仅仅是这样一些人,他们使得从土地中生产的产品,其价值超过其成本。①

这个分析的谬误何在?我们将在稍后探讨这个问题。且让我们先看一看重农主义一个异常有趣的方面:重农主义预先提出了经济分析将在此后一百年循此而行的一个方向。这就是它著名的"Z形"图(或经济表)。经济表首先出现在魁奈1758年的手稿中,并且此后出现在许多的印刷版本中。回顾一下坎蒂隆的评论:似乎不存在任何"精确的或几何的"定价方式。重农学派的Z形图在价格如何决定方面并没有给人以启发,但它们举例说明了某种甚至更有趣的东西:商业社会是如何更新和补充自身的。所以,让我们看一看魁奈的第三版里许多Z形图中的一张吧:②

---

① 摘自罗纳德·米克,《重农主义经济学》,坎布里奇,马萨诸塞州:哈佛大学出版社,1973年,第96页。
② 摘自史蒂文·普雷斯曼,《魁奈的经济表》,费尔菲尔德,新泽西州:奥古斯都·凯利出版社,1994年,第22页。

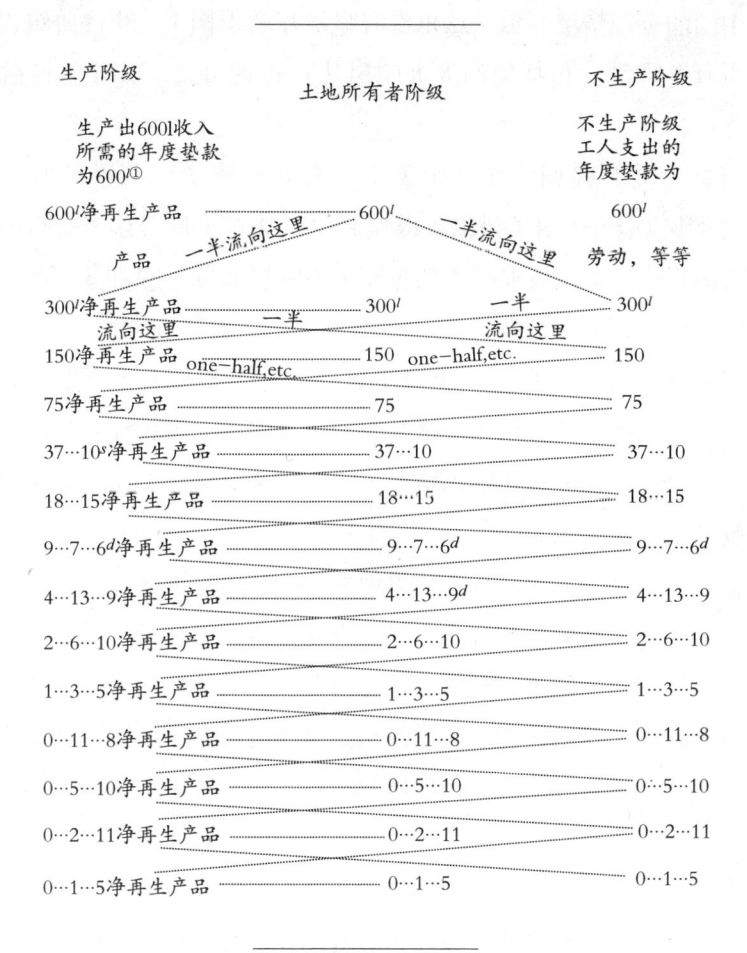

生产阶级	土地所有者阶级	不生产阶级
生产出600*l*收入所需的年度垫款为600*l*①		不生产阶级工人支出的年度垫款为
600*l* 净再生产品	600*l*	600*l*
产品 一半流向这里	一半流向这里	劳动，等等
300*l* 净再生产品 一半流向这里	300*l* 一半流向这里	300*l*
150 净再生产品 one-half, etc.	150 one-half, etc.	150
75 净再生产品	75	75
37…10ˢ 净再生产品	37…10	37…10
18…15 净再生产品	18…15	18…15
9…7…6ᵈ 净再生产品	9…7…6ᵈ	9…7…6ᵈ
4…13…9 净再生产品	4…13…9ᵈ	4…13…9
2…6…10 净再生产品	2…6…10	2…6…10
1…3…5 净再生产品	1…3…5	1…3…5
0…11…8 净再生产品	0…11…8	0…11…8
0…5…10 净再生产品	0…5…10	0…5…10
0…2…11 净再生产品	0…2…11	0…2…11
0…1…5 净再生产品	0…1…5	0…1…5

如果未得益于魁奈给该图本身添加的注释和说明，一个人是不可能实际上看懂这幅Z形图的。然而，一旦我们把这些考虑在内，我们就能够看出《经济表》背后的基本原理。

我们从最上方的三个名称看起：生产阶级、土地所有者阶级和不生产阶级。我们应该注意到，就其既包括雇主也包括劳动者而论，第一和第三个阶级并不是实际的社会阶层，而且土地所有者阶级包括数量庞大的仆人和数量少得多的领主。因此，最好是把这三列看作三个"部门"。同等重要的是魁奈关于人口在这

---

① 表中的 l，即 livre 里弗尔，法国古代货币单位名称之一；表中的 s，即 sol 索尔，又称 sous 苏；表中的 d，即 deniers 但尼尔。1l = 12s = 20d。——译注

三个部门中间的分配情况，但是这也没有显示在 Z 形图上：生产阶级占人口的一半，土地所有者阶级（包括他们庞大的扈从）占四分之一，非生产阶级构成最后的四分之一。

最后而且尤其要强调的是一个关于"自然的赐予"规模的假定，这也在《经济表》的其他地方予以了讨论。根据假定，从对土地劳作而获得的财富双倍于劳作本身的价值：如果农业一年的报酬为 100 里弗尔（里弗尔用缩写 l 代替），则所生产的农作物价值为 200l。

我们现在开始对付 Z 形图。我们注意到，在图的左上角，生产阶级把 600l 的净产品让渡给土地所有者阶级：这是它的年度地租支付；那些折线将描述这个地租是怎样通过年产品的流动以供给两个阶层，并启动下一年度的地租增殖而进行重新分配的。

我们接下来看到，土地所有者阶级把他们的一半收入花在不生产部门，购买除土地长出的东西之外的各种产出，另一半花在生产阶级的产出上，他们由此得到粮食、肉类、鲟鱼子和鸨科鸟蛋。在履行了他们的职能后，土地所有者阶级不再起进一步的作用，而是转由生产阶级和不生产阶级开展活动。在这里，后两个阶级遵循土地所有者阶级的引导，把他们的收入均分为二，分别支出在生产阶级和不生产阶级的产出上——但带来的结果迥然不同。请注意，流向生产阶级的每一项支出产生一条水平的虚线，而对非生产部门的支出并没有产生这样的虚线。当然，这是对自然馈赠的描述，而且我们应该花些时间进一步讨论魁奈的分析。

我们从刚刚收到土地所有者阶级 300l 的生产部门开始。生产部门将其收入的一半花在从不生产阶级采购——衣物、工具，等等方面，另一半则用来支付其劳动力的工资（尽管让人抓狂的是，这一点并没有显示在魁奈的图上）。[①] 这样一来，总的农业"投入"的价值包括农业劳动者所需的 150l 食物，外加从不生产部门购买的价值 150l 的衣物和工具。这些共计 300l 的总投入，多亏了自然赐予而生产出 600l 的产出。

追踪这些 Z 形线一路下来，我们看到这样一种重复的模式：不生产阶级和生

[①] 这幅 Z 形图让人困惑之处跟它所澄清的一样多，任何希望进一步深入了解 Z 形图的读者，应该查阅上述罗纳德·米克和史蒂文·普雷斯曼的著作。

产阶级交换一半他们得自对方阶层的收入，而另一半用来支付它们所属劳动力的报酬。但是每一次交换，生产阶级都收获了一份自然赐予，这自然赐予将作为地租被支付出去，而不生产阶级则不然。最后，地租总额合计600里弗尔，每个部门都同样地获得了为维持其自身活动而必需的数额。

Z形图向我们表明了几件事——比如，所需的生产者部门规模依赖于自然赐予的杠杆比率。在我们的例子中，如果该杠杆比率——魁奈知道这极大地取决于对农业机械的使用——小于2比1，则生产者部门就必须占人口的一半以上，从而随时间的推移，创造出稳定的产出流。

此外，Z形图还表明，若给定人口在各部门间的分配情况，则在这两个部门之间的支出比率就是至关重要的了。在我们的Z字形里，我们图中的土地所有者阶级必须把它们至少一半的收入，花在生产者阶级的产出上，才能维持住原有的事态。另一方面，如果它们把超过一半的收入花在农业上，则自然赐予将扩大社会的总产出，其中包括它们自己的地租。如果它们的花费少于一半，所有的收入均将减少。这里，奇特而有趣的，是商业社会里支出和收入之间关系的首次展示。

最后一点，该图表明，在不妨碍财富生产的情况下，只需要对一个阶级征税。这肯定不是生产阶级，因为它是财富增长的源泉。也不是不生产阶级，因为他们只是刚好收支平衡。因此，唯一可以无害地予以征税的群体由土地所有者阶级构成。这就导出了魁奈的著名的建议：法国在大革命前令人绝望的税收情况应该由单一的地租税替代。人们可以想象一下它受到凡尔赛拥有土地的贵族欢迎时的热烈之情吧。

最后，面对如此巨大的才华和智慧，重农主义的致命谬见是什么呢？本质上在于当一个劳动过程的最终产品与其最初投入完全一样时而产生的欺骗。在天真的人看来，从一种农作物中产出的谷物与向土地播种的谷物是一样的，量的增加因而看起来是大自然的"赐予"——唯一可见的起作用的力量。通过对比可见，由泥土制成的罐子或由树干制作的木板在价值上似乎不会增加，因为它们只是形态改变了：罐子并不比原来的泥土"多出"什么，收获的庄稼就不一样了，它们明显比原来的种子更多。

然而，不论对于庄稼还是对于罐子，最终的产出都要求把劳动应用在所投入的要素上。此外，进入到谷物产出中的谷物投入的不变性质掩盖了这样的事实，即增加了的那部分庄稼或许并不是净收益。它们被要求来维持那些制作农具的不生产阶级及农民的劳动。取决于这些需要在多大程度上得到满足，更多或更少的产出量将被留待作为自然赐予。而且，如果减少不生产阶级制作的农业器具，超出谷物投入的谷物产出就可能不会有任何增加了。就这样，重农主义把分析建立在一个曲解了的生产力概念之上，把自己局限在不变商品产出的增加上，而忽视了机器更不用提厨师和伐木工所创造的财富的实际增加。

安·罗伯特·雅克·杜尔哥

(1727 –1781 年)

重农主义长期以来令经济学家感兴趣，因为它是过去和现在之间的一座桥梁。后来引领他那个时代的亚当·斯密这样说到了重农学派，"虽有许多缺点，但在政治经济学这个题目下发表的许多学说中，要以这一学说最接近于真理"。①

在该学派的所有代表人物中，最"现代的"当属安·罗伯特·雅克·杜尔哥，因为杜尔哥的非凡概述所关注的不只是土地生产力。经杜尔哥的重构，资本变成了在某种程度上从未在此前的重农主义著作中见到过的一个推动性力量。此外，（正如我们将要看到的，）虽然杜尔哥不能动摇那个重农主义谬误，他的重构在斯密以前的诸般历史重建中，无疑是最明晰、最有趣的，因为它关注了商业社会的兴起和功能。

最后，《关于财富的形成和分配的考察》非常短，分为 101 个部分，每部分以一两个斜体的句子引导，其中的很多部分不过是一个简短的段落。我只使用了为传达原文的主要穿透力所必需的尽可能少的文本，而略去了对这一目的并非不重要的各种主题，比如货币的性质，并对许多摘录作了压缩。

我还在许多地方加了述评，我觉得在这些地方加一两句解说或警告可能是有益的。实际上，在我们开始之前我都将以这样的话作为起始。《考察》属于一个小而有趣的可被称作臆测史的社会文献类别。十七世纪哲学家詹巴蒂斯塔·维柯就编修了这样一部历史，他在其中把原始的人际交流描述为通过唱歌而非交谈进行；托马斯·霍布斯和约翰·洛克也各自阐述了这样的历史——对于前者是"令人不快的、粗野的和简短的"，对于后者则是"社会契约"。杜尔哥是通过探究

---

① 《国富论》，参前，第 642 页。

财产和阶级差别在史前时期如何逐渐形成后来的层级商业社会的基础，来撰写他自己的此类历史著作的。

《关于财富的形成和分配的考察》

第一节 在平均分配土地、使每个人只拥有维持他自己生活所必需的土地这个假定下，是不可能有商业的。

如果把土地这样地分配给一个国家所有的居民，使他们每个人恰好拥有维持他自己的生活所必需的土地，而毫无多余，那么显然，既然大家都处于同等的情况，就不会有人愿意为别人工作。……

第三节 土地产品必须经过较长的和艰苦的制作过程才能满足人类的需要。

土地……而生产出来的农作物，……必须经受各种变化，而且必须经过人的加工。小麦必须先磨成面粉然后再做成面包……如果那个使他的土地生产【这些物品】的人……也必须亲自进行这一切制作过程的话，那么肯定地说，他的成就必然是很坏的。

第四节 这种种制作过程的必要性产生了以土地产品交换劳动的现象。

这样看来，促使不同土地的耕作者之间相互交换农作物的动机，也必然引起土地耕作者跟社会上另一部分人——这部分人宁可从事土地产品的制作和加工工作，也不愿意种植这些农作物——之间农作物和劳动的交换。这种交换对于每个人都有好处，因为既然每个人都专门致力于一种工作，他在这方面的成就必然会好很多……

请读者注意"宁可"一词，这使杜尔哥现在可以介绍前两个社会经济阶级，而后是三个新的社会经济阶级出场了。

第五节 生产原料的农人比从事……为工匠更为重要。
……他就是使土地生产出一切工匠的工资的人。

然而必须注意到，农人为大家提供最重要的和数量最多的消费品（我指的是人们的食物和差不多一切工业的原料），因此，他就处于独立性更大一些的有利地位。……这既不是荣誉方面的，也不是体面方面的首要地位，而是一种理所当然的首要地位。我们可以一般地说，即使没有其他工人的劳动，农人照样可以生活；但是，如果农人不使工人能够生活的话，任何工人就无法劳动。……农人的劳动使土地能够生产出他本人需要以外的东西，这些东西乃是社会中一切其他成员用他们的劳动交换得来的工资的唯一基础。……

第七节 唯有农人的劳动才能生产出超过劳动工资以外的东西。
因此，他是一切财富的唯一源泉。

……农人的劳动一旦生产出超出他的需要的东西以后，他就能够用自然界在他的劳动工资以外作为纯粹礼物给予他的这种剩余产品，来购买社会中其他成员的劳动。

第八节 社会首先被划分为两个阶级：
一个是生产阶级，即土地耕种者阶级；
另一个是薪资阶级，即工匠阶级。

这时，由于事物发展的必然性，整个社会被划分为两个阶级；二者都同样辛勤地劳动着。但是其中之一，通过它的劳动，从土地生产出，或者更恰当地说，从土地抽取出财富；这些财富不断地、周而复始地生长出来……另一个阶级则从事对这些生产的原料的制作工作……这一阶级将它的劳动出卖给前一阶级，换取它的生活资料……

第十三节　……土地耕种者和土地所有者分离开来。

[这时，]地产就成了商业的对象，可以买进和卖出了。随意浪费或遭遇不幸的土地所有者所失去的土地，使比较幸运的或勤奋的土地所有者可以增加土地……十分自然的是：一个富足的人必会希望安安稳稳地享受他的财富；他不把他的全部时间都用在辛勤的劳动上，而情愿把他的剩余拿出一部分来给予那些愿意为他劳动的人。

第十四节　土地耕种者和土地所有者之间的产品分配。

根据这种新的安排，土地产品分为两部分。一部分包括农人的生活资料和利润，这是他的劳动报酬……剩下来的就是那独立的、可以自由支配的部分，也就是土地当作一种纯粹的礼物给予耕种土地的人的、在他的垫支和工资以外的那一部分；这是土地所有者分得的份额或收入，有了这部分收入，他就不必劳动而可以生活，而且他可以随意把它花在任何地方。

第十五节　社会再被划分为土地耕种者、工匠和土地所有者三个
　　　　　阶级，或生产阶级、薪资阶级和可以自由支配的阶级。

……土地所有者阶级，也就是唯一的这样的阶级，它不必为了生活的需要而被束缚于某种劳动上，从而可以从事于战争和司法行政这类一般性的社会所需的工作，这类工作可以由这个阶级的成员亲自担任，也可以由他们拿出他们收入的一部分交由国家或社会雇用一些人来执行。因此，可以自由支配的阶级这一名称是最适合这个阶级的一个名称。

杜尔哥为重农主义作了精妙绝伦的辩解，尽管我们应该注意到，在他关于历史的重构中有一些十分可疑的历史假设。因此，社会阶级的起源对杜尔哥本人来

说仍是模糊不清的，我敢肯定对他的读者来说也是如此。尽管如此，虽然这为重农主义的经济演进观创造了条件，杜尔哥在下面的第十九节中却让我们大吃一惊。在那个部分，他从对不同的收入产生方式的评论，转向了对资本本身的探讨。因此，这种新颖的发挥把货币资本的利用看作是产生"收入"的手段，堪与土地的此类作用相媲美，就来得一点也不奇怪了。

第十九节　论一般资本，并论货币的收入。

另外还有一种不必劳动而且不必占有土地就可以致富的方法，关于这种方法，我还没有说到过……这种方法就是依靠所谓货币的收入，或者说，依靠从货币所得的利息而生活。

第四十九节　关于积累起来作为资本的年产品的储备。

只要发现了这样一些人，他们的田产保证他们能够得到一笔多于满足他们全部需要的年收入，那么我们也一定可以发现这样一些人，他们或者因为关心着他们的未来，或者只是由于审慎，从每年的收获中提出一部分作为储备……如果他们所收获的产品不容易保存，他们就必须设法在交换中为他们自己取得比较耐久的、其价值不致因时间关系受到损失的商品……

第五十节　可动的财富；货币的积累。

这种由于把没有浪费掉的年产品积累起来而保有的东西称为可动的财富……一旦人们发现并证实了货币在一切商品中最能经久不变、最易保存而不惹麻烦之后，凡是想要积累财富的人便必然会尽先去寻求货币……

第五十八节
每一货币形式的资本……都是生产出
等于这一总数若干分之一收入的土地的等值物。

……无论是谁，只要他每年能从他的土地收入，或者从他的劳动或辛劳所挣得的工资，收到一些多于他必须花费的价值，他就可以把这笔多余的价值作为一种储蓄而积累起来；这种积累起来的价值就是所谓的资本……所以，一笔资本的所有者首先可以利用资本来买进土地；可是他还有运用资本的其他方法。

第六十节 进一步说明资本在工业企业中的运用……

……因此，这里又必须有另外一笔垫支。……谁来为这种工作搜集原材料、提供操作过程所必需的各种要素和工具呢？谁来修建沟渠、市场以及各种不同的建筑物呢？谁来使这一大批工人能够在［他们的产品］卖出之前维持生活呢？……只有一个资本所有者，或可动的积累起来的价值的所有者，才可以运用资本的一部分作为垫支……运用另一部分作为制造（商品）的工人的日工资……

第六十一节 工业中的薪资阶级再划分为资本家性质的企业家和单纯的工人。

这样，从事以各种工业品来供应社会各种不同需要的整个阶级，本身可以说是又划分为两个阶层：企业家、制造业主、雇主阶层，都是大量资本的所有者，他们依靠资本，使别人从事劳动，通过垫支而赚取利润；另一阶层则由单纯的工匠构成，他们除了双手之外一无所有，他们的垫支只是他们每日的劳动，他们得不到利润，只能挣得工资。

第六十八节 货币流通的真正意义。

从上面所讲，我们就可以明白，土地的耕种、各种制造业以及一切商业部门是怎样依靠着大量的资本或大量可动的积累起来的财富；这种资本或可动的财富首先由这些不同劳动部门中任何一部门的企业家垫支出来以后，每年必须加上一笔稳定的利润而由他们收回；这就是说，这笔资本要作为继续经营同一企业的再投资和新的垫支，而利润则为企业家提供或多或少的舒适的生活资料。正是这种资本的垫支和这种资本的不断收回，构成人们应该称之为货币流通的东西。……有充分的理由可以把它和动物躯体里的血液循环相比拟。因为，如果……由于发生了紊乱，以致企业家无法收回他们的垫支以及他们有权希望从垫支上获得的利润，那么很显然，他们不得不缩小他们的企业；这样一来，劳动的数量、土地产品的消费量、生产量以及收入总额,都将按同等幅度缩减;贫穷将代替富裕,而一般工人由于不能找到就业机会而将陷入极端困乏的境地。

第八十一节 资本的第五种运用方法:放债取息……

货币所有者总是把他们的资本可能由于企业失败而遭遇的风险,拿来同不必从事劳动就可以享受一笔确切的利润这种好处,相互比较……因此,这里在货币所有者面前有另外一条出路,即有息贷款或货币交易。千万不可误解:有息贷款并不是别的,而只是一种商业交易,在这种交易中,贷款人是出卖货币使用权的人,借款人则是买进这种使用权的人;这正如一份地产的所有者和一个农业经营者相应卖出和买进一块出租土地的使用权一样。

第八十八节 然而这种种不同的运用方法所产生的各种成果,彼此之间是相互制约的,而且,尽管它们彼此并不相等,它们却保持着某种平衡。

……一言以蔽之,只要货币的某种运用方法——无论是哪种运用方法——所产生的利润增加了或减少了,资本就会从利润减少的那一方面被抽调出来转到利润增加的这一方面;而这必然会在每种运用方法中改变资本和年产品之间的比率……无论把货币运用在哪一方面,它所产生的成果不能增加或减少,除非所有其他运用方法所得的成果都相应地增加或减少。

第八十九节
货币的现行利息是一种温度计,我们可以借此判断各种资本的多寡;它是一个国家能使它的农业、制造业和商业发展到什么程度的尺度。

第九十六节
就国家可以无害地拿走一部分利息来满足它的需要这个意义上说,货币的利息不是可以自由支配的。

……一言以蔽之,我们应当把具有资本家性质的贷款人看作一个经营某种商品的人，这种商品对于财富生产是绝对必要的，它的价格不能太低。把一种租税负担加在他的行业上面，如同把一种负担压在用来肥田的粪堆上面一样不合情理……

在相当详细地描述了资本运用的各个方面之后，杜尔哥再次让我们大吃一惊。在这里，在他的臆测史的结尾处，重农主义意味在下面各杰出的章节中再次引人注目。

第九十九节
除了土地的净产品外，
一个国家里不存在任何真正可以自由支配的收入。

通过上面所讲的，我们可以看到，贷款的利息不是取自土地的收入，便是取自农业、工业或商业企业的利润。但是，关于这种利润本身，我们已经指出过，它们只是土地产品的一部分；土地产品分为两部分；一部分被留作土地耕种者的工资、利润、垫支的报酬和垫支的利息；另一部分则是土地所有者的份额……不论这些利润是以工资形式分配给工人的，还是以利润形式分配给企业家的，或是作为垫支的利息来分配的，它们都没有改变它们的性质，而且也并不增加生产阶级所生产的……收入的数额——在这一数额中，工业阶级所分得的份额，只限于它的劳动的价格。

因此，下面论点仍然不能动摇，即除了土地的净产品以外没有收入，所有其他年利润不是从这种收入中支付的，就是形成用来生产这种收入的开支的一部分。

第一百节
土地还提供了现存的全部可动的财富或资本，
而这些东西只是由每年节省下来的一部分土地产品形成的。

不但除了土地的净产品以外不存在也不可能存在任何其他收入，而且提供农业和商业垫支总额的全部资本的也是土地。土地在没有被耕种以前就提供了最早的劳动所不可或缺的第一批原始资本；所有其他垫支则是自人类开始耕种以来一个接一个的世纪里积累起来的节约的果实……虽然资本有一部分是由劳动阶级的利润储蓄形成的，然而由于这种利润总是来自土地……所以就很明显，各种资本都来自土地，正如收入来自土地一样；或者更准确地说，资本不是别的东西，而只是土地所生产的价值的一部分的积累，这部分价值是收入的所有者或者那些同他们分享这种收入的人，可以每年把它保存起来，而不用来满足他们的需要的。

第一百〇一节

虽然货币是储蓄的直接主体，而且可以说是资本正在形成时的第一批原料，金属货币却只是资本总额中一个几乎微不足道的部分。

我们已经看到，在现存各种资本的总额中，货币简直不起作用；可是它在各种资本的形成中却起着很大的作用。实际上，几乎所有的储蓄都不是别的东西，而是用货币来完成的；土地所有者所得的收入，其形式是货币，各种企业家所收回的垫支和利润，其形式也都是货币……因此，各种资本的逐年增加也是以货币的形式进行的；可是没有一个企业家会把货币用在别的方面，只是把它立刻变成他们的企业赖以存在的各种不同的动产，因此正如我们已经在前面解释的那样，这种货币便回到流通中来，而大部分资本只是以各种不同的动产的形式存在。①

"真正意义上的资本利润，其中地租本身只是一条支流……对于重农学派来说并不存在。"② 卡尔·马克思这样评论该学派。已经如此接近于察觉资本作为储存起来的劳动这一核心要义，这个学派却在最后关头擦肩而过，把资本归结为土地的"礼物"。

一个人不必是马克思主义者，也能看出马克思的批评的价值。在根本上，重农学派的谬误是未能看到，土地的生产力——它的确是一件礼物——并不比推动水车转动的重力、驱动蒸汽机的蒸汽张力、溶解性、刚性以及世界上人类赖以开

---

① 摘自罗纳尔德·米克，《杜尔哥论进步、社会学和经济学》，伦敦：剑桥大学出版社，1973年，第119页及其后。
② 卡尔·马克思，《剩余价值论》，莫斯科：进步出版者出版社，1969年，第一篇，第47页。

展活动的其他物理化学属性等的自然赐予物具有更大的意义。更准确地说，杜尔哥没有认识到资本和"土地"的**经济意义**在于它们的社会属性，而不是它们的自然属性，尤其在于把这些"赐予"所带来的货币收入奖励给土地和其他财产的所有者的各种社会安排，而忽视了那些对"赐予"起接生婆作用的劳动者的手和背。

这种短视在重农主义仅仅成为经济思想史中一个日益黯淡的篇章之后很久仍持续存在。但是回顾过去，或许它不过是我们能够看出这个篇章造成了怎样的差异。在魁奈、杜尔哥及他们的经济学同仁之前，商业社会呈现出了道德的复杂性，但绝没有可以理解的内在秩序感。当重农学派的简短瞬间结束之时——该学派随法国大革命一同消失，舞台已经为古典经济学家的工作搭建好了。道德上的困惑消失或退却了，但一种至关重要的秩序感走上了前台。

三 古典经济学家

亚当·斯密

(1723—1790年)

我们先以寥寥数语谈一谈斯密的生平，但不是富有情节的那种。亚当·斯密出生于苏格兰的一个小镇寇克卡迪，在当时还是半野蛮状态的农村长大，尽管爱丁堡是一群杰出的一流智者的家园，其中的大卫·休谟，也许是英国最伟大的哲学家。斯密很快展露了他本人的学术才能，并被授予了去牛津学院求学的奖学金。在那里，他以孤独的阅读度过了那段时光。当时，牛津没有什么正式的教学，实际上，斯密有一次几乎被学校开除，原因是在他的房间里发现了一本大卫·休谟的《人性论》。

回到苏格兰后，斯密在格拉斯哥大学谋得了一份教职，并于1759年出版了他的第一部著作《道德情操论》。该书给人留下了相当深刻的印象，并使斯密的小型半身塑像出现在书店的橱窗里。更重要的是，它为斯密赢得了一份邀请，即作为布克卢公爵年轻的儿子到欧洲旅行的私人陪伴。斯密在巴黎见到了魁奈，并开始了一部严肃著作的撰写工作，该书后来成了他的代表作《国富论》。当《国富论》于1776年面世时，休谟写道："好！太棒了！亲爱的斯密先生，我对您的工作极为满意！"后来，当斯密被授予一个使他有了财务保障的闲职时，休谟再次给他去信：

亲爱的先生：

在各色稀奇古怪的报道——它们在这座大城市每天都在传阅——中，我今天读到的一篇是如此的出色，以致我都不知道该如何表达我的赞美。我读到，苏格兰海关税务司长一职被授予了一位哲人，这位哲人为了他本人的荣耀，为了人类的利益，通过那部关于贸易和收入之大目标的专著照亮了这个世界。它堪称任何时代或任何国家迄今出版的一部最深刻和最系统的著作。但是，当我被告知那位哲人是您这位非凡的朋友的时候，我发现自己压抑不住地【原文如此】相信，那就是我最真诚地希望和渴望的东西。①

斯密于1790年去世，埋葬之处竖着一块简易的墓碑，上面写着："这里躺着的是《国富论》的作者。"

人人皆知，亚当·斯密在经济思想的发展中是一个中枢性的和超群的人物。准确地说，他对经济学的贡献并不那么妇孺皆知，他在道德上对自己所分析的社会秩序的赞美也是如此，这种秩序我们后来称之为前工业化资本主义，斯密称之为具有完美自由的社会，资本主义一词当时尚未造出，该词直到《国富论》出版一百年之后才出现。

关于这种评价，有两件事给我们留下了印象。首先，"完美自由"一词暗示，早期资本主义最吸引斯密注意的属性是政治的而非经济的。斯密赞美的是，社会成员追求其本人不受约束地所选择的目标的自由。这种定位的中心地位在我们将它与他那个时代另一位评论家詹姆斯·斯图亚特爵士1766年出版的《政治经济学原理探究》一书相比较时，显露得最为清楚。斯图亚特在其著作中多次宣告的政治主题是这样的：

> 对于政治家来说，治理社会并使每一个人致力于按某个计划行事的最佳方式，是形成一个尽可能与每个个人的利益相一致的行政管理体系，而决不可根据私人利益之外的任何其他原理，自以为是地认为他的人民会被一般地引导到在纯粹有关大众的事务方面采取行动。②

"政治家"体现了斯图亚特的一般信念，即经济的增长和分配必须付托于强

---

① 《亚当·斯密通信集》，欧内斯特·莫斯纳和伊恩·罗斯编，牛津：牛津大学出版社，1977年，第228页。
② 詹姆斯·斯图亚特爵士，《政治经济学原理探究》，安德鲁·斯金纳编，爱丁堡及伦敦，1966年，第143页。

大的政府指导，而非看似不协调的和不可预料的个人强化力量。斯密对这个观点的想法，可从他在《国富论》中对斯图亚特的处理中显现出来：他从未提到后者。

其次，斯密对一个完美自由的社会中经济引擎的评价，并不是包含纯钦佩的那种。虽然认可并赞扬了一个由私人财富动机所驱动的社会中的生产性原动力，但对于这个动力源泉——积聚财富的动力，斯密却远远不是一个不加批判的赞赏者。当我们阅读从那两本使他声名远扬的著作中节选的文字时，我们将会看到，斯密始终是一位哲人，而决非纯粹的宣传者。

我们先从《道德情操论》①（1759年）开始，不仅仅因为它先于《国富论》，而且是由于它奠定了第二本书所依据的基础。这个基础就是人的行为，更确切地说是决定大量行为的内在情感（同情心），不只是日常生活中的行为，而且也包括在运用一种在完美自由的社会中具有重大意义的激情时的行为，即想方设法地赚钱。

在这样一个社会中我们可以自由地按自己的意志行动。那么，什么能使我们免于混乱和无序呢？答案就是，同情心——我们可称之为移情作用——引起我们调整自己的行为，使之与现行的规范相一致。然而，慢慢地，我们开始寻求一种比外在世界的要求更高的认可度。这就是内在自我中对一种高要求的判断的认可，斯密将这个内在自我称之为"公正的旁观者"。我们将它称之为对我们良心的认可，如果愿意，也可称之为对我们超我的认可。

我将再次扮演一名讲解员的角色，在下面各章之前或之后——偶尔会在章节的中间——插入几句指导性的或强调性的话，不过，我再次以几句指导语作为开始。斯密的风格是从容不迫的，带有少许说教，用日常生活中的例证加以阐述。这也许有助于人们记住这些用语原来是向青少年学生听众讲述的讲稿。尽管它们并不是为休闲阅读而作，但我相信，它们会给人留下恒久的印象。这个评语虽然来自18世纪50年代，但在当下仍是显而易见的。

---

① 我使用的是牛津大学出版社钦定版，拉斐尔和麦克菲编辑，1976年。为便于阅读，我添加了少许斜体字的小标题和每段开头的空格。想获取更易于得到的紧凑版的读者，可查阅我本人的《亚当·斯密作品精粹》，纽约：诺顿出版社，1986年。

《道德情操论》

第一卷 第一篇 第一章
论同情

无论人们会认为某人怎样自私，这个人的天赋中总是明显地存在着这样一些本性，这些本性使他关心别人的命运，把别人的幸福看成是自己的事情，虽然他除了看到别人幸福而感到高兴以外，一无所得。这种本性就是怜悯或同情，就是当我们看到或逼真地想象到他人的不幸遭遇时所产生的感情。我们常为他人的悲哀而感伤，这是显而易见的事实，不需要用什么实例来证明。这种情感同人性中所有其他的原始感情一样，绝不只是品行高尚的人才具备的，虽然他们在这方面的感受可能最敏锐。最大的恶棍，极其严重地违犯社会法律的人，也不会全然丧失同情心。

由于我们对别人的感受没有直接经验，所以除了设身处地的想象外，我们无法知道别人的感受。当我们的兄弟在受拷问时，只要我们自己自由自在，我们的感觉就不会告诉我们他所遭受的痛苦。它们绝不、也绝不可能超越我们自身所能感受的范围，只有借助想象，我们才能形成有关我们兄弟的感觉的概念。这种想象力也不能以另外的方式帮助我们做到这一点，它只能告诉我们，如果身临其境的话，我们将会有什么感觉。我们的想象所模拟的，只是我们自己的感官的印象，而不是我们兄弟的感官的印象。通过想象，我们设身处地地想到自己忍受着所有同样的痛苦，我们似乎进入了他的躯体，在一定程度上同他像是一个人，因而形成关于他的感觉的某些想法，甚至体会到一些虽然程度较轻，但不是完全不同的感受……

如果认为这还不够清楚的话，那么大量明显的观察可以证实，正是由于我们对别人的痛苦抱有同情，即设身处地地想象受难者的痛苦，我们才能设想受难者的感受或者受难者的感受的影响。当我们看到对准另一个人的腿或手臂的一击将要落下来的时候，我们会本能地缩回自己的腿或手臂；当这一击真的落下来时，我们也会在一定程度上感觉到它，并像受难者那样受到伤害。当观众凝视松弛的绳索上的舞蹈者时,随着舞蹈者扭动身体来平衡自己,他们也会不自觉地扭动自己的身体,因为他们感到如果自己处在对方的境况下也必须这样做。性格脆弱和体质羸弱的人抱怨说,当他们看到街上的乞丐暴露在外的疮肿时,自己身上的相应部位也会产生一种瘙痒或不适之感。因为那种厌恶之情来自他们对自己可能受苦的想象,所以如果他们真的成了自己所看到的可怜人,并且在自己身体的特定部位受到同样痛苦的影响的话,那么,他们对那些可怜人的病痛抱有的厌恶之情会在自身特定的部位产生比其他任何部位更为强烈的影响……

"怜悯"和"体恤"是我们用来对别人的悲伤表示同感的词。"同情",虽然原意也许与前两者相同,然而现在用来表示我们对任何一种激情的同感也未尝不可。【怜悯和体恤】

在某些场合,同情似乎只来自对别人一定情绪的观察。激情在某些场合似乎可以在转瞬间从一个人身上感染到另一个人身上,并且在知道什么东西使主要当事人产生这种激情之前就感染他人。例如,在一个人的脸色或姿态中强烈地表现出来的悲伤或快活,马上可以在旁观者心中引起某种程度相似的痛苦或欣喜之情。一张笑脸令人赏心悦目;悲苦的面容则总是令人伤感。

然而情况并非总是这样,或并非每一种激情都是如此。有一些激情的表露,在我们获悉它由以产生的事情之前,引起的不是同情,反而是厌恶和反感。发怒者的狂暴行为,很可能激怒我们去反对他本人而不是他的敌人。因为我们不知道他发怒的原因,所以也就不会体谅他的处境,也不会想象到任何类似于它所激发的激情的东西。但是,我们清楚地看到他对其发怒的那些人的情况,以及后者由于对方如此激怒而可能遭受的伤害。因此,我们容易同情后者的恐惧或愤恨,并立即打算同他们一起反对使他们面临危险的那个发怒者。

倘若正是这些悲伤或高兴的表情使我们产生一定程度的相似情绪,这是由于这些表情使我们心中浮起有关落在我们所看到的人头上的好的或坏的命运的一般念头;由于这些激情足以使我们有所感动。悲伤或高兴只影响感觉到那些情绪的人,它们的表露不像愤恨的表情那样能使我们心中浮起有关我们所关心的任何他人以及其利益同他对立的人的念头。因此,有关好的或坏的命运的一般念头会引起我们对遭遇这种命运的人的某种关切;而有关暴怒的一般念头却激不起我们对被触怒的人的任何同情。天性似乎教导我们更为反对去体谅这种激情。在知道发怒的原因之前，我们对此都是打算加以反对的。

甚至在知道别人悲伤或高兴的原因之前，我们对它们的同情也总是很不充分的。很明显，一般的恸哭除了受难者的极度痛苦之外并没有表示什么，它在我们身上引起的与其说是真正的同情，毋宁说是探究对方处境的好奇心以及对他表示同情的某种意向。我们首先提出的问题是：你怎么啦？在这个问题得到解答之前，虽然我们会因有关他不幸的模糊念头而感到不安，并为弄清楚对方的不幸遭遇而折磨自己，但是我们的同情仍然是无足轻重的。

【我们如何相互判断】因此，同情与其说是因为看到对方的激情而产生的，不如说是因为看到激发这种激情的境况而产生的。我们有时会同情别人，这种激情对方自己似乎全然不会感到，这是因为，当我们设身处地地设想时，它就会因这种设想而从我们自己的心中产生，然而它并不因现实而从他的心中产生。我们为别人的无耻和粗鲁而感到羞耻，虽然他似乎不了解自己的行为不合宜；这是因为我们不能不因自己做出如此荒唐的行为而感到窘迫……

近年来，哲学家们主要考察了感情的意向，很少注意到感情跟激起它们的原因之间的关系。可是，在日常生活中，当我们判断某人的行为和导致这种行为的情感时，往往是从上述两个方面来考虑的。当我们责备别人过分的爱、悲伤和愤恨时，我们不仅考虑它们往往产生的破坏性后果，而且还考虑激起它们的那些微小原因。或许，他所喜爱的人并非如此伟大，他的不幸并非如此可怕，惹他生气的事并非如此严重，以致能证明某种激情如此强烈是有道理的。但假如引起某种激情的原因从各方面来说与它都是相称的，我们就会迁就或可能赞同他的激烈情绪。

当我们以这种方式，来判断任何感情与激起它们的原因是否相称的时候，除了它们和我们自己的一致的感情之外，几乎不可能利用其他的规则或标准。如果我们设身处地地想一想，就会发现它所引起的情感跟我们的情感吻合一致，由于跟激起它们的客观对象相符相称，我们就自然赞同这些感情；反之，由于过分和不相称，我们就自然不会对此表示赞成。

一个人的各种官能是用来判断他人相同官能的尺度。我用我的视觉来判断你的视觉，用我的听觉来判断你的听觉，用我的理智来判断你的理智，用我的愤恨来判断你的愤恨，用我的爱来判断你的爱。我没有、也不可能有任何其他的方法来判断它们。

───────────

这些富有魅力的观察服务于一个重要的目的。它们提醒我们，斯密不是在该词某种平和的、情操的含义中寻求"同情"的根源，而是作为一个意指我们对许多种行为和感情——不论是声名狼藉的还是无可指摘的——的理解能力的术语。这导致他进入了一种相当狼狈的处境，即，如何证明那种引起诸《圣经》作者、亚里士多德和阿奎那所蔑视的积聚财富的动力是合理的。

与他们颇为相像，对于从致富动力本身来考虑的致富动力的道德基础，斯密是不安的，因而在对这种动力作出合适的评价，而认为在贪婪扮演至关重要的角色的社会中应该具有这种动力方面，他陷入了一种尴尬的位置。在《道德情操论》第六版中，他的不安变得越来越清晰可见，尽管他总是能够凭借两个拯救信念从一种站不住脚的位置上脱身：其一，在危机时刻，我们能够考虑到自利观之外的情操；其二，完美自由社会中的这些微观动机最终能够由它们所导致的结果来补偿。

在下面选自第二卷第二、三两章的节录中，我们可以看到，他直言不讳地描述了因被诱惑去羡慕有钱有势的人而引起的"我们道德情操的败坏"。在其后的节录中，我们将读到针对这种状况的补救措施。

───────────

第二章 论野心的起源，兼论社会阶层的区别

我们夸耀自己的财富而隐瞒自己的贫穷，是因为人们倾向于同情我们的快乐而不是悲伤。我们不得不在公众面前暴露出自己的贫穷，并感到我们的处境虽然在公众面前暴露无遗，但是我们遭受的痛苦却很少得到人们的同情，对我们来说，再没有什么比这更耻辱的了。我们追求财富而避免贫困，主要不是出于这种对人类情感的关心。这个世界上所有的辛苦和劳碌是为了什么呢？贪婪和野心，追求财富、权力和优越地位的目的又是什么呢？是为了提供生活上的必需品吗？那么，最低级劳动者的工资就可以提供它们。我们看到工资为他们提供食物、衣服和舒适的住房，并且养活整个家庭。如果仔细地考察一下他的经济，我们就会发现：他把大部分工资都花在生活便利品上，这些便利品可以看成是奢侈品；并

且,在特殊的场合,他甚至会为了虚荣和荣誉捐赠一些东西。

那么,是什么原因使我们对他的情况感到嫌恶呢?为什么在上层生活中受过教育的那些人,会把被迫跟他吃同样简单的伙食、住同样低矮的房屋、穿同样破旧的衣服——即使无须从事劳动——的生活,看得比死还坏呢?是他们认为自己的胃更高级些,还是认为在一所华丽的大厦里比在一座茅舍里能睡得更安稳些呢?情况恰恰相反,而且实际上是显而易见,谁都知道的,尽管没有人说出来过。

那么,遍及所有地位不同的人的那个竞争是什么原因引起的呢?按照我们所说的人生大目标,即改善我们的条件而谋求的利益又是什么呢?引人注目、被人关心、得到同情、自满自得和博得赞许,都是我们根据这个目的所能谋求的利益。吸引我们的,是虚荣而不是舒适或快乐。不过,虚荣总是建立在我们相信自己是关心和赞同的对象的基础上。富人因富有而洋洋得意,这是因为他感到他的财富自然而然地会引起世人对他的注意,也是因为他感到,在所有这些由于他的有利地位而很容易产生的令人愉快的情绪之中,人们都倾向于赞同他。想到这里,他的内心仿佛充满了骄傲和自满情绪,而且由于这个缘故,他更加喜爱自己的财富超过他的财富能使他获得的一切其他好处。

相反,穷人因为贫穷而感到羞辱。他觉得,贫穷使得人们瞧不起他;或者即使对他有所注意,也不会对他所遭受的不幸和痛苦产生同情。他为这两个原因而感到羞辱。因为,虽然被人忽视和不为人所赞同完全是两码事,但是,正如微贱使我们得不到荣誉和赞许的阳光照耀一样,感到自己不被人所注意必然会抑制非常令人愉快的希望,使得人类天性中最强烈的愿望落空。穷人走出走进无人注意,如同被关闭在自己的小茅舍中一样默默无闻。那些微末的照料,以及其处境招来的令人难堪的关心,并不能提供挥霍寻欢的乐趣。他们不再把他放在眼里,或者即使他的极度痛苦使他们不得不注视他,那也只像是从他们中间藐视一个令人很不愉快的客观对象。幸运和得意的人对于陷入不幸境地的人竟敢在他们面前傲慢无礼,并以其令人讨厌的惨状来扰乱自己从容享受幸福的状态,会感到惊奇。

【虚荣之乐】相反,享有地位和荣誉的人举世瞩目。人们都急切地想一睹他的风采,并想象着,至少以同情的态度想象着,他的处境必然在他身上激起的那种高兴和狂喜。他的举动成为公众关注的对象,连一句话、一个手势人们也不会全然忽视。在盛大集会上,他成为他们注视的中心人物;他们似乎把全部激情都寄托在他的身上,以便得到他给予他们的鼓励和启示。如果他的行为不是全然荒诞可笑,他就时时刻刻有机会引起人们的注意,并使自己成为众人观察和同情的对象。尽管这会产生一种约束力,使他随之失去自由,然而,人们认为,这使大人物变成众人羡慕的客观对象,并补偿了因追求这种地位而必定要经历的种种辛苦、焦虑和对各种欲望的克制;为了取得它,宁可永远失去一切闲暇、舒适和无忧无虑的保证……

等级差别和社会秩序的基础,便是人们跟富者、强者的一切激情发生共鸣的这一倾向。我们对地位高于自己的人所表现的顺从和尊敬,常常是从对他们的优越境遇的羡慕中、而不是从对他们给予善意的恩赐的任何期待中产生的。他们的恩惠可能只给予少数人;但他们的幸运却吸引了几乎所有的人。我们急切地帮助他们去实现一系列如此接近完美的幸福;并希望尽力使他们的虚荣心和荣誉感得到满足,而不想得到任何报答。我们尊重他们的意愿并不是主要地、也不是全部建立在重视这种服从的效用、考虑到它能很好地维护社会秩序这种想法的基础上。即使在社会秩序似乎要求我们反对他们的意愿的时候,我们也几乎无法这样做。

第三章
论这种由钦佩富人和大人物,轻视或怠慢穷人和小人物的倾向
所引起的道德情操的败坏

这种钦佩或近乎崇拜富人和大人物,轻视或至少是怠慢穷人和小人物的倾向,虽然为建立和维持等级差别和社会秩序所必需,但同时也是我们道德情操败坏的一个重要而又最普遍的原因。财富和地位经常得到应该只是智慧和美德才能引起的那种尊敬和钦佩;而那种只宜对罪恶和愚蠢表示的轻视,却经常极不适当地落到贫困和软弱头上。这历来是道德学家们所抱怨的。

我们渴望有好的名声和受人尊敬,害怕名声不好和遭人轻视。但是我们一来到这个世界,就很快发现智慧和美德并不是唯一受到尊敬的对象;罪恶和愚蠢也不是唯一受到轻视的对象。我们经常看到:富裕和有地位的人引起世人的高度尊

敬，而具有智慧和美德的人却并非如此。我们还不断地看到：强者的罪恶和愚蠢较少受到人们的轻视，而无罪者的贫困和软弱却并非如此。受到、获得和享受人们的尊敬和钦佩，是野心和好胜心的主要目的。我们面前有两条同样能达到这个我们如此渴望的目的的道路：一条是学习知识和培养美德；另一条是取得财富和地位。我们的好胜心会表现为两种不同的品质：一种是目空一切的野心和毫无掩饰的贪婪；一种是谦逊有礼和公正正直。我们从中看到了两种不同的榜样和形象，据此可以形成自己的品质和行为：一种在外表上华而不实和光彩夺目；另一种在外表上颇为合式和异常美丽。前者促使每一只飘忽不定的眼睛去注意它；后者除了非常认真、仔细的观察者之外，几乎不会引起任何人的注意。他们主要是有知识和美德的人，是社会精英，虽然人数恐怕很少，但却是真正、坚定地钦佩智慧和美德的人。大部分人都是财富和显贵的钦佩者和崇拜者，并且看来颇为离奇的是，他们往往是不具偏见的钦佩者和崇拜者……

完美自由社会所依赖的这种动机也是其堕落的主要根源，那么，亚当·斯密是怎样从这种尴尬的事实脱身的呢？部分地是已经在上述第二章的结尾处所吐露的认可："等级差别和社会秩序的基础，便是人们同富者、强者的一切激情发生共鸣的这一倾向。"因此，不论其道德上的败坏性影响如何，我们认为自己更优秀的倾向给予社会一种它除此之外不会拥有的稳定性。斯密，这位极度现实的政治观察员，接受了这一点，把它作为社会秩序的必要条件。

但是我想提前谈一下两个其他的拯救之道。第一个是，在具有重大人道主义意义的时刻，我们不要顾及我们的自身利益，而是诉诸一个更高的法庭——我们内心的自我，我们的良心，我们的是非感。下面是《道德情操论》第二卷第三章中我特别喜欢的段落，其中一个段落提到了这种拯救性倾向。

论良心的影响和权威

且让我们假设，中国这个伟大帝国连同她的全部亿万居民突然被一场地震吞没，并且让我们来考虑，一个同中国没有任何关系的富有人性的欧洲人在获悉中国发生这个可怕的灾难时会受到什么影响。我认为，他首先会对这些不幸的人遇难表示深切的悲伤，他会怀着深沉的忧郁想到人类生活的不安定以及人们的全部劳动化为乌有，它们在顷刻之间就这样毁灭掉了。如果他是一个投机商人的话，或许还会推而广之地想到这种灾祸对欧洲的商业和全世界平时的贸易往来所能产生的影响。而一旦作完所有这些精细的推理，一旦充分表达完所有这些高尚的情感，他就会同样悠闲而平静地从事他的生意或追求他的享受，寻求休息和消遣，好像不曾发生过这种不幸的事件。那种可能落到他头上的最小的灾难会引起他某种更为现实的不安。如果明天要失去一个小指，他今晚就会睡不着觉，但是，倘若他从来没有见到过中国的亿万同胞，他就会在知道了他们被毁灭的消息后怀着绝对的安全感呼呼大睡，亿万人的毁灭同他自己微不足道的不幸相比，显然是更加无足轻重的事情。

因此，为了不让他的这种微不足道的不幸发生，一个有人性的人如果从来没有见到过亿万同胞，就情愿牺牲他们的生命吗？人类的天性想到这一点就会惊愕不已，世界腐败堕落到极点，也绝不会生出这样一个能够干出这种事情的坏蛋。但是，这种差异是怎么造成的呢？既然我们消极的感情通常是这样卑劣和自私，积极的道义怎么会如此高尚和崇高呢？既然我们总是深深地为任何与己有关的事情所动而不为任何与他人有关的事情所动，那么是什么东西促使高尚的人在一切场合和平常的人在许多场合为了他人更大的利益而牺牲自己的利益呢？

这不是人性温和的力量，不是造物主在人类心中点燃的仁慈的微弱之火，即能够抑制最强烈的自爱欲望之火。它是一种在这种场合自我发挥作用的一种更为强大的力量，一种更为有力的动机。它是理性、道义、良心、心中的那个居民、内心的那个人、判断我们行为的伟大的法官和仲裁人。每当我们将要采取的行动会影响到他人的幸福时，是他，用一种足以震慑我们心中最冲动的激情的声音向我们高呼：我们只是芸芸众生之一，丝毫不比任何人更为重要；并且高呼：如果我们如此可耻和盲目地看重自己，就会成为愤恨、憎恨和咒骂的合宜对象。只有从他那里我们才知道自己以及与己有关的事的确是微不足道的，而且只有借助于公正的旁观者的眼力才能纠正自爱之心的天然曲解。是他向我们指出慷慨行为的合宜性和不义行为的丑恶；指出为了他人较大的利益而放弃自己最大的利益的合宜性；指出为了获得自己最大的利益而使他人受到最小伤害的丑恶。在许多场合促使我们去实践神一般美德的，不是对邻人的爱，也不是对人类的爱。它通常是在这样的场合产生的一种更强烈的爱，一种更有力的感情，一种对光荣而又崇高的东西的爱，一种对伟大和尊严的爱，一种对自己品质中优点的爱。

那么，第二个拯救之道是什么呢？它关乎外在的经济活动，而不是内在良心的活动。斯密指望对完美自由社会的动态分析，能够从其因竞争而不那么锐利的贪婪动力，带来一种比较符合我们的道德所认可的产出分配情况。"富人"，他写道，"只从这大量的社会产品中选择宝贵的和最合胃口的东西。他们所消费的并不比穷人多多少"——对于穷人，附带说一下，他们深深地给予了担心和关心。

这段话比起斯密所有其余的文字加在一起都有更多的辩护主义色彩，但是相当反常的虚伪——因为这其中的虚伪是肯定无疑的——必须根据斯密对于那个"好像被一只看不见的手所引导的"致力于社会完善的完美自由社会的认知来加以考察。

那只手的操纵不应该在我们后面重大的节录中读到《国富论》之前加以勾画。但是，下面摘自《道德情操论》第四卷第一章的文字——我们将在其中读到一名雄心满腹的"穷人子弟"的事业——对那部鸿篇巨制起着完美的引导作用。

那个上天在发怒时曾热望加以惩罚的穷人的孩子，当他开始观察自己时，他会羡慕富人的景况。他发现父亲的小屋给他提供的便利太少了，因而幻想着他能更舒适地住在一座宫殿里。他对自己不得不徒步行走或忍受骑在马背上的劳累感到不快。他看到富人们几乎都坐在马车里，因而幻想自己也能坐在马车里舒适地旅行。他自然地感到自己懒惰，因而愿意尽可能自食其力；并认为，有一大批扈从可以使他免去许多麻烦。他认为，如果自己获得了这一切，就可以心满意足地坐下来，陶醉在幸福和宁静的处境之中。他沉浸在这幸福的遐想之海。在他的幻想之中浮现出某些更高阶层的人的生活情景，为了挤进这些阶层，他投身于对财富和显贵地位的追逐之中。

为了获得这一切所带来的便利，他在头一年里受尽委屈，而且在潜心向上的第一个月内含辛茹苦,费尽心机,较之他在没有财富和地位时的全部生涯中所能遭受的痛苦更有甚之。他学习在某些吃力的职位上干得出色。他勤奋好强,夜以继日地埋头苦干,以获得胜过其竞争者的才能。然后,他努力在公众面前显示出这种才能,以同样的勤奋乞求每一个就业的机会。为了达到这一目的,他向所有的人献殷勤;他为自己所痛恨的那些人效劳,并向那些他所轻视的人献媚。他用自己的整个一生,来实行享受他也许永远不能享受的某种不自然的、讲究的宁静生活的计划,为此他牺牲了自己在任何时候都可以得到的真正安逸,而且,如果他在垂暮之年最终得到它,他就会发现,它们无论在哪方面都不比他业已放弃的那种微末的安定和满足好多少。

正是在这时候,他那有生之日已所剩无几,他的身体已被劳苦和疾病拖垮,他的心灵因为成千次地回想到自己所受的伤害和挫折而充满着羞辱和恼怒,他认为这些伤害和挫折来自自己敌人的不义行为,或者来自自己朋友的背信弃义和忘恩负义。最后他开始醒悟:财富和地位仅仅是毫无效用的小玩意儿,它们跟玩物爱好者的百宝箱一样不能用来实现我们的肉体舒适和心灵平静;也跟百宝箱一样,给带着它们的人带来的麻烦少于它们所能向他提供的各种便利。在它们之间,除了前者所带来的便利比后者稍微明显之外,没有什么真正的差别……

但是,在年老多病、衰弱乏力之际,显赫地位所带来的那些空洞和无聊的快乐就会消失。对处于这种境况的人来说,事先允诺给予他这种空洞无聊的快乐,再也不能使他从事那些辛劳的追逐。他在内心深处诅咒野心,徒然怀念年轻时的悠闲和懒散,怀念那一去不返的各种享受,后悔自己曾经愚蠢地为了那些一旦获得之后便不能给他带来真正满足的东西而牺牲了它们。如果权贵因颓丧或疾病而被废黜,以这样一副可怜的样子出现在每个人的面前,他就会细心观察自己的处境,并考虑什么才是自己的幸福所真正需要的东西。那时,权力和财富就像是为了产生肉体上微不足道的便利而设计出来的、由极为精细和灵敏的发条组成的庞大而又费力的机械,必须极其细微周到地保持它们的正常运转,而且不管我们如何小心,它们随时都会突然爆成碎片,并且使不幸的占有者遭到严重打击。它们是巨大的建筑物,需要毕生的努力去建造,虽然它们可以使住在这座建筑物中的人免除一些小小的不便利,可以保护他不受四季气候中寒风暴雨的袭击,但是,住在里面的人时时刻刻面临着它们突然倒塌把他们压死的危险。它们可以遮挡夏天的阵雨，但是挡不住冬天的风暴，而且，常常使住在里面的人跟以前一样、有时比以前更多地感到焦虑、恐惧和忧伤，面临疾病、危险和死亡。……

同时，天性很可能以这种方式来欺骗我们。正是这种蒙骗不断地唤起和保持人类勤劳的动机。正是这种蒙骗，最初促使人类耕种土地，建造房屋，创立城市和国家，在所有的科学和艺术领域中有所发现、有所前进。这些科学和艺术，提高了人类的生活水平，使之更加丰富多彩；完全改变了世界面貌，使自然界的原始森林变成适宜于耕种的平原，把沉睡荒凉的海洋变成新的粮库，变成通达大陆上各个国家的行车大道。土地因为人类的这些劳动而加倍地肥沃，维持着成千上万人的生存。骄傲而冷酷的地主眺望自己的大片土地，却并不想到自己同胞们的需要，而只想独自消费从土地上得到的一切收获物，是徒劳的。

眼睛大于肚子，这句朴实而又通俗的谚语，用到他身上最为合适。他的胃容量跟无底的欲壑不相适应，而且容纳的东西绝不会超过一个最普通的农民的胃。他不得不把自己所消费不了的东西分给用最好的方法来烹制他自己享用的那点东西的那些人；分给建造他要在其中消费自己的那一小部分收成的宫殿的那些人；分给提供和整理显贵所使用的各种不同的小玩意儿和小摆设的那些人；就这样，所有这些人由于他生活奢华和具有怪癖而分得生活必需品，如果他们期待他的友善心和公平待人，是不可能得到这些东西的。在任何时候，土地产品供养的人数都接近于它所能供养的居民人数。富人只是从这大量的产品中选用了最贵重和最中意的东西。他们所消费的并不比穷人多多少；尽管他们的天性是自私的和贪婪的，虽然他们只图自己方便，虽然他们雇用千百人来为自己劳动的唯一目的是满足自己无聊而又贪得无厌的欲望，但是他们还是跟穷人一样分享他们所作一切改良的成果。一只看不见的手①引导他们对生活必需品作出几乎跟土地在平均分配给全体居民的情况下所能作出的一样的分配，从而不知不觉地增进了社会利益，并为不断增多的人口提供生活资料。当神把土地分给少数地主时，他既没有忘记也没有遗弃那些在这种分配中似乎被忽略了的人。后者也享用着他们在全部土地产品中所占有的份额。在构成人类生活的真正幸福之中，他们无论在哪方面都不比似乎大大超过他们的那些人逊色。在肉体的舒适和心灵的平静上，所有不同阶

---

① 注意！

层的人几乎处于同一水平,一个在大路旁晒太阳的乞丐也享有国王们正在为之战斗的那种安全。

最后一句肯定不是斯密最佳状态时的文字,而且的确跟他作为一位伟大的"保守派"经济思想家那众所周知的观点相吻合。所以,我们更有理由转到《国富论》,我想,大部分读者都会在这本书中,发现一位与他们所预期的大异其趣的世俗哲人。

《国富论》

《国富论》是一部不可思议的著作,但以概要的形式加以介绍却非易事。原因在于,这部专著分为五卷,每卷分别论述完美自由社会的活动中一个不同的尽管是缺一不可的部分。

我首先把注意力集中在第一卷。在对斯密的宏大主题——是何者造就一些国家富有而强大——作简短概述之后,接下来是对原因的一番理应著名的考察:劳动分工。下面的文字无须任何指引,它们清楚明了甚至是生动活泼的、十分有趣的,并在最后的结束语中,阐述了勤劳节俭的农民的生活物质是如何超过"许多非洲国王的……膳宿供应"的。它们为接下来的论述奠定了基础。

序及全书设计

一国国民每年的劳动,本来就是供给他们每年消费的一切生活必需品和便利品的源泉。构成这种必需品和便利品的,或是本国劳动的直接产物,或是用这类产物从外国购进来的物品。

这类产物或用这类产物从外国购进来的物品,相对于消费者人数,或是有着大的比例,或是有着小的比例,所以一国国民所需要的一切必需品和便利品供给情况的好坏,视这一比例的大小而定。

但无论就哪一国国民说,这一比例都要受下述两种情况的支配:第一,一般地说，这一国国民运用劳动，是怎样熟练，怎样有技巧，怎样有判断力；第二，从事有用劳动的人数和不从事有用劳动的人数，究竟成什么比例。不论一国土壤、气候和面积如何，其国民每年供给的好坏，必然取决于这两种情况。

此外，上述供给的好坏，取决于前一情况的，似乎较多。在未开化的渔猎民族中间，一切能够劳作的人都或多或少地从事有用劳动，尽可能以各种生活必需品和便利品，供给他自己和家族内因老幼病弱而不能渔猎的人。不过，他们是那么贫乏，以致往往仅因为贫乏的缘故，迫不得已，或至少觉得迫不得已，要杀害老幼以及长期患病的亲人；或遗弃这些人，听任其饿死或被野兽吞食。反之，在文明繁荣的民族中间，虽然有许多人全然不从事劳动，而且他们所消费的劳动生产物，往往比大多数劳动者所消费的要多过十倍乃至百倍。但由于社会全部劳动生产物非常之多，往往所有的人都有充足的供给，就连最下等最贫穷的劳动者，只要勤勉节俭，也比野蛮人享受更多的生活必需品和便利品。

第一章　论分工

劳动生产力方面最大的增进，以及运用劳动时所表现的更大的熟练、技巧和判断力，似乎都是分工的结果。

为了使读者易于理解社会一般业务分工所产生的结果，我现在来讨论个别制造业的分工状况。一般人认为，分工最完全的制造业，乃是一些极不重要的制造业。不重要制造业的分工，实际上并不比重要制造业的分工更为周密。但是，目的在于供给少数人小量需要的不重要制造业，所雇用的劳动者人数，必然不多，而从事各部门工作的工人，往往可集合在同一工厂内，使观察者能一览无遗。反之，那些大制造业，要供给大多数人的大量需要，所以，各工作部门都雇有许许多多的劳动者，要把这许许多多的劳动者集合在一个厂内，势必不可能。我们要同时看见一个部门以上的工人，也不可能。像这种大制造业的工作，尽管实际上比小制造业分成多得多的部分，但因为这种划分不能像小制造业的划分那么明显，所以很少有人注意到。

【扣针厂】扣针制造业是极微小的了，但它的分工往往唤起人们的注意。所以，我引用它作为例子。一个劳动者，如果对于这职业（分工的结果，使扣针的制造成为一种专门职业）没有受过相当的训练，又不知道怎么使用这职业上的机械（使这种机械有发明的可能的，恐怕也是分工的结果），那么即使竭力工作，也许一天也制造不出一枚扣针，要做二十枚，当然是绝不可能的了。但按照现在经营的方法，不但这种作业全部已经成为专门职业，而且这种职业分成若干部门，其中有大多数也同样成为专门职业。一个人抽铁线，一个人拉直，一个人切截，一个人削尖线的一端，一个人磨另一端，以便装上圆头。要做圆头，就需要有两三种不同的操作。装圆头，涂白色，乃至包装，都是专门的职业。这样，扣针的制造分为十八种操作。有些工厂，这十八种操作分由十八个专门工人担任。固然，有时一人也兼任二三门。我见过一个这种小工厂，只雇用十个工人，因此在这个工厂中，有几个工人担任两三种操作。像这样一个小工厂里的工人，虽然很穷困，他们的必要机械设备，虽然很简陋，但他们如果勤勉努力，一日也能制成十二磅针。以每磅中等针有四千枚计，这十个工人每日就可制成四万八千枚针，即一人一日可制成四千八百枚针。如果他们各自独立工作，不专习一种特殊业务，那么，他们不论是谁，绝对不能一日制造二十枚针，说不定一天连一枚针也制造不出来。他们不但不能制出今日由适当分工合作而制成的数量的二百四十分之一，就连这数量的四千八百分之一，恐怕也制造不出来……

　　有了分工，同等数量的劳动者就能完成比过去多得多的工作量，其原因有三：第一，劳动者的技巧因业专而日进；第二，由一种工作转到另一种工作，通常势必损失不少时间，有了分工，就可以免除这种损失；第三，许多简化和缩减劳动的机械的发明，使一个人能够做许多人的工作。【分工的结果】

　　第一，劳动者熟练程度的增进，势必增加他所能完成的工作量。分工实施的结果，各劳动者的业务，既然终生局限于一种单纯的操作，当然能够大大增进自己的熟练程度。惯于使用铁锤而不曾练习制铁钉的普通铁匠，一旦因特殊事故而必须制钉时，我敢说，他一天至多只能做出二三百枚针来，而且质量还拙劣不堪。即使惯于制钉，但若不以制钉为主业或专业，就是竭力工作，也不会一天制造出八百枚或一千枚以上。我看见过几个专以制钉为业的不满二十岁的年轻人，在尽力工作时，每人每日能制造二千三百多枚。可是，制钉绝不是最简单的操作。同一个劳动者，要鼓炉、调整火力，要烧铁挥锤打制，在打制钉头时还得调换工具。比较起来，制扣针和制金属纽扣所需的各项操作要简单得多，而以此为终生业务的人，其熟练程度通常也高得多。所以，在这类制造业中，有几种操作的快捷程度简直使人难于想象,如果你不曾亲眼见过,你决不会相信人的手能有这样大的本领。

第二,由一种工作转到另一种工作,常常要损失一些时间,因节省这种时间而得到的利益,比我们骤看到时所想象的大得多。不可能很快地从一种工作转到使用完全不同的工具而且在不同的地方进行的另一种工作。耕作小农地的乡村织工,由织机转到耕地,又由耕地转到织机,一定要虚费许多时间。诚然,这两种技艺,如果能在同一厂坊内进行,那么时间上的损失,无疑要少得多,但即使如此,损失还是很大。人由一种工作转到另一种工作时,通常要闲逛一会儿。在开始新工作之初,肯定难以立即全神贯注地积极工作,总不免心不在焉。而且在相当的时间内,与其说他是在工作,倒不如说他是在开玩笑。闲荡、偷懒、随便这种种习惯,对于每半小时要换一次工作和工具,而且一生中几乎每天必须从事二十项不同工作的农村劳动者,可说是自然会养成的,甚至可以说必然会养成的。这种种习惯,使农村劳动者常流于迟缓懒惰,即使在非常吃紧的时候,也不会精神勃勃地干。所以,纵使没有技巧方面的缺陷,仅仅这些习惯也一定会大大减少他所能完成的工作量。

【论机械】　　第三也是最后一点,利用适当的机械能在什么程度上简化劳动和节省劳动,这必定是大家都知道的,无须举例。我在这里所要说的只是:简化劳动和节省劳动的那些机械的发明,看来也是起因于分工。人类把注意力集中在单一事物上,比把注意力分散在许多种事物上,更能发现达到目标的更简易更便利的方法。分工的结果,各个人的全部注意力自然会倾注在一种简单的事物上。所以,自然可以预期,只要工作性质上还有改良的余地,各个劳动部门所雇的劳动者中,不久自会有人发现一些比较容易而便利的方法,来完成他们各自的工作。

唯其如此,用在今日分工最细密的各种制造业上的机械,有很大部分,最初是普通工人的发明。他们从事于最单纯的操作,当然会发明比较便易的操作方法。不论是谁,只要他常去观察制造厂,他一定会看到极像样的机械,这些机械是普通工人为了要使他们担当的那部分工作容易迅速地完成而发明出来的。第一批蒸汽机,原来需雇用一个儿童,按活塞的升降,不断开闭汽锅与汽筒间的通路。有一次担任这工作的某个儿童,因为爱和朋友游玩,他用一条绳索把开闭通路的舌门的把手,系在机械的另一部分,舌门就可不需人力自行开闭。原先为贪玩想出来的方法，就这样成为蒸汽机的重大改良之一。

可是，一切机械的改良，绝不是由碰巧使用那些机械的人所发明的。有许多改良，是出自专门机械制造师的智巧；还有一些改良，是出自哲学家或思想家的智能。哲学家或思想家的任务，不在于制造任何实物，而在于观察一切事物，所以他们常常能够结合利用各种完全没有关系而且极不类似的物力。随着社会的进步，哲学或推想也像其他各种职业那样，成为某一特定阶级的主要业务和专门工作。此外，这种业务或工作，也像其他职业那样，分成了许多部门，每个部门，又各成为一种哲学家的行业。哲学上的这种分工，像产业上的分工那样，增进了技巧，并节省了时间。各人擅长各人的特殊工作不但增加了全体的成就，而且大大增进了科学的内容。

在一个政治修明的社会里，造成普及到最下层人民的那种普遍富裕情况的，是各行各业的产量由于分工而大增。各劳动者，除自身所需要的以外，还有大量产物可以出卖；同时，因为一切其他劳动者的处境相同，各个人都能以自身生产的大量产物，换得其他劳动者生产的大量产物，换言之，都能换得其他劳动者大量产物的价格。别人所需的物品，他能予以充分供给；他自身所需的，别人亦能予以充分供给。于是，社会各阶级普遍富裕。

考察一下文明而繁荣的国家中最普通技工或日工的日用物品吧，你就会看到，用他的劳动的一部分（虽然只是一小部分）来生产这种日用品的人的数目，是难以数计的。例如，日工所穿的粗劣呢绒上衣，就是许多劳动者联合劳动的产物。为完成这种朴素的产物，势须由牧羊者、拣羊毛者、梳羊毛者、染工、粗梳工、纺工、织工、漂白工、裁缝工，以及其他许多人，联合起来工作。

加之，这些劳动者居住的地方，往往相隔很远，把材料由甲地运至乙地，那该需要多少商人和运输者啊！染工所用的药料，常需购自世界上各个遥远的地方，要把各种药料由各个不同地方收集起来，那该需要多少商业和航运业，该需要雇用多少船工、水手、帆布制造者和绳索制造者啊！为生产这些最普通的劳动者所使用的工具，又需要多少种类的劳动啊！复杂机械如水手工作的船、漂白工用的水车或织工用的织机姑且不论，单就简单器械如牧羊者剪毛时所用的剪刀来说，其制造就需经过许多种类的劳动。为了生产这极简单的剪刀，矿工、熔铁炉建造者、木材采伐者、熔铁厂烧炭工人、制砖者、泥水匠、在熔铁炉旁服务的工人、机械安装工人、铁匠等等，必须把他们各种各样的技艺联结起来。

同样，如果我们考察一个劳动者的服装和家庭用具，如贴身穿的粗麻衬衣，脚上穿的鞋子，就寝用的床铺和床铺上的各种装置，调制食物的炉子，由地下采掘出来而且也许需要经过水陆运输才能送到他手边供他烧饭的煤炭，厨房中一切其他用具，食桌上一切用具，刀子和叉子，盛放食物和分取食物的陶制和锡蜡制器皿，制造面包和麦酒供他食喝的各种工人，那种透得热气和光线并能遮蔽风雨的玻璃窗，和使世界北部成为极舒适的居住地的大发明所必须借助的一切知识和技术，以及工人制造这些便利品所用的各种器具等等。总之，我们如果考察这一切东西，并考虑到投在这每样东西上的各种劳动，我们就会觉得，没有成千上万的人的协助和合作，一个文明国家里的微不足道的人，即便按照（这是我们很错误地想象的）他一般适应的舒服简单的方式也不能够取得其日用品的供给的。固然，跟大人物较为铺张的奢侈相比，他的膳宿毫无疑问显得极端简单而易得；然而，或许这样的情况是正确的：虽然一位欧洲王公贵族的膳宿并不总是大大超出一名勤劳节俭的农民的膳宿，但后者的膳宿却的确超出许多非洲国王的膳宿——他们可是数以万计光身子野蛮人的生命和自由的绝对主人啊。

我们现在从经济学转向心理学，从对分工之影响的考察转到对其行为起源的探究。斯密提出了一个只有在人类身上才可发现的"对交易、易货贸易和交换的倾向"。正是这种倾向才产生了完美自由社会所特有的生产模式。

这最后一个措辞非常重要。如果存在着斯密所描述的那种倾向，我们很可能会问，为什么它在人类历史的早期没有显露出来？我想，斯密的回答——他从未深入考虑过这个问题——会是，这种倾向要求一种特定的制度框架发挥作用。这个框架包括主要在于使生产安排摆脱传统和控制的高压手段，转变为私有财产、自由劳动和市场组织这种特殊的安排，我们称之为资本主义。

第二章 论分工的原由

引出上述许多利益的分工，最初并不是人类智慧的结果，尽管人类智慧预见到分工会产生普遍富裕并想利用它来实现普遍富裕。它是不以这广大效用为目标的一种人类倾向所缓慢而逐渐造成的结果，这种倾向就是互通有无，物物交换，互相交易。

这种倾向，是不是一种不能进一步分析的本然的性能，或者更确切地说是不是理性和言语能力的必然结果，这不属于我们现在研究的范围。这种倾向为人类所共有，亦为人类所特有，在其他各种动物中是找不到的。其他各种动物，似乎都不知道这种或其他任何一种协约。两只猎犬同逐一兔，有时也像是一种协同动作。它们把兔逐向对手的方向，或在对手把兔逐到它那边时，加以拦截。不过，这种协同动作，只是在某一特定时刻，它们的欲望对于同一对象的偶然的一致，而并不是契约的结果。我们从未见过甲乙两犬公平审慎地交换骨头。也从未见过一种动物，以姿势或自然呼声，向其他动物示意说：这为我有，那为你有，我愿意以此易彼。一个动物，如果想从一个人或其他动物那里取得某物，除博得授予者的欢心外，不能有别种说服手段。小犬要得食，就向母犬百般献媚；家狗要得食，就作出种种娇态，来唤起餐桌边主人的注意。

我们人类，对于同胞，有时也采取这种手段。如果他没有别的适当方法，叫同胞满足他的意愿，他会以种种卑劣阿谀的行为，博取对方的厚意。不过这种办法，只能偶尔为之，想应用到一切场合，却为时间所不许。一个人尽毕生之力，亦难博得几个人的好感，而他在文明社会中，随时有取得多数人的协作和援助的必要。别的动物，一达到壮年期，几乎全都能够独立，在自然状态下，不需要其他动物的援助。但人类几乎随时随地都需要同胞的协助，要想仅仅依赖他人的恩惠，那是一定不行的。他如果能够刺激他们的利己心，使有利于他，并告诉他们，给他做事，是对他们自己有利的，他要达到目的就容易得多了。不论是谁，如果他要与别人做买卖，他首先就要这样提议。请给我以我所要的东西吧，同时，你也可以获得你所要的东西：这句话是交易的通义。我们所需要的相互帮忙，大部分是依照这个方法取得的。

我们每天所需的食料和饮料，不是出自屠户、酿酒家或烙面师的恩惠，而是出于他们自利的打算。我们不说唤起他们利他心的话，而说唤起他们利己心的话。我们不说自己有需要，而说对他们有利。社会上，除乞丐外，没有一个人愿意全然靠别人的恩惠过活。而且，就连乞丐，也不能一味依赖别人。诚然，乞丐的生活资料的供给，完全出自善人的慈悲。虽然这种道义归根到底给乞丐提供了他所需要的一切东西，但没有，也不可能，随时随刻给他提供他所需要的东西。他的大部分临时需要和其他人一样，也是通过契约、交换和买卖而得到供给的。他把一个人给他的金钱，拿去购买食物，把另一个人给他的旧衣，拿去交换更合身的旧衣，或交换一些食料和寄宿的地方；或者，先把旧衣换成货币，再用货币购买自己需要的食品、衣服和住所。

下一步论证应该是显而易见的。这就是考虑劳动分工的范围和它所服务的市场的范围之间的关系。正如我们可以预期的，主要是由于机器的使用，市场越大，劳动能够被专业化和分工的程度就变得越精细。

第三章　论分工受市场范围的限制

分工起因于交换能力，分工的程度，因此总要受交换能力大小的限制，换言之，要受市场广狭的限制。市场要是过小，那就不能鼓励人们终生专务一业。因为在这种状态下，他们不能用自己消费不了的自己劳动生产物的剩余部分，随意换得自己需要的别人劳动生产物的剩余部分。

有某些工业，哪怕是最普通的业务，也只能在大都市经营。例如搬运工人，就只能在大都市生活。小村落固不待言；即便是普通墟市，亦嫌过小，不能给他以不断的工作。散布在荒凉的苏格兰高地一带人迹稀少的小乡村的农夫，不论是谁，也不能不为自己的家属兼充屠户、烙面师乃至酿酒人。在那种地方，要在二十英里内找到两个铁匠、木匠或泥水匠，也不容易。离这班工匠至少有八九英里之遥的零星散居人家，只好亲自动手做许多小事情；在人口众多的地方，那些小事情一定会雇请专业工人帮忙。农村工人几乎到处都是一个人兼营几种性质很类似因而使用同一材料的行业。农村木匠要制造一切木制的物品；农村铁匠要制作一切铁制的物品。农村木匠不仅是木匠，同时又是细工木匠、家具师、雕刻师、车轮制造者、耕犁制造者，乃至二轮四轮运货车的制造者。木匠的工作如此繁杂，铁匠的工作还更繁杂。在苏格兰高地那样的僻远内地，无论如何，总维持不了一个专门造铁钉的工人。因为他即使一日只能制钉一千枚，一年只劳动三百日，每年也能制钉三十万枚。但在那里，一年也销不了他一日的制造量，就是说销不了一千枚……

我们接下来讨论完全不同的但同等重要的主题。这就是我们对下述问题的考虑，正如我们已经见到的，亚里士多德和坎蒂隆均给予了关注的问题：市场交换中是否存在某种"公平的"和"内在的"价格，这样的价格是否会以某种神秘的方式由市场本身的活动中自然地产生。

早期的思想家没有回答这个问题（附带说一下，重农主义者们从来就没有操心过这个问题）。但斯密却的确给了一个解答，而且它在其常规方法中预示经济学家后来——一百年之后——以"供给和需求表"的形式所给予我们的东西。这个答案在于两种价格的关系：其一是"市场价格"，市场在任一时刻所得到的不论什么价格；其二是"自然价格"，刚好能够使买者所寻求的任一商品的量（斯密称之为"有效需求"）和该商品即将满足这一需求的量获得平衡的价格。（今天，我们称自然价格为均衡价格，这是斯密没有使用的一个术语。）这种平衡过程中的一个关键元素是竞争，竞争驱使买卖双方找到一个令他们满意的价格。在某种程度上，下面的这章是我们所称的"现代经济学"中第一次真正的演练。

第七章 论商品的自然价格与市场价格

……每一个商品的市场价格，都受支配于它的实际供售量，和愿意支付它的自然价格（或者说愿意支付它出售前所必须支付的地租、劳动工资和利润的全部价值）的人的需要量，这二者的比例。愿意支付商品的自然价格的人，可称为有效需求者，而他们的需求，可称为有效需求。因为，这种需求也许使商品的出售得以实现。此种需求与绝对需求不同。一个贫民在某种意义上也许可以说有一辆六马拉大马车的需求，他这种需求并不是有效需求，因为那马车绝不是为要满足他的这种需要而被送往市场出售的。

市场上任何一种商品的供售量，如果不够满足这个商品的有效需求，那些愿意支付这种商品出售前所必须支付的地租、劳动工资和利润的全部价值的人，就不能得到他们所需要的数量的供给。他们当中有些人，不愿得不到这种商品，宁愿支付较高的价格。于是竞争便在需求者中间发生。而市场价格便或多或少地上升到自然价格之上。价格上升程度的大小，要看货品的缺乏程度及竞争者富有程度和浪费程度所引起的竞争激烈程度的大小。但在同样富有和同样奢侈的竞争者间，缺乏程度所能引起的竞争程度的大小，却要看这商品对求购者的重要性的大小。所以，在都市被封锁或发生饥馑场合，生活必需品的价格总是非常昂贵。

反之，如果市场上这种商品的供售量超过了它的有效需求，这种商品就不能全部卖给那些愿意支付这种商品出售前所必须支付的地租、劳动工资和利润的全部价值的人，其中一部分必须售给出价较低的人。这一部分价格的低落，必使全体价格随着低落。这样，它的市场价格，便或多或少地降到自然价格以下。下降程度的大小，要看超过额是怎样加剧卖方的竞争，或者说，要看卖方是怎样急于要把商品卖出。超过程度尽管相同，易腐败的商品输入过多比耐久性商品输入过多能引起卖方更大的竞争。例如，柑橘输入过多就比旧式铁器输入过多能引起卖方更大的竞争。

【自然价格】如果市场上这种商品量不多不少，恰好够供给它的有效需求，市场价格便和自然价格完全相同，或大致相同。所以，这全部商品量都能以自然价格售出，而不能以更高价格售出。各商人之间的竞争使他们都得接受这价格，但不使他们接受更低的价格。

每种商品的上市量自然会使自己适合于有效需求。因为，商品量不超过有效需求，对所有使用土地、劳动或资本而以商品供应市场者有利；商品量不少于有效需求对其他一切人都有利。

如果市场上商品量一旦超过它的有效需求，那么它的价格的某些组成部分必定会降到自然率以下。如果下降部分为地租，地主的利害关系立刻会促使他们撤回一部分土地；如果下降部分为工资或利润，劳动者或雇主的利害关系也会促使他们把劳动或资本由原有用途撤回一部分。于是，市场上商品量不久就会恰好足够供应它的有效需求，价格中一切组成部分不久就都升到它们的自然水平，而全部价格又与自然价格一致。

反之，如果市场上商品量不够供应它的有效需求，那么它的价格的某些组成部分必定会上升到自然率以上。如果上升部分为地租，则一切其他地主的利害关系自然会促使他们准备更多的土地来生产这种商品；如果上升部分是工资或利润，则一切其他劳动者或商人的利害关系也会马上促使他们使用更多的劳动或资本，来制造这种商品，送往市场。于是，市场上商品量不久就会充分供应它的有效需求，价格中一切组成部分不久都会下降到它们的自然水平，而全部价格又与自然价格一致。

这样，自然价格可以只说是中心价格，一切商品价格都不断受其吸引。各种意外的事件，固然有时会把商品价格抬高到这中心价格之上，有时会把商品价格强抑到这中心价格以下。可是，尽管有各种障碍使得商品价格不能固定在这恒固的中心，但商品价格时时刻刻都向着这个中心……

———————

自然的、均衡的价格概念结束了斯密对于作为一种秩序赋予机制的市场的分析。我们接下来讨论何者决定劳动者、企业家和土地所有者的收入这一问题。这个问题将成为斯密的伟大后继者大卫·李嘉图的重大议题。关于大卫·李嘉图，我们将在本书的下一章讨论。但是李嘉图给予关注的问题，即土地所有者有可能挤出资本家利润的威胁问题，并不在斯密的考虑之列。即使当他涉及利润的决定时，也没有引起他特别的兴趣：利润将是诱导资本家去承担企业风险所必不可少的回报。

斯密真正让人感兴趣的——其实是令人惊讶的——地方，可以在下文他的书中这个稍微节略形式的章节里以"然而，不难预言……"开头的少数几个段落中找到。关于斯密是否对英国 18 世纪 70 年代工人阶级的状况不关心或不知情，这个段落及其后那个段落将结束人们挥之不去的怀疑。尽管他偶然会虚伪一下——我们可以回忆一下上文第 63 页那个躺在阳光下的快乐的乞丐——斯密关于所有三大阶级的判断绝不是对男男女女的工人的境况浑然无知，也绝不是哪怕在最低程度上不加批评地赞美土地所有者或资本家。在第一卷的结尾即第十一章，斯密逐个讨论了这三大阶级形成有关英国的无私政策判断的相应能力。我不想错过在这里他那最令人震惊的发现是什么——读者必须耐心等到这篇节录的最后一句最后一行。

第八章　论劳动工资

　　劳动生产物构成劳动的自然报酬或自然工资。

　　在土地尚未私有而资本尚未累积的原始社会状态下，劳动的全部生产物属于劳动者，既无地主也无雇主来同他分享……

　　但劳动者独享全部劳动生产物的这种原始状态，一到有了土地私有和资本累积，就宣告终结了。所以，在劳动生产力尚未有显著改善以前，这种原始状态早已不复存在了；要就此种状态对劳动报酬或劳动工资所可能产生的影响作进一步的探讨，那是徒劳无功的。

　　土地一旦成为私有财产，地主就要求劳动者从土地生产出来或采集到的几乎所有物品中分给他一定份额。因此，地主的地租，便成为要从用在土地上的劳动的生产物中扣除的第一个项目。

　　一般耕作者大都没有维持生活到庄稼收割的资料。他们的生活费通常是由雇用他们的农业家从他的资本项下垫付的。除非他能分享劳动者的生产物，换言之，除非他在收回资本时得到相当的利润，否则他就不愿雇用劳动者。因此，利润成为要从用在土地上的劳动的生产物中扣除的第二个项目。

　　其实，利润的扣除，不仅农业生产物是这样，一切其他劳动的生产物莫不如此。在一切工艺和制造业中，大部分劳动者在作业完成以前都需要雇主给他们垫付原材料、工资与生活费。雇主分享他们的劳动生产物，换言之，分享劳动对原材料所增加的价值，而这一分享的份额便是他的利润。……

　　劳动者的普通工资，到处都取决于劳资两方所订的契约。这两方的利害关系绝不一致。劳动者盼望多得，雇主盼望少给。劳动者都想为提高工资而结合，雇主却想为减低工资而联合。

【劳资双方的竞争】　　但在一般的争议情况下，要预知劳资两方谁占有利地位，谁能迫使对方接受自己提出的条件，决非难事。雇主的人数较少，团结较易。加之，他们的结合为法律所公认，至少不受法律禁止。但劳动者的结合却为法律所禁止。有许多议会的法令取缔为提高劳动价格而结合的团体，但没有一个法令取缔为减低劳动价格而结合的组织。况且，在争议当中，雇主总比劳动者较能持久。地主、农业家、制造者或商人，纵使不雇用一个劳动者，亦往往能靠已经取得的资本维持一两年生活；失业劳动者，能支持一星期生活的已不多见，能支持一月的更少，能支持一年的简直没有。就长时期来说，雇主需要劳动者的程度，也许和劳动者需要雇主的程度相同，但雇主的需要没有劳动者那样迫切。

　　据说，工人的结合常常听到，而雇主的结合却很少听到。可是，谁要是因此认为雇主实际很少结合，那就未免昧于世故，不了解这问题的真相了。雇主们为使劳动工资不超过其实际工资率，随时随地都有一种秘而不宣的团结一致的结合。破坏团结，随时随地都是最不名誉的行动，都为近邻和同业者所耻笑。我们所以不常听到这种结合，正因为那是一种不被人知道的普通结合，或者可以说是一种自然结合。此外，雇主们为要把劳动工资减低到其实际工资率以下，有时也组织特殊的结合。此种结合，直到达到目的为止，总是保持极度的沉默与秘密。劳动者这时虽痛切地感到资方的这种秘密结合，有时却无抵抗地屈服，其他人因此都不知道。不过，对于雇主的这种结合，工人们往往也组织对抗的防御性结合。而且，即使在没有这种雇主结合的时候，工人们为提高劳动价格，有时也自动结合起来。他们所持的理由，有时是食粮昂贵，有时是雇主从他们的劳动得到过多的利润。他们的结合，无论是防御性的或是攻击性的，总是声闻遐迩。为求争执迅速解决，他们总是狂呼呐喊，有时甚至用极可怕的暴力。他们处于绝望的境地，铤而走险，如果不让自己饿死，就得胁迫雇主立即答应他们的要求。这时，雇主也同样喧呼呐喊，请求官方援助，要求严厉执行取缔工人结合的严峻法规。因此，工人很少能从那些愤激的结合的暴动中得到利益。那些结合，部分因为官方干涉，部分因为雇主较能持久，部分因为大多数劳动者为了目前生计不得不屈服，往往以为首者受到惩罚或一败涂地而告终……

第十一章　总结

　　上面已经说过，一国土地和劳动的全部年产物，或者说，年产物的全部价格，自然分解为土地地租、劳动工资和资本利润三部分。这三部分，构成三个阶级人民的收入，即以地租为生、以工资为生和以利润为生这三种人的收入。此三个阶级，构成文明社会的三大主要和基本阶级。一切其他阶级的收入，归根结底，都来自这三大阶级的收入。

由此可见，这三大阶级中，第一阶级即地主阶级的利益，是和社会一般利益密切相关，不可分离的。凡是促进社会一般利益的，亦必促进地主利益，凡是妨害社会一般利益的，亦必妨害地主利益。地主在关于商业及政治问题的公众集议上，为本阶级的利益打算，决不会贻误国家，至少，在他们对本阶级利益具有相当知识的场合是如此。但实际上，他们往往缺乏这种知识。他们在上述三个阶级中，算是一个特殊阶级。他们不用劳力，不用劳心，更用不着任何计划与打算，就自然可以取得收入。这一阶级所处的安乐稳定地位，使他们自然流于懒惰。懒惰不但使他们无知，并使他们不能用脑筋来预测和了解一切国家规章的后果。

第二阶级即靠工资过活的阶级的利益，也同样与社会利益密切相关。如前所述，劳动工资最高的时候，就是对劳动的需求不断增加、所雇劳动量逐年显著增加的时候。当社会的真实财富处于不增不减的状态时，劳动者的工资马上就会低落，只够他们赡养家庭，维持种类。当社会衰退时，其工资甚至会降低到这一限度以下。劳动者在繁荣社会中不能享得地主阶级那样大的利益，在衰退的社会中却要蒙受任何阶级所体验不到的痛苦。但是，劳动者的利益，虽然与社会一般利益密切相关，但他们没有了解一般社会利益的能力，更没有能力理解自身利益与社会利益的关系。他们的状况，不能让他们有接受必要的信息的时间，即使有此时间，他们的教育和习惯，也不能使他们对任何信息作出适当的判断。因此，在公众集议时，只在特殊场合，即在雇主为了自己的特殊目的，而不是为了劳动者的利益，出来鼓动并支持劳动者发言的场合，劳动者才发表意见。此外，劳动者能发言的，很不多见，其议论受到尊敬的，更是少闻。

劳动者的雇主即靠利润为生的人，构成第三个阶级。推动社会大部分有用劳动的活动的，正是为追求利润而使用的资本。资本使用者的规划和设计，支配指导着劳动者所有最重要的行动。但他们这一切规划和设计，都是以利润为目标。利润率不像地租和工资那样，随社会繁荣而上升，随社会衰退而下降。反之，它在富国自然低，在贫国自然高，而在迅速趋于没落的国家最高。因此，这一阶级的利益与一般社会利益的关系，就和其他两个阶级不同。在这一阶级中，商人和制造业者通常是使用资本最大的两个阶层。因为他们最富裕，所以最为社会所尊敬。他们终日从事规划与设计，自然有着比大部分乡绅更敏锐的理解力。可是，因为他们通常为自己特殊事业的利益打算，而不为社会一般利益打算，所以，他们的判断，即使在最公平（不总是如此）的场合，也是取决于关于前者的考虑，而很少取决于关于后者的考虑。他们比乡绅高明，与其说是由于他们更理解公众利益，倒不如说是由于他们更理解自身的特殊利益。由于这种比较优越的理解，他们往往利用乡绅的宽宏施行欺骗手段，使他老老实实地相信，他自身的利益不是公众利益，唯有他们的利益才是公众利益，并使他仅仅凭借这单纯而诚笃的信念，舍弃自己的利益和公众的利益，去迁就他们。

然而，不论在哪一种商业或制造业上，商人的利益在若干方面往往和公众利益不同，有时甚至相反。扩张市场，减少竞争，无疑是一般商人的利益。可是前者虽然往往对于公众有利，后者却总是和公众利益相反。减少竞争，只会使商人的利润提高到自然的程度以上，而其余市民却为了他们的利益而承受不合理的负担。因此，这一阶级所建议的任何新的商业法规，都应当十分小心地加以考察。非小心翼翼地、抱着怀疑态度作了长期的仔细检查以后，决不应随便采用。因为他们这种人的利益，从来不是和公众利益完全一致的。一般地说，他们的利益，在于欺骗公众，甚至在于压迫公众。事实上，公众亦经常为他们所欺骗和压迫。

就这样，第一卷以关于土地主的利益可能与国家利益相一致的发现而结束（李嘉图对此会予以激烈反对的），但是由于地租归结于在他那方面没有任何积极作用的土地主，所以他将"不仅无知，而且不具备运用他的头脑的能力"，而这能力是成为有智慧的国家顾问所必需的。劳动者也发现，他的利益与更大的社会群体的利益直接关联，但是他既没有受到教育，也没有所需的闲暇去获得所需的信息。至于最后一个阶级——"那些靠利润生活的人"，上面结尾的那句话表达了我所预示的那个毁灭性判断。这会把我们带到何处？政府那里。让我们看看关于这个，斯密要说些什么吧。

第二卷至第四卷

有关政府的讨论是在《国富论》的第五卷，但我们必须首先从第二卷过目到第四卷。这并非像看起来的那样是一种如此完全强求一致的从头读到尾，因为在这些章节中，并没有很多东西需要去充实斯密那更大的图景。比如，第二卷讨论了存货——我们称之为资本——通过过度节俭（储蓄）和投资进行积累的过程。正如斯密在第三章中所说。

……一个人所以会节俭，当然因为他有使自身状况更好的愿望。这愿望，虽然是冷静的、沉着的，但我们从娘胎里出来一直到死，没有一刻放弃过这愿望。……增加财产是普通人打算并希望借以改善其命运的手段……增加财产的最可能的方法，就是在常年的收入或特殊的收入中，节省一部分，储蓄起来……

斯密的语气是如此的实际，以致我们感到这里没有什么要考虑的，直到我们回忆起此前在第一卷第九章中的一段评论，斯密在这评论中提出了积累也许会有限度这一有趣的可能性。

一国的资本，如果跟国内各种必须经营的行业所需要的资本相比，已达到饱和程度，那么各种行业所使用的资本，就达到各行业的性质和范围所允许使用的程度。这样，各地方的竞争就大到无可再大，而普通利润便小到无可再小。

这看起来像是对我们后来所称的经济停滞的一个引人注目的预言，但是它充其量被看作反映了斯密所生活的前工业化时代的状况。在斯密看来，他笔下的扣针并不是安全别针的前身，然后是拉链，然后是搭扣。在他那个时代技术上处于静止状态的大环境下，与我们这个时代相比，一个资本"遍地"的国家的可能性充其量是想象而已，但它的确给斯密那更大的历史性展望添加了一种节制的调子。完美自由社会，正如他所预见的那样，不仅背负着一支"愚昧而无知"的劳动大军，这是机械的劳动分工造成他们每天麻木地上下班所使然，而且受到了积累最终将有可能终止，进而导致衰退的威胁。

第三卷通过追踪自从罗马帝国衰亡后的社会无序以来自由完美社会的演进过程，给了我们一幅经济史的素描：在第四章，斯密叙述了流动的商人是如何通过迎合封建大领主的奢侈消费，而把商业生活带入封建世界的。正如我们可以想象的，那只看不见的手再次发挥了作用。用斯密的话说：

满足最幼稚的虚荣心，是大领主的唯一动机。至于商人和工匠，虽然不像那样可笑，但他们也只为一己的利益行事。他们所要求的，只是到一个可赚钱的地方去赚钱。大领主的痴愚、商人和工匠的勤劳，终于把这次革命逐渐完成了，但他们对于这次革命，却既不了解，亦未预见。

用类似的方式，第四卷向我们讲述了诸般政治经济制度，主要是重商主义和重农主义，前者为斯密所厌恶，对于后者，正如我们知道的，他进行了批驳但也给予了赞美。但是这里也一样，从第九章最后几页中的简短摘录对整卷进行了总结：

一切特惠或限制的制度，一经完全废除，最明白最单纯的自然自由制度就会树立起来。每一个人，在他不违反正义的法律时，都应听其完全自由，让他采用自己的方法，追求自己的利益，以他的劳动和资本去跟任何其他人或其他阶级相竞争。这样，君主们就被完全解除了监督私人产业、指导私人产业、使之最适合于社会利益的义务。要履行这种义务，君主们极易陷于错误；要行之得当，恐怕不是人间智慧或知识所能做到的。按照自然自由的制度，君主只有三项应尽的义务——这三项义务虽然重要，但都是一般人所能理解的。第一，保护社会，使之不受其他独立社会的侵犯。第二，尽可能保护社会上的各个人，使之不受社会上任何其他人的侵害或压迫，这就是说，要设立严正的司法行政机构。第三，建设并维持某些公共事业及某些公共设施（其建设与维持绝不是为了任何个人或任何少数人的利益），这种事业与设施，在由大社会经营时，其利润常能补偿所费而有余，但若由个人或少数人经营，就绝不能补偿所费。

现在，我们依然需要对斯密的愿景中这个显然非常重要的最后一部分进行细致些的考察。我们从关于君主的首要义务——国防——费用的告诫开始：

第五卷

第一章 论君主或国家的费用

第一节 论国防费

君主的首要义务,在于保护本国社会的安全,使之不受其他独立社会的暴行与侵略。而此项义务的完成,又只有借助于兵力。但平时准备兵力和战时使用兵力的费用,则因社会状态不同以及进化时期不同,而大不相同。

就最低级最粗野的狩猎民族来说,人人都是狩猎者,人人亦都是战士。现今北美土人,就是如此。当他为保护社会,或为社会复仇而去战场打仗时,他也是以自己的劳动维持自己,就像在家中时一样。在这种状态下,当然既没有君主,也没有国家。他的社会,无须为他上战场,或无须为他在作战期间的生活负担何种费用。

就比较进步的游牧民族的社会状态,如鞑靼人和阿拉伯人的社会状态来说,情况也大抵相同。在那种社会中,各个人是游牧者,同时也是战士。他们通常在蓬幕中,或在一种容易移动的有蓬马车中生活,没有固定的住所。整个部落或整个民族,每年因季节不同,或因其他偶发事故,时时迁移。当他们的畜群,把一个地方的牧草吃尽了,他们便移往另一个地方,又从那地方移往第三个地方。他们在干燥季节,迁往河岸;在阴湿季节,又退回高地。当他们奔赴战场时,并不把牲畜交给老人、妇女和儿童看护,也不把老人、妇女和儿童抛在后边,而不予以保护和供养。他们全民族在平时就过惯了流浪的生活,所以一旦出现战争,人人都很容易变为战士……

在更为进步的社会里,上战场作战的人,以自己的费用维持自己就全不可能了。这其中有两种原因:一是制造业的进步,一是战争技术的改良……

总之,君主的首要义务,就是保护本国社会的安全,使其不受其他独立社会的横暴与侵略。这种义务的实行,势必随社会文明的进步,而逐渐需要越来越大的费用。原来在平时在战时都无须君主支出何等费用的社会的兵力,随着社会的进步,初则在战时要君主出钱维持,后则在平时亦非君主出钱维持不可。

对于君主的第二项义务——即建立司法制度——也有类似的告诫。

第二节 论司法经费

君主的第二项义务，是尽可能地保护人民不使社会中任何人受其他人的欺侮或压迫，换言之，就是设立一个严正的司法行政机构。这种义务的实行，因社会各时期的不同而有费用大小的差异。

在狩猎民族的社会，几乎谈不到有什么财产，即使有，也不过值两三日劳动价值的财产罢了。那种社会，当然用不着什么固定的审判官，或者任何常设的司法行政机构。没有财产的人们，其所互相毁伤的，顶多不过是彼此的名誉或身体。而且，被人杀害，被人殴辱，被人诽谤的人，虽然感到痛苦，而杀人者，殴辱人者，诽谤人者，却得不到什么利益。可是损害财产的情形就不同了。加害于人者所得的利益，往往与蒙受伤害者所受的损失相等。能够激使人们去毁伤他人身体或名誉的，唯有嫉妒、怨恨、愤怒等情绪，而且大多数人并不常受这些情绪的支配。哪怕最恶的人，也不过偶然受这些情绪的影响。此外，这些情绪的满足，对某种人来说无论如何愉快，但因为它不带来任何实际的和持久的利益，所以大多数人总是宁愿慎重克制，不轻求其满足。即使社会上没有司法官的存在，保护人们不受这些情绪发作的侵害，人类依着他的本性，也还能在相当安定的状态下共同生活。可是，富者的贪欲与野心，贫者厌恶劳动贪图眼前安乐的性情，却足以激发侵害他人财产的情绪。并且这情绪在作用上远为牢固，在影响上远为普遍。有大财产的所在，就是有大不平等的所在。有一个巨富的人，同时至少必有五百个穷人。少数人的富裕，是以多数人的贫乏为前提的。富人的阔绰，会激怒贫者，贫人的匮乏和嫉妒，会驱使他们侵害富者的财产。那些拥有由多年劳动或累世劳动蓄积起来的财产的人，没有司法官的保障和庇护，哪能高枕而卧一夜呢？富者随时都有不可预知的敌人在包围他，他纵然没有激怒敌人，他却无法满足敌人的欲望。他想避免敌人的侵害，只有依赖强有力的司法官的保护，司法官是可以不断惩治一切非法行为的。因此，大宗价值财产的获得，必然要求平民政府的建立。在没有财产可言，或顶多只有值两三日劳动价值的财产的社会，就不需要设立这种政府。

　　一个平民政府,必先取得人民的服从。平民政府的必要程度,既是逐渐随财产价值的增大而增大,所以使人民自然服从的主要原因,也是逐渐随财产价值的增长而发展。……特别是富者,他们当然愿意维护这种制度,因为只有这种制度才能保持他们的既得利益。小富人联合起来,为大富人保障财产,因为他们以为,只有这样,大富人才会联合起来,保障他们的财产……就保障财产的安全来说,民政组织的建立,实际上就是保护富者来抵抗贫者,或者说,保护有产者来抵抗无产者……

　　最后,我们转向教育,教育决非像预期的那样是一个如此平淡如水的问题。斯密那针刺般的分析再一次表达了他对常规化劳动的堕落影响的关切。针对常规化的劳动所必不可少的补救措施,正如他看出的,是由政府出资开展对劳动者的教育。

第三节　论公共工程和公共机构的费用

　　君主或国家的第三项义务就是建立并维持某些公共机构和公共工程。这类机构和工程,对于一个大社会当然是有很大利益的,但就其性质来说,假设由个人或少数人办理,那所得利润绝不能偿其所费。所以这种事业,不能期望个人或少数人出来创办或维持。并且,随着社会发达时期的不同,执行这项义务所需费用的大小也非常不同……

　　分工进步,使劳动为生者的大部分的职业,也就是大多数人民的职业,就局限于少数极单纯的操作,往往单纯到只有一两种操作。可是人类大部分智力的养成,必由于其日常职业。一个人如把他一生全消磨于少数单纯的操作,而且这些操作所产生的影响,又是相同的或极其相同的,那么,他就没有机会来发挥他的智力或运用他的发明才能来寻找解除困难的方法,因为他永远不会碰到困难。这样一来,他自然要失掉努力的习惯,而变成最愚钝最无知的人。他精神上这种无感觉的状态,不但使他不能领会或参加一切合理的谈话,而且使他不能怀抱一切宽宏的、高尚的、温顺的情感。其结果,对于许多私人日常生活上的平常义务,他也没有能力来作适当的判断。至于国家的重大和广泛的利益，他更是全然辨认不了的。除非费一番非常大的力量，教他在战时如何保卫国家，否则无法做到。他的无变化生活的单调性质，自然把他精神上的勇气消磨掉了，使他看不惯军人那种不规则、不确定和冒险的生活。就是他肉体上的活动力，也因这种单调生活而毁坏了，除了他已经习惯了的职业外，对于无论什么职业，他都不能活泼地、坚定地去进行。这样看来，他对自身特定职业所掌握的技巧和熟练，可以说是由牺牲他的智能、他的交际能力、他的尚武精神而获得的。但是，在一切改良的、文明的社会，政府如不费点力量加以防止，则劳动贫民，即大多数人民，就必然会陷入这种状态。

在普通所谓野蛮社会，即猎人社会、牧人社会，甚至在制造业未发达及国外贸易未扩大的幼稚农业状态下的农夫社会，情形就不是这样。在这些社会中，各人工作的多式多样，使他不得不备其能力，不得不随时想些方法，去对付不断发生的困难，发明定会层见叠出，人的心力也不会陷于呆滞无作用的状态，就像文明社会全体下级人民的智力几乎都无作用的状态那样。我们在前面说过：这所谓野蛮社会中的每个人，都是一个战士，并且，在某种程度上都是政治家。关于社会的利益，关于他们统治者的行动，他们都能作相当正确的判断……

反之，在文明社会，虽然大部分个人的职业，几乎没有什么变化，但社会全体的职业，则种类多至不可胜数。这各种各样的职业，对于那些自己未从事任何特定职业，有闲暇有意志去研讨他人职业的人，可以说提供了无限的研究对象。像这样对又多又杂的对象的观察，必然会迫使观察者不断运用心智，比较着、组合着，从而使他的智能，变得异常敏锐，异常广泛。可是，他们这少数人如不碰巧占据非常特殊的地位，他们这大能力，纵然对自身是一种光荣，对社会的善政和幸福，却可能没有多少贡献。尽管这少数人有大能力，但人类一切高尚性格，在大多数人中间，依然可能在很大程度上消失了。

在文明的商业社会，普通人的教育，恐怕比有身份有财产者的教育，更需要国家的注意。有身份有财产的人，他们大概都是到十八九岁以后，才从事他们想从事而扬名的特定事业、职业或艺业。在此以前，他们是有充分的时间，来取得那能使他们博得世人尊敬或值得世人尊敬的一切知识的；至少，他们有充分的时间来准备自己,使他们在日后能获得这一切知识……

　　普通人则与此两样。他们几乎没有受教育的时间。就是在幼年时期,他们的双亲,也几乎无力维持他们。所以一到他们能够工作,马上就需就职谋生。他们所从事的职业,大概都很单纯,没有什么变化,无须运用多少智力。同时,他们的劳动,又是那样没有间断,那样松懈不得,他们哪有闲暇去做别的事情,想别的事情呢?

　　不过,无论在哪种文明社会,普通人虽然不能受到有身份有财产者那样好的教育,但教育中最重要的几部分如诵读、书写及算术,他们却是能够在早年习得的;就是说,在此期间,就是预备从事最低贱职业的人,大部分亦有时间在从事职业以前,习得这几门功课。因此,国家只要以极少的费用,就几乎能够便利全体人民,鼓励全体人民,强制全体人民使其获得这最基本的教育。

————

　　正如我们能够看到的,斯密勾画了政府所要扮演的一个大角色,而不是小角色——要始终牢记,不可认为由政府本身去执行生产或分配的任务。正如杰出的经济学家赫伯特·斯坦所指出的,斯密明确地赋予了政府下述权力:

- 保护商船队,给国防相关制造业发放奖励金。
- 征收关税,以获得他国的互惠减免。
- 采取措施制止不诚实、暴力和欺骗的行为。
- 建立质量指标,比如标准纯银标志。
- 要求雇主以现金而非实物形式支付工资。
- 监管银行。
- 提供公共产品,诸如高速公路、运河等等。
- 经营邮政服务。
- 授予专利和版权。
- 向在新的或有风险的地区发展商业的贸易公司授予临时垄断权。
- 要求儿童达到某种教育水平。
- 提供针对传染性疾病的保护。
- 提供公共卫生服务,比如街道打扫。

- 征税以阻止不适当的或奢侈的行为。
- 设定利率上限。

请参考里根时代的标志性人士斯坦的评论吧："亚当·斯密并没有戴斯密牌领带。"[①]

---

① 《华尔街日报》，1994年4月6日。

托马斯·罗伯特·马尔萨斯

(1766–1834 年)

和大卫·李嘉图

(1772–1823 年)

亚当·斯密是作为道德哲学的经济学的伟大监护人，大卫·李嘉图则是首位伟大的分析观察家。斯密看出了经济动态过程背后的心理和政治源头，李嘉图则看出了这些动态的结构性后果。然而，令人好奇的是，位于李嘉图大图景的中心的元素，正如这位作者始终承认的，并不是由他本人发现的，而是另有其人，一个与他气质迥异有别而且职业无疑也完全不同的人。

这个人就是托马斯·罗伯特·马尔萨斯，一个普通的职员，他的呼喊几乎无法从李嘉图作为一位辉煌成功的证券贸易商的事业中进一步消除。马尔萨斯的名字已经跟有关人口增长的观点联系在一起了。由于这种观点，他后来反对人们在面临人口增长到超出产量的无情趋势时怀有关于社会进步的任何希望，因而变得声名远扬（或者说是声名狼藉）。然而，李嘉图对马尔萨斯的评价，与其说基于人口问题，毋宁说是基于一篇名不见经传的论文，题为"地租性质与发展的研究"。正如李嘉图在其 1818 年出版的、迅速成名的《政治经济学及赋税原理》一书的《序言》中所写：

> 1815 年，马尔萨斯先生在《地租性质与发展的研究》一文中，以及牛津大学学院的一名研究员[①]……几乎同时将正确的地租理论公之于世；没有

[①] 爱德华·韦斯特，一位名不见经传但却才华横溢的学者。

这方面的知识，就不可能理解财富增进对利润与工资的影响，或令人满意地探索赋税对社会不同阶级的影响……

我们该怎么表达这两位既相互依赖同时又彼此独立的焦点人物的观点呢？我提议通过下述两个整体陈述为起始来做到这一点：马尔萨斯的人口观点，其在李嘉图图景的背景中徘徊不去；李嘉图本人对于该图景是什么的综述。

因此，首先是经常从马尔萨斯的《人口原理》第一、第二和第六章引用的几页文字。该书最初是作为他对威廉·葛德文的观点纯个人的异议而作的；后者相信，只要人们能够预期"两性激情"将减弱，那么一旦普遍的幸福得以实现，则人口增加就不会给未来投下任何阴影。马尔萨斯的《人口原理》是在父亲的敦促下，于1798年匿名出版的，它立刻造成了影响，其原因将由下面这篇简短的摘录阐明：

《人口原理》

第一章

自然哲学界近年来伟大、意外的发现层出不穷；印刷术的发展加速了一般知识的传播；火热而不受约束的探索精神在整个知识界乃至非知识界空前盛行；新颖而奇特的政治观点使人头晕目眩，惊诧不已；尤其是政治领域，1789年以来在法国爆发的大革命，犹如一颗炽烈的彗星，注定要给地球上畏缩不前的民众以新的生命与活力，或者，注定要把他们烧尽灭绝。透过所有这一切，许多有识之士认为：我们正跨入一个充满急剧变革的时期，这些变革将会在某种程度上决定人类的命运。

当前争论的重大问题摆在我们的面前：人类究竟是从此会以加速度不断前进，前景远大到不可想象呢，抑或……意识到人类向自我完善的境地迈进时甚至在理论上也仍存在着诸般巨大的障碍……

我认为，我可以提出两条公理：

第一，食物是人类生存所必需的。

第二，两性间的情欲是必然的，而且几乎是保持现状的。

这两条，似乎从我们对人类有所了解以来，就是人类本性的固定法则。既然迄今为止它们未发生任何变化，我们也就无权断言：今日依然这样存在的，在将来就一定不这样存在，除非当初安排了宇宙秩序的神进行某种直接的干预。但目前神为了创造物的利益，仍然按照这两条固定法则操纵着人类的一切。

据我所知，还没有哪个研究者预言人类将最终能够不依靠食物而生存。但葛德文先生却推测说，两性间的情欲将来或许会衰灭。不过，既然他声明，他著作的这一部分进入了推测的境地，所以我对此不想多加评论，而只想说，支持人类可完善性思想的最好论据，是人类已摆脱了野蛮状态而取得了长足进步，且很难断言这种进步会止于何处。但在消除两性间的情欲方面，迄今却尚未有任何进展，情欲在今天和两千年或四千年前一样有着强大的力量。个体的例外，在今天和以往也一样存在，但是，这种例外的数目并没有增多。如果仅仅依据这些例外就推论成为新法则，新法则势必成为例外。显然，这种推论是很不合哲学规范的思辨。

我所提出的两条公理一经确立，会进一步推论，人口的增殖力无限大于土地为人类生产生活资料的能力。

人口在不受到抑制的情况下，会以几何级比率增长。而生活资料却仅仅以算术级比率增长。略有数学常识的人都知道，同后者相比，前者是多么庞大。

根据"食物是人类生存所必需的"这一公理，必须使这两种不平衡的能力最终保持平衡。

这意味着，获取生活资料的困难会频繁地对人口施加强有力的抑制。这种困难必然会在某些地方发生，而大部分人会经受这些痛苦。……

第二章

……为了使我们的论证更具普遍性，较少受移居现象的干扰，让我们来考察整个世界而不是一个地区的情况。假设人口增长所受到的抑制已被完全消除，假设地球为人类提供的生活资料每25年增加一定数量，增加额等于目前整个世界的产量。这一假设无异于承认土地的生产力是绝对无限的，而且，无论怎样想象，人类的努力都不能使生活资料达到这样大的增长率。

假定世界人口为任一数目，比如说10亿，则人口将按1、2、4、8、16、32、64、128、256、512这样的比率增长，而生活资料将按1、2、3、4、5、6、7、8、9、10这样的比率增长。在225年内，人口与生活资料之比将为512比10。300年内，将变成2048比12。2000年内，生活资料产量虽然已增至极高的水平，但是两者的差距将大得几乎无法加以计算。……

第七章

……饥荒似乎是自然界最后、最可怕的手段。人口增长的能力既然远远大于土地出产人类生活资料的能力，人类必然会在某种情况下被毁灭。人类的各种罪恶是破坏大军的先锋，积极而有力地发挥着减少人口的作用，往往自行完成这种可怕的行为。如果罪恶在这消灭人口的战争中失败了，瘟疫、流行病、传染病和黑死病就会以恐怖的阵势袭击，摧毁成千万上百万的人。如果仍不能完全奏效，严重而不可避免的饥荒就会从幕后冲上前来，给予致命一击，使世界的人口与食物得到平衡。

总而言之，对一切时代一切国家人类生活的历史进行细心考察的人都必须承认：

人口的增长必然受生活资料的限制；

当生活资料增长的时候，人口总是增长的；

较强的人口增殖力，被贫困和罪恶所抑制，因而使实际人口同生活资料保持平衡。①

李嘉图的《原理》

马尔萨斯作为工资"铁律"之父的名声具有长长的、声名狼藉的以及很大程度上不应有的寿命。他的观点显然与关于快速改善普罗大众生活状况的乌托邦式希望格格不入，但是他对《人口论》第一版中的强硬语气感到十分不安，于

---

① 托马斯·罗伯特·马尔萨斯，《人口原理》，菲利普·阿普尔曼编，纽约：W. W. 诺顿出版社，1976年，第15页及其后。

是着手撰写直至1817年才出版的第二版。在第二版中,语气已经有了相当的缓和。虽然人口增长仍被看作是提高生活水平的大敌,但现在马尔萨斯小心翼翼地说,新一茬儿童在能实际增加劳动力的供给,从而拉低工资之前,需要花费一段时间,而且他承认风俗习惯在决定"维生"工资方面发挥着作用,这提供了一个机会使工人的生活水平缓慢上移。他没有提倡的是生育控制——这是那个时代一个相当忌讳的话题。相反,他倡导晚婚,把它作为控制出生率的一个手段。

结果,较之第一版,第二版威力大减。后来,才华横溢的英国银行家兼评论家沃尔特·巴杰特写道:"第一版的《人口原理》在论点上是定论性的,只是它基于不真实的事实;第二版虽然基于真实的事实,但它在论点上是非定论性的。"①

因此,且让我们转向李嘉图的作品,我们上面提到它至关重要地取决于马尔萨斯那强有力的宣言。我是通过首先介绍李嘉图的《原理》② 序言中的前三个段落来做这个的。《原理》出版于1817年,书中的观念看起来与马尔萨斯那充满激情的宣言相去数光年。

《政治经济学及赋税原理》
大卫·李嘉图

序

土地产品——即将劳动、机器和资本联合运用在地面上所取得的一切产品——要在土地所有者、耕种所需的资本的所有者以及进行耕种工作的劳动者这三个社会阶级之间进行分配。

但在不同的社会阶段中,全部土地产品在地租、利润和工资的名义下分配给各个阶级的比例是极不相同的;这主要取决于土壤的实际肥力、资本累积和人口状况以及农业上运用的技术、智巧和工具。

---

① 托马斯·罗伯特·马尔萨斯,《人口论》,格特鲁德·希梅尔法布编,纽约:现代图书馆出版社,1960年,第 xxxiii 页。
② 大卫·李嘉图,《大卫·李嘉图著作和通信集》,皮埃罗·斯拉法编,第1卷《论政治经济学及赋税原理》,纽约:剑桥大学出版社,1951年。

确立支配这种分配的法则，乃是政治经济学的主要问题。这门科学虽然已经由于杜尔哥、斯图亚特、斯密、萨伊、西斯蒙第等人的著作而得到了很大的改进，但这些著作对于地租、利润和工资的自然过程没有提供令人满意的资料。

与马尔萨斯不同，李嘉图的风格是简洁的、以事实为依据的——这种艺术风格与其非凡的经济学分析方法相得益彰。因此，关于上面几个段落的少许评论也许有助于为我们进入下一章做好准备。

首先，我们注意到李嘉图主要讲述的是分配而非生产。这并不意味着他对后者不感兴趣。恰恰相反，就在紧接着的那个段落，李嘉图称赞马尔萨斯通过把地租跟它的日益匮乏——当地力减少的土地被耕作时——联系起来，而不是跟重农学派（甚至斯密偶尔也）所诉诸的自然"赠予"联系起来，提出了一流的"正确的地租理论"。马尔萨斯的洞见是，一块土地与下一块土地之间的肥力差别乃是引起地租的原因——这些差别导致某些土地能够比另一些生产得更多，因而具有较低的成本。

李嘉图式学者也许会抗议说，李嘉图的分析的真正支点在于他对价值——价格背后的理论依据——的分析，他把价值几乎全部跟劳动联系在一起。这种反对是有理由的，但是对于非学者而言，我认为地租是讨论李嘉图图景的更有趣的切入点。

为了把他的贡献压缩为一个段落，李嘉图把不断增长的人口跟日益增加的食物需要联系起来，把日益增加的食物需要跟求助于肥力渐减的土地的需要联系起来，结果是，所有位于那些处在刚好不赚不赔边际的土地之上的土地，其物质产出的相对优势稳步上升，因而可归因于地租的产出的价值份额稳步增长。在下面这一章，我们可以看到这个过程是如何运作的。

第二章　论地租

……地租是为使用土地的原有和不可摧毁的生产力而付给地主的那一部分土地产品。但它往往和资本的利息与利润混为一谈。在通俗的说法中，农场主每年付给地主的一切都用这一名词来称呼。假定有两个相邻的农场，其面积相等，自然肥力也相同；其中一个具有农场建筑的各种便利条件，而且排水施肥也很得宜，又有墙壁篱垣便利地分隔开来；另一个却全然没有这些设施，那么使用前者所付报酬自然会比后者多，然而两种情形下所付的这种报酬却都会被称为地租。但是很明显，在对经过改良的农场所支付的货币中，只有一部分是付给土地的原有和不可摧毁的生产力的，另一部分则是由于使用原先用于改良土壤以及修建为获取和存贮产品所必需的建筑物的资本而支付的……

富于丰饶土地的地区最初拓殖时，维持实存人口所需耕种的土地只是其中极小一部分；或者说，用当时的人口所能支配的资本所能耕种的土地的确也是很少。这时不会有地租。因为当未被人占有而愿意耕种的人可以随意支配的土地还很丰富时，没有人会为使用土地而支付代价。

根据一般的供求原理，人们对于这种土地是不可能付给任何地租的，其理由跟使用空气、水以及任何其他取之不尽用之不竭的自然恩赐物时无须支付报酬的理由相同。只要有一定量的原料，蒸汽机就可以借助于空气的压力和蒸气的张力进行工作，并大大节省人类的劳动；但这种天然助力取之不尽，每一个人都可以任意支配，所以使用时并不付给任何代价。同样，啤酒酿造人、蒸酒人、染色人生产商品时不断使用空气和水，但因为供给无限，所以这些东西没有价格。如果一切土地都具有相同的特性，数量是无限的，质量也完全相同，那么，使用时就无须支付代价，除非它在位置上具有特殊的便利。由此看来，使用土地支付地租，只是因为土地的数量并非无限，质量也不是相同的，并且因为在人口的增长过程中，质量和位置较差的土地也投入耕种了。在社会发展过程中，当次等肥力的土地投入耕种时，头等的土地马上就开始有了地租，而地租额取决于这两份土地在质量上的差别。

当三等土地投入耕种时，二等土地马上就会有了地租，并且和前面一样，数额由生产力的差异规定。同时，头等土地的地租将会提高，因为它的地租必然总是高于二等土地的地租，差额等于这两份土地用一定量资本和劳动所生产的产品的差额。一个地区的人口每发展一步，这个地区就不得不使用质量较差的土地以增加食物的供给，这时一切较肥沃的土地的地租就会提高。

假定第一、二、三等土地使用等量资本和劳动时所生产的净产品分别为一百、九十和八十夸脱谷物。在一个新开辟的地区中，肥沃的土地相对于人口而言很丰富，因而只需要耕种第一等土地；在这里，全部净产品将属于耕种者，成为所垫付的资本的利润。一旦人口增加到一种程度，以致必须耕种其上所能取得的产品在维持劳动者生活后只有九十夸脱的第二等土地时，第一等土地马上就会有了地租；因为要么就是农业资本必须有两种利润率，要么就必须从第一等土地的产品中扣除十夸脱或相当于十夸脱的价值用于某种其他用途。无论耕种第一等土地的是土地所有者还是别人，这十夸脱都同样会形成地租。因为第二等土地的耕种者无论是耕种第一等土地而支付十夸脱地租，还是不支付地租而继续耕种第二等土地，他用他的资本所获得的结果总是相同的。同样，我们也可以证明：当第三等土地投入耕种时，第二等土地的地租必然是十夸脱或相当于十夸脱的价值，而第一等土地的地租则增长到二十夸脱。因为第三等土地的耕种者无论是耕种第一等土地而付二十夸脱的地租，还是耕种第二等土地而付十夸脱的地租，还是耕种第三等土地而不付任何地租，他所得的利润总是一样。

……这样说来，农产品的相对价值之所以上升，只是因为所获产品的最后一部分在生产中使用了更多的劳动，而不是因为对地主支付了地租。谷物的价值是由在不支付地租的那一等土地上，或用不支付地租的那一份资本进行生产时所投下的劳动量所决定的。谷物价格高昂不是因为支付了地租，相反地，支付地租倒是因为谷物昂贵。人们曾经正确地指出，即使地主放弃全部地租，谷物价格也不会降低。这种做法不过会使某一些农场主能够生活得像绅士一样，但却不会减少在生产率最低的已耕地上生产农产品所必需的劳动量。

有一种再普通没有的说法，认为土地具有优于有用产品的任何其他来源的好处，因为它能以地租的形式提供剩余产品。不过当土地最为丰富、生产力最大而又最为肥沃的时候，它并不会提供地租。只是在地力减退、劳动报酬减少的时候，较肥沃土地的原有产品中才有一部分被留下来成为地租。奇怪的是，土地的这种性质跟协助制造业者进行生产的自然要素比起来本应说是缺陷，竟然会被人们说成是土地的一个特殊优点。如果空气、水、蒸汽的张力和空气的压力等等也具有不同品质，它们也可以被占有，而且各种品级的存在量也有限的话，那么当依次而下的较差品级投入使用时，它们也会和土地一样提供地租。每当使用一种较差的品级时，用它们制造的商品的价值就会上涨，因为等量劳动的生产率减低了。人以血汗劳累完成的工作会加多，自然完成的工作会减少，土地也就不再会由于有限的地力而与众不同了……

地租上涨始终是一国财富增加以及为已经增加的人口提供食物发生困难的结果。这是财富的征兆，而绝不是它的原因。因为财富往往是在地租稳定甚或降落的时候增加得最为迅速。在可用的土地的生产力减退的时候，地租增加得最为迅速。在那些可用的土地最为肥沃，进口限制最少，由于农业改良增加生产可以无须相应地增加劳动量，因而地租也增长得缓慢的国家里，财富增加得最快。

或许读者已经注意到了上述摘录中最后一句话里的措辞"进口限制最少"。这措辞意义重大，因为它是强迫李嘉图作出如此分析的政治立场的基础。正是不断上升的地租总和，暗示了收入稳定地转移到土地主的手中。

那么，这种转移来自何处呢？不是来自劳动者，他们的工资被李嘉图以及斯密或马尔萨斯看作基本上是维持生计的工资。正如银行家亚历山大·巴林在美国国会上所言，工人"不是这样就是那样得到他们的干面包"。① 该收入转移也不是来自土地主，因为正如我们刚刚看到的，人口增长使得归之于那些所有高于边际地块的土地所有者的地租变大了。因此，国民收入中作为地租支付的份额上升了，而且，这个不断增加的份额将不可避免地来自对收入获得者中那仅剩的阶级——那些我们所称的资本主义制度的鼓动者和推动者——所得收入的压榨。

在李嘉图的时代，对这个问题有一个显而易见的医治办法。这就是《谷物法案》的废除。该法案力图通过禁止谷物进口来保护土地主的利益，直至国内价格达到极高的水平。在所有人当中，马尔萨斯偏偏在这个时候为这些利益辩护。他在其1820年出版的《政治经济学原理》一书中写道，如果产生地租的土地始终留在最初所有者的直系后裔的手里，则地租将是难以保住的。"但幸运的是，"他补充道："利益是附着在土地上的，不是附着于任何一名所有人的，地租既是现在的勇气和智慧的报酬，也是过去的力量和技巧的报酬。土地是用勤奋和才能的成果来购取的。这种事天天在发生。"②

----

① 巴林所作的评论援引于韦斯利·米切尔，《经济学理论的类型》，纽约：奥古斯特·凯利出版社，1987年，第1卷。
② 《关于马尔萨斯的〈政治经济学原理〉的注释》，载于《大卫·李嘉图著作和通信集》，P. 斯拉法编，参前，第2卷，第222-223页。

事实上，马尔萨斯在这里加了一条脚注：

李嘉图先生本人就是这里所说的一个例子。他凭借他的才能和勤奋，现在已经成为一个大地主。他是个高尚的人、杰出的人。……在整个地主圈子中，我简直找不出比他更出色的人了。

显得有些奇怪的是，李嘉图先生是一个大量地租的收入者，却那样贬低地租在国民经济中的重大意义；而我从来没有取得、也不希望取得任何地租，却不免要受到指责，认为是过高估计了地租的重要性。我们的不同之处和不同见解，至少足以表明我们双方所共有的诚意，从而提供了一个有力的假设，即，提出我们的理论时，不论在我们的思想上存在什么偏见，却不是那种最难防范的、最难觉察的、出于自己的处境和利益关系而产生的偏见。①

该个评论被给予了额外的关注，因为在1919年，李嘉图的一个曾孙在李嘉图长子以前的住处，发现了一捆偶然存放在杂物房里的文件。这捆文件包括二百多页活页纸，每一面都写有李嘉图对马尔萨斯作品的评论文字，这些文字全都小心翼翼地写在有疑问的段落的中间。针对上面那个段落——马尔萨斯在其中为土地主的德行和土地占有行为作了辩护——李嘉图加了这样的评论：

从利润和地租由以取得的土地中存在着一个剩余产品。我的意见是，通过允许自由进口谷物，社会利益才能得到最好的促进，其结果是，那得自于国内被耕种土地的剩余产品在三大阶级中的分配，将在比例上更有利于农民、资本家，而较不利于土地主。马尔萨斯先生看来与我意见相左，他指出，通过从资本家那里取出利润而给予土地主，则社会将会受益。他认为地租是一个明显的收益，指责我贬低了地租的价值，因为我不愿意承认这剩余产品会随地租上升或下降而相应地提高或减少。

我们无须细细品味这种自由的讨论：李嘉图的地租观胜过马尔萨斯的地主

---

① 《关于马尔萨斯的〈政治经济学原理〉的注释》，第2卷，第222-223页的注释。

观。但是这两位好朋友之间充满智慧的言来语去现在转到了一个不同的方向。因为在其《原理》一书中,马尔萨斯提出了一个较之为最终命运已日益清晰的《谷物法案》辩护时意义大得多、也大胆得多的观点。其离经叛道之处在于赞成一种以前只是在近乎煽动性观点的地下活动空间才大放异彩的观念,在这里,那些较体面的政治经济学代言人始终以怀疑和蔑视的态度对待它。现在,危如累卵的是这样的问题,即商品是否可能存在普遍的"供过于求"。

马尔萨斯在他的《原理》中写道:

一些非常有才干的作者曾认为,尽管可能很容易存在特定商品的供过于求,但可能不一定存在商品总的供过于求;因为,根据他们关于该主题的观点,商品总是与商品相交换,一半商品将为另一半商品提供市场,而生产是需求的唯一源泉,那么一种商品供给的过剩只不过证明其他某种商品供给的不足,总的过剩是不可能的。萨伊先生在其卓越的政治经济学著作[①]中,实际上走得如此之远,乃至宣称,通过从市场取走而对一种商品的消费会减少需求,而一种商品的生产则会成比例地增加之。

然而,这种学说……在我看来是全然没有事实根据的,完全与那些调节供给和需求的大原理相抵触的。[②]

马尔萨斯的论证本质上提出了三个要点:第一,反供过于求学说的支持者们,他确定他们是萨伊、詹姆斯·穆勒和李嘉图,"在考虑商品时,就好像它们是许许多多其关系需要加以比较的数学图表或数学符号,而不是那消费的种种商品,这消费当然指的是消费者的数量和需要";第二,他们没有考虑到"一个如此普遍和重要的人性根源即懒惰或好逸恶劳的影响";第三,他们设想"积累能够保证需求",或者,资本家所雇劳动者的消费将促进生产的持续增加。

李嘉图镇定地答复了这些指责。他在针对马尔萨斯的异议的注释中写道:

[①] 让·巴普蒂斯特·萨伊,《政治经济学概论》,1803 年。
[②] 《关于马尔萨斯的〈政治经济学原理〉的注释》,第 303 – 306 页(马尔萨斯的原文)。

错误可能发生了，不对销路的商品可能被生产了——它们当中可能存在着供过于求；它们可能不会以其通常的价格出售；但是这是由于错误所致，而不是因对生产需求的需要所致。对于所生产的每件东西，都必然有其所有者。要么是主人、土地主，或者是劳动者。不论所有者是谁，他都必然是一个需求者，要么他希望本人去消费这商品，而不需要他人购买；要么他希望出售之，而用所得的钱购买他物。他拥有的这商品要么将获得这个，要么得不到这个。如果能得到，目标就实现了，他的商品找到了销路。如果不能，那这证明什么呢？这证明，他没有使他的手段适应他的目的，他作了错误的估计。……我希望给读者留下的印象是，不论什么时候，所生产的商品不适应于人类的需要而不是商品的充裕，才是特别不幸的事。需求只是受限于购买的意愿和力量。①

针对马尔萨斯关于"好逸恶劳"可能是引起普遍供过于求的原因的暗示，李嘉图在另一个注释中写道：

我们不是说人们喜欢好逸恶劳不一定胜过奢侈品，我认为这是可能的，因此如果这问题是指生产的动机，则我们之间没任何差异。但马尔萨斯先生认为这动机强烈到足以生产各种商品，然后坚持认为不会存在对它们的任何需求。我们拒绝承认的正是这个主张。我们不是说，这些商品在任何情况下都会生产出来，而是只要它们被生产出来，就始终会有人有意愿和能够消费它们，换言之，将始终存在对它们的需求。马尔萨斯先生提出了一个不积累、喜欢好逸恶劳胜过奢侈品、不需要劳动的社会例子……假设人们的确喜欢好逸恶劳胜过奢侈品！那么，奢侈品就不会生产出来，因为没有劳动——好逸恶劳的对立面——它们是无法生产出来的。而如果不生产，它们就不可能需要市场，它们就不可能供过于求。②

这样一来，不论马尔萨斯的论证能够提出什么与之抗衡的逻辑，李嘉图都有

---

① 上述引文请参阅《关于马尔萨斯的〈政治经济学原理〉的注释》，第 305、307、309、314 页。
② 参前，第 314 – 315 页。

最佳的利剑在手：马尔萨斯附带说了一句，"许多商人大发横财，尽管在发财期间，也许他们几乎没有一年不是增加而非减少其在奢侈、享乐和豪爽之物上的支出"，对此，李嘉图答道："的确如此，但是如果一位商人兄弟避免增加奢侈、享受和豪爽之物上的支出，他就会富得更快。"①

然而，另一方面，李嘉图有时未能抓住马尔萨斯的猜疑的破绽。这在马尔萨斯的第一个异议上尤其如此——即，对普遍供过于求的可能性持反对意见的人往往会忽视那些有利于数学抽象的商品的特殊性。正如我们在讨论坎蒂隆时已经看到的那样，抽象层次对于我们的经济现实"想象"有着至关重要的影响。李嘉图的想象尤其易于导致后来约瑟夫·熊彼特所称的"李嘉图的恶习"——这习惯就是以极高的细化程度进行理论分析，以致"除了没有意思之外什么都不缺"。②

1819年，非正统的新闻工作者/经济学家 J‑C‑L·西蒙·德·西斯蒙第，一位公开的李嘉图仰慕者，就发现了这样一个例子。例子就在《原理》的第二十六章，李嘉图这样写道：

对于一个用20000英镑资本每年获得2000英镑利润的个人来说，只要……他的利润都不低于2000英镑……至于他的资本能雇用一百或一千人……那是与他毫无关系的。一个国家的实际利益难道不是一样吗？只要它的净收入和它的税收及利润都不变，至于这国家是由一千万还是一千二百万个人组成，那又有什么关系呢？

"怎么？"西斯蒙第评论道："难道财富就是一切，而人是微不足道的吗？怎么？财富本身由于赋税的关系算点儿什么？那简直是只让国王自己留在岛上，不断地转动手柄，用机器人来完成英国的一切生产了。"③

李嘉图的著作最后还有一个令人惊讶的牵强之处。这就是他本人在一个问题上的变节，这个问题就像普遍的供过于求也许是资本主义经济一个周期性出现的

---

① 《关于马尔萨斯的〈政治经济学原理〉的注释》，第376、377页。
② 约瑟·熊彼特，《经济分析史》，牛津大学出版社，1954年，第473页。
③ 西斯蒙第，《政治经济学新原理》（1819年），理查德·海斯翻译和编辑，翻译出版社，美国罗格斯大学，1991年，第563页注释。

问题这种可能性一样，被错误地理解了，而且是潜在破坏性的。问题与机器的运用所产生的影响有关。

李嘉图分别于 1817 年和 1819 年出版的《原理》头两个版本，根本没有提到机器。但在 1821 年出版的第三版中，新的一章出现了："论机器。"它包含了下面这个非同寻常的陈述：

劳动阶级的意见，即机器的采用对于他们的利益常常是有害的，并非建立在偏见和错误的基础上，而是跟正确的政治经济学原理相一致的。①

这些文字本来是一颗炸弹，但它们不是。正如读者将在下面的摘录中看到的，论点不易理解，但它本质上取决于这样的可能性，即一家企业有可能通过将其"工资基金"——企业此前用于支付工资的现金——投入到机器上，能够维持甚至提高其利润，但这样一来，就不会有那么多资本用以支付工资了。李嘉图问道，那对于资本家有什么好处？他本来也许会问这对于经济学家有什么好处？呜呼，答案是，这离经叛道的一章被忽视、摈弃或完全遗忘了，只是在相当近的时期，在与自动化相关的失业问题走到前台时才被重新发现。

第三十一章　论机器

在本章中，我们将讨论机器对于社会各不同阶级的利益所发生的影响。这是一个极为重要的问题，似乎还没有人运用能导致任何确定的或令人满意的结论的方法探讨过。我对于这一问题的看法由于进一步考虑以后已经有了相当大的变化，所以更有把它们提出来的必要。虽然我知道在机器问题上我没有发表过什么需要收回的东西，但我曾用其他方式支持过某些我现在认为是错误的学说，所以我有责任把我现在的看法及其理由提出来加以研究。

自从我开始注意政治经济学问题以来，我一直认为在任何生产部门内应用机器，只要能节省劳动，便是一种普通的利益，其不便之处只是资本和劳动由这一

---

① 李嘉图，参前，第 392 页。

种用途移转到另一种用途时在大多数情形下会出现的一些麻烦。在我看来，地主的货币地租如果不变，用地租购买的商品的价格的跌落将有利于地主，而价格跌落必然是采用机器的结果。我还认为，资本家最后也会以完全相同的方式获得利益。发明机器或首先有成效地使用机器的人，虽然可以暂时获得厚利而享受额外的好处，但随着机器的普遍应用，产品的价格就会由于竞争而降到等于其生产成本的程度。这时资本家们所得到的货币利润就会和从前一样，因而便只能由于可以用同样的货币收入支配更多的享用品和享受品，以消费者资格享受一般的利益。我认为，劳动者也将因为采用机械而同样得到好处，因为他们将能用同样的货币工资购买更多的商品。我认为工资不会降低，因为资本家仍然需要和雇用跟以前一样多的劳动者，虽然他也许必须用它来生产新的商品，或者至少要用它来生产不同的商品。如果由于使用改良的机器雇用等量劳动所生产的袜子四倍于前，而袜子的需求却只加了一倍，有些劳动者就必然会从织袜这一行业中被解雇出来。但由于雇用这些劳动者的资本仍然存在，而具有资本的人把资本投在生产事业上又是有利的，所以我便认为这种资本会被用来生产其他对于社会有用而且社会对之一定会有需求的商品。我所以有这种想法，是因为在以前和现在对于亚当·斯密下面一段话中的真理具有极深的印象："每一个人对于食物的欲望都要受有限的食量的限制；但对于享用品、建筑物的装饰、衣服、车马、家具等物品的欲望却似乎是没有限制或确定界限的。"由于我认为劳动的需求不会有变化，而工资又不会降低，所以我便认为工人阶级将由于使用机器后商品普遍跌价而和其他阶级同样受益。

以上就是我以往的看法。关于地主和资本家方面的看法现在仍然没有改变。但我现在深信，用机器来代替人类劳动，对于劳动者阶级往往是极为有害的。

我的错误之所以会产生，是由于假定每当社会的净收入增加时，其总收入也会增加。但我现在有理由确信，地主与资本家由以取得其收入的那种基金增加，而劳动阶级主要依靠的另一种基金却可能减少。所以如果我没有错的话，使国家净收入增加的那一原因同时可以使人口过剩，从而使劳动者的生活状况恶化。

假定有一个资本家投资20 000英镑，兼营农场主和必需品制造业者的业务；再假定这20 000英镑资本中有7 000英镑投在固定资本上，即投在建筑物、工具等等上，其余 13 000 英镑作为流动资本以维持劳动；并假定利润为百分之十，这样资本家的资本每年都保持原有的效率状况并提供利润 2 000 英镑。

这一资本家每年都以价值 13 000 英镑的食物和必需品开始营业。在一年之中他把这些食物和必需品全部卖给他自己的工人，换回 13 000 英镑。在同一时期内，他又把同额货币作为工资付给工人。年终，工人还给他价值 15 000 英镑的食物和必需品，其中 2 000 英镑由他自己消费，或随他用最高兴和最满意的方法处理。就这些产品而言，这一年的总收入是 15 000 英镑，纯收入是 2 000 英镑。现在假定第二年资本家用一半工人制造机器，另一半照常生产食物和必需品。这一年中他照常付出工资 13 000 英镑，并将同一金额的食物和必需品售给工人，那么这一年的情形又该怎样呢？制造机器时，食物和必需品的产量只有平常的一半，价值也仅等于平常的一半。机器值 7 500 英镑，食物和必需品也值 7 500 英镑，所以资本家的资本还是和以前一样大。因为在这两个价值以外他还有价值 7 000 英镑的固定资本，合计仍然是 20 000 英镑资本和 2 000 英镑利润。他把利润 2 000 英镑扣下来归自己消费以后，剩下来继续经营业务的流动资本就只有 5 500 英镑了。于是，这个资本家雇用劳动的手段就按一万三千对五千五百的比例减少。这样一来，以前用 7 500 英镑雇用的全部劳动就会成为过剩的。

诚然，资本家所能雇用的已经减少的劳动量，借助于机器，在扣除机器维修费以后，必然会生产出等于 7 500 英镑的价值；并必然能抵补流动资本加上全部资本的利润 2 000 英镑。但是，如果能这样，如果纯收入不会减少，那么总收入的价值究竟是 3 000 英镑、10 000 英镑还是 15 000 英镑，对于资本家又有什么关系呢？

所以，在这种情况下，纯产品的价值虽未减少，纯产品的购买商品的能力虽然可能已经大增，但总产品的价值将由 15 000 英镑降为 7 500 英镑。维持人口与雇用劳动的能力既然始终决定于一国的总产品，而不取决于纯产品，所以对劳动的需求就必然会减少，人口也将过剩，劳动阶级的生活状况就会陷于穷困。

不过，由于积蓄收入以增加资本的能力必然取决于纯收入满足资本家欲望的效能，所以采用机器使商品价格降低后，资本家在需要不变的情形下积蓄的手段将增加，也就是将收入转化为资本的便利条件将增加。而资本每有增加，他所雇用的劳动者便也会增加。于是原先失业的劳动者有一部分就可以就业。如果采用机器以后，生产增加得很多，以纯产品形式提供的食物和必需品的数量跟以往在总产品形式下存在的数量相等，那就会有同样的可以雇用全部人口的能力，也就不一定会有任何人口过剩的现象了。

我所要证明的就是机器的发明与采用可能伴随着总产品的减少。每当这种情形出现时，劳动阶级就会受损害，因为其中一部分将会失业，人口与雇用基金相比较将会过剩。……

我希望以上的说法不会导致一种推论，认为机器不应当加以鼓励。为了说明原理，我一直假定改良的机器是突然发明出来并广泛应用的。但事实上机器的发明是逐渐出现的，其作用与其说是使资本从现在的用途上转移出来，毋宁说是决定被储蓄和积累的资本的用途。

最后说一句。对于任何希望发掘全部《原理》宝藏的人来说，尚有大量的东西有待探究，书里面有著名的对自由贸易的李嘉图解释、其才华横溢的章节《论贸易渠道的突然变化》、《论价值和财富》和更多其他的内容。但是，论机器一章有着现实的意义，从而适合作为这位经济学家中的经济学家的道别语，这道别语包括鼓励人们提出不受欢迎的见解。

约翰·斯图尔特·穆勒

(1806–1873 年)

我将从《世俗哲人》借用一段话来开始本章的讨论：

约翰·斯图尔特·穆勒出生于 1806 年。1809 年（而不是 1819 年），他开始学习希腊语，7 岁时已阅读了柏拉图对话集的大部分，次年开始学习拉丁语，在此期间就通读了希罗多德、色诺芬、第欧根尼·拉尔修的著作及卢西安的部分著作。在 8 岁到 12 岁期间，他读完了维吉尔、霍勒斯、李维、萨勒斯特、奥维德、特伦斯、卢克莱休、亚里士多德、索福克勒斯和阿里斯托芬的作品；掌握了几何、代数和微分，写了一本罗马史、一本世界史节略，还写了几首诗。"我从来没有用希腊文写过诗，也很少用拉丁文作诗，"他在其著名的《自传》[①] 中写道："也不是我父亲不重视从事这种锻炼的价值，而实在是由于没有时间。"

正如不止一位评论家已经注意到的，神奇之处并不在于他的学识如此渊博，而在于其后他是作为一个人而存在的。经过相当的混乱为代价，也许只是在哈莉特·泰勒——先是作为一位鼓舞人心的合作者；后来在前夫去世后作为他的妻子——的帮助下，穆勒才成为一位杰出的人物，他的人性不仅渗透在他的政治经济学贡献之中，而且正如我们将会看到的，给予它以特殊的品格。然而，马上从这些作品开始将是一种不公正的行为。穆勒的著作涵盖了极其广泛的领域，除非我们至少清楚其广泛性，否则我们对他的研究就会太束手束脚而不能畅意了。于是就有了下面的短评，来表明这位堪称曾经工作在本领域的最非凡的知识分子之

[①] 《约翰·斯图尔特·穆勒文集》，第 1 卷，多伦多：多伦多大学出版社，1965 年，第 39 页。

一的视野。

穆勒的父亲詹姆斯·穆勒，是李嘉图的亲密朋友，以及李嘉图的经济学和功利主义哲学的坚定支持者，功利主义哲学当时体现在杰里米·边沁这位令人敬畏的人物和学说上。关于边沁，我们将在后文讨论。边沁哲学把人置于两大"最高主宰"即快乐和痛苦的指引之下，任由它们"去指出我们应该做什么，去决定我们将做什么"，小穆勒的后期作品之一就是对这种哲学的再现。典型地，穆勒的版本并没有抛弃边沁的核心教义，但是对它作了限定，因为他强调既有更高也有更低的快乐，而且到最后，只有一种与正义相联系的快乐观将赢得良心的赞许。良心一词是穆勒对亚当·斯密所诉诸的"心中的那个居民"予以赞同的用词。①

然而，在衡量穆勒的能力方面，《功利主义》一书的重要性不如他的《逻辑体系》（1843年）或专著《妇女的屈从地位》（1869年），最重要的是不如他的小册子《论自由》，该书是在哈莉特·泰勒去世后的1859年出版的，里面有献给她的长长题词"这一切是我的著述中最好的"。由于《论自由》的中心思想渗透到他大部分的政治经济学中，值得将书中的一个段落复述如下：

本文的目的是要力主一条极其简单的原则，使凡属社会以强制和控制的方法对付个人之事，不论所用手段是法律惩罚方式下的物质力量，或者是公众意见下的道德压力，都要绝对以它为准绳。这条原则就是：人类之所以有理有权可以个别地或者集体地对其中任何份子的行动自由进行干涉，唯一的目的只是自我防卫。也就是说，对于文明群体中的任何一名成员，所以能够施用一种权力以反其意志而不失为正当，唯一的目的只是要防止对他人的危害。若说为了那人自己的好处，不论是物质上或精神上的好处，都不成其为充足的理由。人们不能强迫一个人去做一件事或者不去做一件事，说因为这对他比较好，因为这会使他比较愉快，因为这在别人的意见认为是聪明的甚或是正当的，这样不能算是正当。所有这些理由，若是为了向他规劝，或者为了跟他辩理，或是为了对他说服，乃至是

---

① 关于斯密，请参阅《道德情操论》的节录，前文第59页；对于穆勒，请参阅《功利主义》，第3章。

为了向他恳求,那都是好的;但只是不能借以对他实行强迫,或者说,如果他相反而行的话便要使他遭受什么灾祸。要使强迫成为正当,必须是所要对他加以吓阻的那种行为将会对他人产生祸害。任何人的行为,只有涉及他人的那部分才需对社会负责。在仅仅涉及本人的那部分,他的独立性在权利上则是绝对的。对于他自己,对于他自己的身和心,个人乃是最高主权者。①

因此,穆勒首先是一名热烈的自由主义者,以该词来表达上述所描述的理想的实际实现。那么,这一点是怎样影响他作为一名经济学家的观点的呢?这将是我们下述读物的核心主题。

《政治经济学原理》

穆勒的《原理》出版于1848年,它支配了政治经济学达一代人之久,先是赢得了赞美,然后是逐渐导致后来在其阴影下成长起来的作者们的不耐烦。该书本身很长,而且其中大部分不会令人感兴趣,但是其中有一篇引人入胜的文内文我想阐明一下。

实际上,这篇文内文在《原理》的一开篇便点出了,穆勒在其中讨论了财富的性质。开篇部分的最后一段展示了生产和分配的区别,虽然二者将在170页之后才完整地加以分门别类的讨论。

开篇部分颇值得一读:

绪论

在人类活动的每一个领域,实践都长期领先于科学。对自然力作用方式的系统研究,是长期努力将自然力应用于实践以后的产物。因此,将政治经济学看作科学的一个分支是最近的事。但是它所研究的主题在各个时代却必然是人类所主要关心的事情之一,并在某些时代,是最最关心的事情。

---

① 约翰·斯图尔特·穆勒,《论自由》,载于《功利主义、自由、代议制政府》,伦敦和纽约:E. P. 杜登出版社,1929年。

这个主题就是财富。政治经济学家们声称是讲授或研究财富的性质及其生产和分配规律的，包括直接或间接地研究使人类或人类社会顺利地或不顺利地追求人类欲望的这一普遍对象的一切因素所起的作用。并不是任何一本政治经济学著作都能论述甚或列举出所有这些因素，但总要尽量阐明制约它们起作用的规律和原理。

每个人对财富指什么都有一个对于日常用途来说是足够正确的看法。与财富有关的研究不会同人类所关心的任何其他研究工作混为一谈。谁都知道致富是一回事，而有知识、勇敢或仁慈是另一回事，研究一个国家如何才能富裕，和研究一个国家如何才能自由、公正或在文学、艺术、军事、政治方面声名卓著，是完全不同的两个问题。实际上，这些事情全都间接地有联系并且相互影响。一国人民有时会先富起来才得到自由，有时又先自由了才富起来。一国人民的信仰和法律对他们的经济状况起很大作用，而经济状况通过对智力发展和社会关系的影响，又作用于人民的信仰和法律。但是，这些事情虽说密切相关，可又有本质上的区别。人们对此从来没有异议。

……就各国的经济条件取决于物理知识的状况而言，这是自然科学和建立在自然科学之上的工艺技术所要研究的问题。但是，就原因是道德的或心理的，依赖于各种制度和社会关系，依赖于人类的本性而言，这些则不属于自然科学的范畴，而是属于道德和社会科学的范畴，是所谓政治经济学研究的对象。

生产财富，从物质世界索取人类生存和享受的手段，显然不是一件随心所欲的事，而是有其必要条件的。这些条件中有些是物理方面的，取决于物质的性质，取决于人们在特定地点和时间对这些性质了解的程度。政治经济学不研究这些，而只是予以默认，让人们从自然科学或日常经验中去寻找原因。政治经济学把这些有关外部世界的事实跟有关人类本性的其他真理结合起来，试图探索出一些次要的或派生的规律；这些规律决定了财富的生产，可用来解释现在和过去贫富的差异，以及预言财富会有什么样的增加。

与生产规律不同，分配规律在某种程度上是人为的制度，因为某一社会中财富分配的方式取决于通行于该社会的法令或习惯。但是，虽说政府或国家有权决定应该有什么样的制度，可它们却不能任意确定这些制度起作用的方式。它们对财富分配拥有的权力依赖于哪些条件，社会所接受的各种行为方式是如何影响分配的，这些跟任何自然规律一样是科学研究的主题。①

这样就为后续以生产研究为先导的宏大篇章搭建了舞台。然而，这些章节并不是这文内文的一部分。正如《序言》为我们准备好的，它们带领我们一路从关于事务的讨论，诸如劳动在财富创造中所扮演的各种角色，比如生产商品或服务；对资本各方面的描述，比如储蓄方面的资本来源，或资本划分为固定资本和流动资本；到关于产出约束的讨论，这种约束起源于土地的有限可得性和递减的边际肥力。

大部分内容都很有趣，但是没有什么值得我们在这里讨论。然而，有一点值得注意，即使只是因为它能显示穆勒的兴趣之广。在第一篇第九章中，他谈到了可能因作为股份制（法人）实体的组织而产生的优势，并提请注意大规模生产之于小规模生产的经济性。更重要的是，他注意到，作为这些优势的结果，存在"一种越来越多的、一个工业部门继之以另一个部门的用大企业替代小企业的趋势"。因此，穆勒是第一位预见到商业集中化的经济学家，这种集中化将在其后的一个世纪里，成为经济和政治关注的一个主要焦点。

开篇到此结束，我们转向论述分配的第二篇。在这里，穆勒处于最佳状态，他深入细致地阐述了生产和分配之间的差别。这个长长的经常具有先见之明的部分值得我们充分重视：

第一章 论所有制

【绪言】

在本书第一编中论述的各项原理，在某些方面，跟我们现在要开始考察的有很大的区别。财富生产的法则和条件具有自然真理的性质。它们是不以人的意志为转移的。不论人类生产什么，都必须按照外界物品的构成和人类身心结构的固

---

① 这些节录选自权威的《约翰·斯图尔特·穆勒文集》第4、第5卷，多伦多大学出版社，1965年。跟前面一样，为便于阅读，增加了额外的标题和分段。我们所主要关注的《原理》的第2篇到第5篇，亦可得之于《世界经典著作丛书》，牛津大学出版社，1994年。

有性质所决定的方式和条件来生产。不论他们是否喜欢,他们的生产都要受以前的积累量的限制。如果积累量是一定的,生产就与他们的精力、技能、机器的完善程度以及他们利用协作劳动的优点是否得当成比例。不论他们是否喜欢,在同一块土地上,除非在耕作过程中做了某些改良,否则,投入的劳动量增加一倍不会使粮食产量增加一倍。不论他们是否喜欢,个人的非生产性开支只会使社会相应地趋于贫困,而只有他们的生产性开支才会使其富裕起来。对这些不同事物可能具有的看法或希望,都决定不了事物本身。实际上,我们无法预测,今后由于对自然法则有了更多的了解,可以提出我们目前毫无所知的新的生产工艺,会使生产方式发生多大变化,劳动生产力有多大提高。但是,无论我们在物品构成所决定的范围内可以得到多少活动余地,我们知道这一定会有限度。我们无法改变物质或精神的根本性质,只能或多或少成功地应用这些性质,使我们感兴趣的事件能够出现。

财富的分配不是如此。这是一件只和人类制度有关的事情。一旦物品生产出来,人类就可以个别地或集体地随意处理。他们可按任何条件将这些物品交给自己中意的任何人支配。此外,当人类在社会中生活,而不是过绝对的独居生活时,人们不论采用什么处置办法,都要取得社会或代表社会积极力量的那部分人的同意。即使是某人靠自己辛勤劳动、没有别人帮忙生产出来的物品,若非得到社会的许可,他也无法保持。不但社会能把产品从他手里夺走,而且如果社会默认,或社会既不进行集体干涉,也不雇人来保护他的所有权,私人也可以把产品从他手里夺走。因此,财富的分配要取决于社会的法律和习惯。决定这种分配的规则是依照社会统治阶级的意见和感情而形成的。这在不同的年代和国家内是很不相同的。并且,如果人们愿意,差别还可以更大一些。

毫无疑问,人类的意见和感情不是偶然产生的。它们是人类本性的各种基本法则同当时的知识、经验、社会制度、智力和道德修养状况相结合的产物。但是,关于人类意见如何产生的法则不是我们现在要谈论的。它们是人类进步一般理论的一部分。对这方面的探索比政治经济学要广泛和困难得多。我们在这里要考察的,不是财富可据以分配的法则所产生的原因,而是这种法则所造成的结果。至少,这些结果并不是可以任意指定的,而是像有关生产的各种法则一样,富于自然法则的性质。人们可以控制自己的行为，但控制不了其行为给他们本人或别人带来的后果。社会可以使财富的分配按它认为最好的规则进行，但是必须通过观察和推理，像寻求自然界或精神上的其他一切真理那样，清楚这些法则的作用会产生什么实际结果。

然后，我们进而考察分配土地和劳动产品的各种方式，这些方式或者是已在实践中采用，或者是在理论上可以设想的。在这些方式中间，我们首先需要注意的是主要的和基本的制度，除某些特殊情况外，这一制度一直是社会采取各种经济措施的依据，虽然它的各种次要特性曾有变化，以后也会有变化。当然，我指的是私有财产制度。

问题的提出

……如果采用私有制，我们必须假定并未伴有妨碍古代社会的私有制原则产生有益作用的原始的不平等和不公正。我们必须假定，每个成年男子或妇女都能自由地使用和发挥其体力和脑力；生产手段——土地和工具在他们之间公平地分配，这样，就外界条件而言，任何人都处于同一起跑线上。也可以设想，在原先分配时就对自然的损害给予了补偿，并让身体虚弱的社会成员在分配上占些便宜，以取得平衡。

但是，这种分配一经实施，就再也不受干预；各人要靠自己的努力和一般机缘来利用其所分配到的物品。反之，如果排斥私有制，则所应采取的方案是，把土地和所有生产手段均作为社会的共同财产，并按共同核算原则进行产业的经营。社会劳动的指挥由一位或几位行政官担任，可以设想，这些官员是由社会投票选出的，又必须假定，社会成员自愿地服从他们。产品的分配也同样是公共的行为。分配原则可以是完全平均，也可以按照各人的需要或功过来分配，无论采用什么办法，都要符合社会中流行的公平观念或政策。

这种社团的实例，规模较小的，有摩拉维亚教派的信徒、拉普党徒等等。根据他们提出的从财富极不平等状态的苦难和邪恶中解脱出来的愿望，在对社会首要原则进行积极思索的所有时期，都重新提出了大规模地应用这种思想的各种方案并进行传播。

对共产主义①的考察

不论这些不同方案可能具有什么样的优缺点，它们确实不能说是不能实行的。任何有理智的人都不会怀疑，一个由几千居民组成的村社，在共有土地（其大小跟现在供养上述人数所需的土地一样）的情况下进行耕作，并靠联合劳动和最先进的方法来生产他们所需的工业品，能够把产量提高到足以维持舒适生活的地步；它也有办法从该社团每个能干活的成员身上取得实现这一目标所需数量的劳动（在必要时可以强迫他们从事劳动）……

一个更为现实的困难是，如何在社会成员中间公平地分配社会的劳动。工作的种类很多，应当用什么标准来比较度量这些工作呢？谁来判断纺了多少棉花，从仓库发出多少货物，垒了多少砖，或扫了多少烟囱是相当于犁了多少地呢？共产主义著述家们深切地感觉到在不同性质的劳动之间进行调整的难处，因而他们通常认为，必须使所有的人轮流从事各种有用的劳动。这种废止职业分工的安排会牺牲掉很多协作生产的好处，从而大大降低劳动生产率。此外，即便是在同样的工作中，有些劳动名义上是平等的，实际上却很不平等，因而如果强制实行，人们就会从正义的感情出发表示反对。并非所有的人都同样适合于一切劳动。同样数量的劳动也因各人身强或体弱、坚强或脆弱、敏捷或迟缓、聪明或愚钝而成为不相等的负担。

但是，这些困难虽然是现实的，却还不是无法克服的。按个人体力和能力分配工作，遇有极端情况，则在执行一般原则时有所变通；这对人类的智力来说，在其处于公正观念指导之下时是不成问题的。而且，在一种以平等为目的的制度下，对这种事情所能作出的安排即使极不合适、极不公平，跟现今的劳动分配（且不谈报酬）相比，其不平等和不公平仍是微不足道的。我们还必须记住：共产主义作为一种社会制度，还只是在观念上存在；目前人们对它所存在的困难的了解远甚于对其具有的能力的了解；人类刚刚开始以其才智策划详细的组织方

---

① 当然，穆勒指的不是我们这个世纪的共产主义，后者肯定被这位《论自由》的作者所厌恶。在他的时代，共产主义一词指的是各种不明确的平等主义方案，它们当时在乌托邦改革者中间是很时髦的。

法，以便克服这种制度的困难而借其能力获得最大的利益。

共产主义与现今的社会状态

因此，如果要在具有一切可能性的共产主义和具有各种苦难和不公的现今的社会状态之间作出选择；如果私有制必定会带来我们现在所看到的后果，即劳动产品的分配几乎同劳动成反比——根本不干的人拿得最多，只在名义上干点工作的人居其次，工作越艰苦和越讨厌报酬就越低；而最劳累、消耗体力最多的劳动甚至无法肯定能否挣到足以糊口的收入；如果要在这种状况和共产主义之间作出抉择，则共产主义一切大大小小的困难在天平上都将轻如鸿毛。

但是，要作出适当的对比，我们必须将处于最好状态的共产主义同私有制可能达到的状态相比较，而不是同现今私有制的情况相比较。私有制原则从未在任何国家作过公正的试验；我国同别的国家相比也许更是如此。现代欧洲社会制度的开始，并非由于作为公平分配或勤劳所得的结果的财产分配，而是由于作为征服和暴力行为的结果的财产分配。尽管多少个世纪以来一直在以勤劳缓和暴力的作用，这种制度仍然保留着那种滥觞的不少痕迹。有关财产的法规从来都是和用来为私有财产辩护的原则不一致的。它们对不应承认所有权者给予承认，而对于仅有有限制的所有权者给予绝对的所有权。它们不是对任何人都公正对待，而是对某些人加以损害，对另一些人则给予优遇。它们故意鼓励不平等，阻止所有的人公平竞赛。固然，所有的人都在完全平等的条件下参加比赛，这是和任何私有财产法规不相符的。但是，如果肯像扩大私有财产原则的自然作用所造成的机会不均等那样，努力采用一切不破坏原则的办法来缓和不平等；如果立法的趋向有利于财产的分散，而不是集中，就会发现私有财产原则跟自然的和社会的灾难之间并无必然的联系。几乎所有的社会主义著述家都认为两者是不可分离的。

为私有制辩护的人都认为，私有制的含义是对个人拥有其劳动和节欲的成果给予保证。对于没有任何功绩、也不作任何努力而占有别人劳动和节欲的成果的人也给予保证，这不是这种制度的本质，而不过是偶然发生的事。这种事发展到一定程度，就不但不会促进私有制合理目标的实现，而且会同这一目标相抵触。正当的为私有制辩护的理论是以公平原则（即报酬与努力成比例）为依据的。因此，要判断所有制的最终目标，我们必须假定使这一制度违反这一原则的每一件事都已纠正。我们还必须假定已实现两项条件,其一为普及教育,另一为适当地限制社会人口;没有这两者,不论是共产主义还是别的法规或制度,都不能防止大多数人处境恶化和陷入不幸。如果具备这两项条件,则即使是在现在的社会制度下,也不会产生贫困。而且,如果如此假定,则社会主义的问题不是像社会主义者通常所说的那样,是奔向能避免压倒人类的各种弊害的唯一避难所的问题,而仅仅是权衡两者利弊的问题。这是将来必须加以解决的问题。我们对采取最好形式的私有制或采取最好形式的社会主义能取得什么样的成就都一无所知,因而无法确定这两种制度中哪一种会成为人类社会的最终形态。

自由至关重要的作用

如果可以冒险作一下推测,也许主要会按如下问题的答案作出抉择。那就是,两种制度中何者会给人类带来更多的自由和自主。在生活资料有了保障之后,人类的下一个强烈欲望就是个人自由。这种欲望(不像物质需要那样随着文明的进展而变得更加稳健和便于控制)会随着智力和道德能力的发展而日益强烈。社会制度和实践道德的完善是要保障一切人完全独立和行动自由,除不得损害别人外不受任何限制。如果教育教导人们或社会制度要求他们以摈弃对本身行为的节制来换取一定程度的舒适或富裕,或者为了得到平等而放弃自由,则这样的教育或社会制度将夺去人性最高尚的特性之一。

仍有待发现的是,共产主义社会制度在何种程度上能够容许这种特性存在。① 毫无疑问,同对社会主义方案的其他一切反对意见一样,这一方面是被过分夸大了。社团无须要求其成员过有甚于今的共同生活,或对他们如何支配个人分内的产品和可能很多的空闲时间(如果他们只限于生产确实值得生产的物品,他们会很空闲)加以控制,无须将个人束缚于一种职业或一个特定的地方。同大部分人类目前的状况相比,共产主义的管束反为自由。英国和大多数其他国家的一般劳动者几乎没有选择职业或移动的自由,这些实际上都要取决于固定的规则和别人的意愿,和真实的奴隶制所差无几,更不用提人类的半数(译按:指妇

---

① 我提请读者注意:穆勒写作于19世纪40年代,而且共产主义指的是关于将开始显现的社会的乌托邦蓝图。

女）完全处于家庭的奴役之下了。欧文主义和大多数其他形式的社会主义都肯定妇女在一切方面都具有跟迄今居于支配地位的男性一样的平等权利，这一点为它们带来了极大的荣誉。

但是，不能靠与目前恶劣的社会状况作比较来判断共产主义的主张。靠允诺给予目前徒有虚名的自由民更大的身心自由也是不够的。问题在于，个性的庇护所是否还存在？舆论是否会成为暴君的桎梏？每个人绝对从属社会全体并受社会全体监督的做法，是否会使所有人的思想、感情和行动变得平庸而划一？尽管目前的社会跟共产主义制度下大概会出现的情况相比，教育和职业的种类要多得多，而个人对群体的依赖程度要低得多，但是上述那些仍然是它的一种显著的弊害。要对离心倾向进行指责的社会决非处于健全状态。还得弄清的是，共产主义计划是否会同意人性多种形式的发展、多种多样的差异；爱好和才能的五花八门和思想观点的不同；这些不仅构成人类生活的一大部分乐趣，而且才智相互冲突的刺激作用和向每个人提出他从未抱有的许多见解，会成为思想和道德进步的主要动力。

整章彰显了穆勒的个性——强烈的道德感与审慎的公正相辅相成，对乌托邦的渴望与对现实困难的认可并行不悖。最后一段，以其对于可能与社会主义相伴相随的知识和政治不宽容的谴责，预示了一种令人不安的政治预想，尽管我应该补充一句，穆勒从未听说过马克思，更不用说马克思主义了。

然而，我们在这里所读到的，不是一种参与历史的尝试，而是我希望凝神以对的这文内文的基础。这文内文的外文，包含有对政治经济学诸"原理"的系统阐述，有几分教科书的风格。里面的内文，是一幅社会经济演进的图景，堪与斯密或李嘉图的相媲美，但有一个区别。其区别是，这幅图景不仅仅是作为非个人力量之运作的结果而展现，而且是因为这些力量使得有意识的人类意图有可能介入历史的演进。这种意图能够利用历史推进力量所造成的有利结果，去创造一个私有财产和高度的社会经济平等相结合的社会。这将是穆勒为一个劳动者自治的、竞争性的、自由主义的社会而作的独特的设计。

为达此图景，我们必须通读或者说绕过这部"教科书"的许多章节——论奴隶、农民、家庭手工业；论工资、地租和利润；论价值和货币；论国际贸易等更多的章节——合计约 600 页——直到我们抵达第四篇第二章："工业进步和人口对地租、利润和工资的影响。"在这里，穆勒考察了不同的"模式"——这是现代术语——来推演出当人口、资本、技术改变彼此间的相对位置时会发生什么，他最终选定了自认为最可能的情况，即那种人口和资本量均增加且技术水平提高的情况。

这产生了初看起来极像李嘉图图景的结果：（1）人口增加迫使不那么肥沃的土地投入使用，从而抬高食品价格，以及因而劳动者获得生活必需品所需的工资和作为推动肥力较次的土地投入使用的结果而归之于较好土地的地租均会抬高；（2）工资和地租的上升挤压资本家的利润；（3）农业机械的改进暂时起到缓和挤压的作用；但是（4）最终，人口稳定增长使土地主受益，使资本家受损。与李嘉图一样，这是一种趋于静止状态的景象，或许因"商业剧变"或出乎意料的新技术或廉价机器的进口而中止，但最终会遭受因无法产生足够的利润以使资本主义制度成长这一不可避免的命运。

那么，与李嘉图的不同之处何在呢？穆勒在这一状态的达成中见到的不是终结，而是一个开始。它将会而且能够成为工人合作社的启动平台，他设想到工人合作社将是该制度动态演进的可能结果。在此，我们最好还是重温一下穆勒本人论述这一问题的第六章吧！

第六章 论静止状态

【著作家们所惧怕和嫌恶的财富和人口的静止状态】

前面几章阐明了有关社会经济进步的一般理论。所谓社会的经济进步通常指的是资本的增加、人口的增长以及生产技术的改进。但是人们在思考任何一种有限的前进运动时，往往并非仅仅满足于探索运动的规律，而会不由自主地进一步问道，这种运动会把我们带向何方，产业进步正在把社会引向什么样的终点？当进步停止时，人类会处于何种状况？

政治经济学家们肯定已经多少清楚地意识到了，财富的增长并不是无限的，在所谓进步状态的尽头便是静止状态，财富的增长只不过延缓了静止状态的到来，我们每向前迈进一步，便向静止状态逼近一步。前面的论述已使我们知道，我们随时都看得见并且非常接近于这一终点,而之所以一直没有到达终点,只是因为终点总在移动。如果生产技术不进一步改良的话,如果资本停止从最富裕和最繁荣的国家流向尚未开垦或未得到很好开垦的地区,那么最富裕和最繁荣的国家很快就会达到静止状态。

对于上两代政治经济学家来说,静止状态的最终不可能避免,即人类工业的水流最终将不可抗拒地汇入表面静止的大海,肯定是令人不愉快的、让人感到沮丧的前景,因为他们在论述中总是把经济上美好的东西同进步状态联系在一起,而且仅仅同……进步状态联系在一起。亚当·斯密始终认为,在静止状态中,人民大众的生活虽然也许并不是绝对贫困的,但必然是很拮据的,只有在进步状态中,人民大众的生活才会是令人满意的。一些人认为,不管人们的不懈努力会把人类的末日推迟多久,社会进步都必然会"搁浅而落得悲惨结局"。这样的学说并不像许多人仍然认为的那样,是马尔萨斯先生的罪恶发明,相反,这一学说是马尔萨斯之前的一些最著名的学者明确提出或默认的,只有依据马尔萨斯提出的原理才能对其加以有效地驳斥。在人们尚未把人口原理看作是决定劳动报酬的能动力量时,人口的增长实际上被看作是常量,总之,人们认为,在自然和正常的人类事务状态下,人口必然是不断增长的,因而生活资料的不断增加对于全体人类的物质享受是至关重要的。马尔萨斯先生的《人口原理》的出版开创了新纪元,使人们对这一问题有了较为正确的看法。尽管该书第一版有许多世所公认的错误,但在后来的几版中,马尔萨斯所作的预言却要比任何其他作者所作的预言都更有根据,更令人充满希望……

【但静止状态本身并非不可取】

所以,我不能以老派政治经济学家普遍表现出来的那种朴素的厌恶心情来看待资本和财富的静止状态。我倾向于认为,整个说来,静止状态要比我们当前的状态好得多。一些人认为,人类生活的正常状态就是生存竞争;认为相互倾轧和相互斗争,是激动人心的社会生活,是人类的最佳命运,而绝不是产业进步诸阶段的可恶象征。坦白地说,我并不欣赏这种生活理想……

毫无疑问,在头脑较清醒的人能说服人们关注更美好的事物以前,与其让人的精力无处发挥而生锈,还不如让人们为发财致富而忙碌,就像人们从前为战争忙碌那样。如果人是粗野的,则他们需要的刺激也将是粗野的,那就让他们接受这种刺激好了。但与此同时,如果有人并不认为当前人类改良的最初阶段是最后阶段,对普通政客感到欢欣鼓舞的那种经济进步,即人口和资本的单纯增长不那么感兴趣,则这些人也是有道理的。固然,对于国家的独立和安全来说,一国在人口和资本的增长方面不大大落后于邻国,是至关重要的。但是,如果普罗大众从人口或任何其他东西的增长中得不到丝毫好处的话,则这种增长也就没有什么重要意义。我不明白,那些已经比他人富有的人钱财增加一倍(这几乎不会或根本不会增加他们的快乐,而只是使他们能够炫耀自己的富有),或每年有一些人从中产阶级上升为有钱阶级,从有事可干的富人变为无所事事的富人,这一切究竟有什么值得庆贺的。只有在落后国家,增加生产仍是一项重要目标。在最先进的国家,经济上所需要的是更好地分配财产,而要更好地分配财产便离不开更为严格地限制人口。单靠消除差别的各项制度,无论这些制度是公平的还是不公平的,都做不到这一点;它们只能降低社会最高层的生活,而不能长久提高社会最底层人民的生活。

另一方面,我们则可以想象,财产的这种更好的分配,可以通过个人的远虑与节俭以及一套有利于公平分配财产的法律制度的共同作用来达到(不过这种法律制度必须确保个人享有自己的劳动成果,不管这种成果是大还是小)。例如,根据前面某一章提出的建议,可以利用法律来限定人们通过赠予或继承所能得到的财产不得超过维持中等自立生活所需的数额。在这种双重影响下,社会将表现出以下主要特征:大多数劳动者工资较高,生活富裕,人们除了自己挣得和积累的财富外,不拥有其他巨额财富;比现在多得多的人不仅可以不再做繁重的粗活,而且还可以不再做机械、琐碎的工作,而有充裕的闲暇,可在身心两方面培养高尚的生活情趣,为贫困阶级树立生活的榜样。这种比现在好得多的社会状况,不仅与静止状态是完全相容的,而且似乎可以和静止状态更为自然地结合在一起。

不用说,资本和人口处于静止状态,并不意味着人类的进步也处于静止状态。各种精神文化以及道德和社会的进步,会跟以前一样具有广阔的发展前景,"生活的艺术"也会同以前一样具有广阔的改进前景,而且当人们不再为生存而操劳时,生活方式会比以前更有可能加以改进。即使是工业技术也会同以前一样得到悉心培育,不断得到改进,跟以前的区别只是,工业改良不再仅仅为增加财富服务,而会产生其应有的结果,即缩短人们的劳动时间。到目前为止,机械方面的各种发明是否减轻了人们每天繁重的劳动,仍颇值得怀疑。这些发明使更多的人过上了同样艰苦和贫困的生活,使更多的制造商和其他人得以发财致富,并提高了中产阶级的生活水平。但这些发明却至今未按其性质和未来的发展趋势使人类的命运发生重大变化。只有当不仅有公平的制度,而且人口的增加也因为人类具有远见卓识而受到控制时,科学发明者的智力和活力对自然力量的征服,才会成为人类的共同财富,才会成为改变人类命运的手段。

就这样,对于这种混合了蓬勃的精神和节约的现实主义("如果人是粗野的,则他们需要的刺激也将是粗野的,那就让他们接受这种刺激好了")的静止状态的长长讨论,把我们带到了下一章标题所宣称的社会变革的大门口:"论劳动阶级可能的未来。"请允许我一开始便说明一下,这并不是向社会主义的飞跃。最好把劳动阶级"可能的未来"视为一系列渐进的对其社会化管理之可能性的主张——这是一个已经开启的未来,恰恰是因为这静止状态已经消除了持续扩张——这是资本主义制度最终的存在价值。

这种前瞻性的勾勒始于一段对现实情况的简短陈述:

第七章 论劳动阶级可能的未来

近来,人们从道德和社会角度对劳动人民的状况所作的思考和讨论要比过去多得多。人们普遍认为,当前劳动人民的状况是不能令人满意的。人们对一些枝节性的而并非根本性的问题发表了许多意见并对此展开了激烈争论。从这些意见和争论中可以看出关于体力劳动者所应享有的社会地位,存在着两种相互对立的理论。一种理论可以称为依赖和保护理论,另一种理论可以称为自立理论。

根据前一种理论,在所有影响到全体穷人的事情上,穷人的命运都应受别人摆布,而不应掌握在他们自己手里。不应要求或鼓励穷人独立思考,不应要求或鼓励他们对自身进行反思和展望,以对自己的命运有所掌握。该理论认为,上层阶级有义务考虑穷人的事,有义务对穷人的命运负责,就像军官应对士兵的命运负责那样。上层阶级应有意识地履行这一职能，他们的一言一行都应给穷人以信赖感，使穷人被动或主动地服从于为他们制定的各种规章制度，同时在所有其他方面安心在上层阶级的保护下不闻不问国事，过太太平平的日子。根据这种理论（该理论也适用于男人和女人之间的关系），富人和穷人之间的关系只应部分是命令式的，应是融洽的、合乎道德的、富有感情的，一方给予慈爱和保护，另一方感恩戴德，表示尊敬和服从。富人应是穷人的父母，像教导和管束孩子那样教导和管束穷人。穷人方面不应有自发行动，他们只要每天干活、品行端正、信仰宗教就行了。他们的道德和宗教应由上层阶级规定，上层阶级负责使他们受到应有的教育，确保他们的劳动和服从得到适当报偿，在衣、食、住以及精神和娱乐方面都得到适当的照顾。

穆勒注意到，这种事务状态是预定用于这样一个时期的：在这一时期，"无法律的暴力行为和不安全感"可能广泛存在，而且当劳动阶级感到更安全并获得了某种社会立足点尤其是读写能力的时候，它将不再是必需的。他继续写道：

雇主与工人的关系将逐渐为合伙关系所取代。这种合伙关系将采取以下两种形式中的一种：在某些情况下，是劳动者与资本家合伙经营；在另外一些情况下，而且也许最终将是劳动者之间的合伙经营。

人们早就在进行第一种形式的合伙经营了，当然这不是普遍现象，而只是例外。各工业部门已有这样的事例，即：凡是对企业做出贡献的人，不论是用劳动还是金钱做出这种贡献，都按其贡献的大小，像合伙人那样享有企业的股权。用利润的一定百分比奖励受到特别信赖的人，已成为惯例；这一原则有时推广应用于体力劳动者阶级也获得了极大成功。

然而，如果人类不断进步的话，则应该预料到，最终占统治地位的合伙经营方式，将不是作为主人的资本家和没有管理权的工人之间的合伙经营，而是劳动者自己在平等基础之上的合伙经营，即工人共同拥有企业的资本，经理由工人选举产生并可由工人罢免。……只要这种思想停留在理论状态，合作运动的不断发展使我们可以预料，工业的总生产能力将获得很大提高。工业生产能力之所以会提高，是由于以下两个原因。首先，销售者阶级的人数将有所减少而保持在较为适当的水平上。销售者不是生产者,而是生产的辅助人员。现在销售者的人数过多,远远超过了资本家的收益所能负担的程度,正是由于这一原因,所生产出来的很大一部分财富没有落入生产者手中。……

合作运动还将以另外一种方式更有效地促进生产力的提高,那就是合作运动将极大地刺激劳动者的生产干劲,因为它将使全体劳动者跟他们所做的工作发生密切关系,他们将用最大的努力而不是尽量少的努力来换取自己的报酬,这将成为他们的行为准则,同时也是他们的利益所在——而现在的情况则不是这样。由此而带来的物质利益,无论怎样评价都不过分,但这种物质利益却是无法跟随之而来的社会道德革命相比拟的:资本和劳动之间的长期不合将被消除;人类的生活将不再是各阶级为了谋取彼此对立的利益而展开的争斗,而将成为追求共同利益的友好竞争;劳动的尊严将得到提高,劳动阶级将具有安全感和独立感,每个人的日常工作将变为对社会同情心和实用智慧的培养。……

然而,当合作社增加到足够多时,除了最没有出息的工人外,哪个工人都不会再愿意终生仅仅为了工资而工作,无论是私人资本家还是合作社都会渐渐发觉,必须使所有劳动者都成为利润分享者。最终,在也许比人们的想象要近的将来,通过合作原则,我们也许将能变革社会。在变革后的社会中,个人的自由和独立将跟集体生产在道德、智力和节约等方面的优势结合在一起,而且用不着采用暴力或掠夺方式,甚至也不突然打乱既有的习惯和期望,就会结束社会分为勤劳者和懒惰者的状态,就会消除所有社会差别,而只保留通过个人努力正当获得的社会地位,从而至少在工业部门实现民主精神的最美好愿望。

随着这种变革的进行,资本的所有者将逐渐发觉,他们的利益所在不是与最低劣的工人一起维护旧制度,而是把资本借给协会,并不断降低利率,最后甚至把资本换成定期年金。通过这种或与此相类似的方式,现存资本最终将正当地、自然而然地变成所有工人的共同财产,由此而实现的转变(当然假定男子和女子平等地享有协会的权利,平等地参与协会的管理)将是实现社会正义的最简便途径,同时也是眼下所能想象出来的、最有利于普遍利益的对工业事务的安排。

于是,我们得到的是一幅关于从金字塔式的等级社会逐渐重建为一种社会各阶级的联合的素描。这样一种转变在今天看来肯定是完全不现实的。然而,值得

谨记的是曾几何时，在第二次世界大战后的时代，瑞典工业的某种此类合作化似乎近在咫尺，触手可及。或许，如果条件改变，这一图景至少在某些国家可能会再次出现。不论现实与否，穆勒所给予我们的，是在社会想象方面一个非同寻常的演练。因为，这转变本身最终取决于静止状态的降临，在那种静止状态下，利润将遭受沉重的压力。否则，雇主为什么受诱惑而把企业盘给他们的工人，而不顾他们的年金多么丰厚？就这样，穆勒把静止状态从一个令人忧虑的社会动态终点，替换成一种可能的社会进步暂存区域。与马克思——他的作品我们将在下一步讨论——不同，激进的社会变革被预见为一种和平的进程。

只剩下一个重要的元素要补充进文内文了。工人合作社的出现将是一个缓慢而悠长的过程。与此同时，某种类似于当今资本主义状态的东西有可能延续，利润压力时不时地因"贸易的惊厥"、廉价机器的输入以及新型农业机械的出现而得到缓解。

那么，在缓慢成熟的资本主义的这个时期——而且实际上在其后的工人合作社的新兴社会里，政府的角色将是什么呢？尤其是，政府将怎样介入私人部门，它将怎样正当使用那些能够影响社会经济事务的方向的调节手段或其他手段呢？

在这里，我们发现穆勒直接提出了一个堪称位于当代事务的核心的问题，工人合作社不在此列。因此，我们转向《原理》的最后一章吧！

第十一章　论自由放任或不干预原则的依据和局限

首先，我们应区分两种政府干预，这两种干预虽然都与同一问题有关，但所具有的性质和所带来的结果却有很大的不同。政府干预可以扩展到对个人自由加以限制。政府可以禁止所有人做某些事情，或规定没有它的允许就不能做某些事情；也可以规定所有人必须做某些事情，或规定必须以某种方式做那些可做可不做的事情。这就是所谓命令式的政府干预。还有另外一种干预，可以称为非命令式的，也就是说，政府不发布命令或法令，而是给予劝告和传播信息，这是一种政府本来可以加以广泛利用但实际上却很少采用的方法；或者，政府允许个人自由地以自己的方式追求具有普遍利益的目标，不干预他们，但并不是把事情完全交给个人去做，而是也设立自己的机构来做同样的事情。因此，设立国教是一回事，不宽容其他宗教或不信仰宗教的人则是另一回事。建立中小学或大学是一回事，规定所有教师都必须得到政府批准则是另一回事。政府可以建立国家银行或官办工厂，但它们并不垄断银行业或制造业，除官办的外，还有私营银行或工厂。政府可以设立邮政局，但并不禁用其他方式投递信件。政府可以有自己的土木工程师队伍，但也允许人们自由从事土木工程师这一职业。政府可以建立公立医院，但并不限制私人开业行医。

无论我们信奉什么样的社会联合理论，也无论我们生活在什么制度下，每个人都享有一个活动范围，这一范围是政府不应加以侵犯的，无论是一个人的政府、少数人的政府，还是多数人的政府，都不应对其加以侵犯。每一个已经成年的人，都应有一部分生活不受任何其他人或公众全体的控制。只要是稍许尊重人类自由和尊严的人都不会怀疑，人类生活中确实应该有这样一种受到保护的、不受干预的神圣空间。需要加以确定的只是，界限应该划在哪里，这种保留地应包括多大的生活范围。我认为，一切只与个人内部和外部生活有关，不影响他人利益或只是通过道德示范作用影响他人的那些部分，都应包括在内。我认为，在内心意识即思想和感情领域，以及在只涉及个人，也就是说不影响他人，或至少不会给他人带来痛苦或害处的外部行为领域，应允许所有人，特别是允许那些有思想、有教养的人，尽管发表关于善恶美丑的意见，只是不允许用非法的胁迫手段或法律手段强迫他人附同。

即使就影响他人利益的那部分行为来说，那些主张用法律禁止这类行为的人，也总是有义务讲明理由。仅仅推测这类行为会损害他人，并不能成为法律干预个人自由的理由。使人不能做自己想做的事，或不能根据自己的意愿行事，不仅总是使人不痛快，而且还常常甚至会妨碍身心方面的某些感觉或行动机能的发展；如果个人的良心遭受法律的限制，不能自由发展，那它在或大或小的程度上就会陷入受奴役的状态。除非绝对必要，除非能被一般人所接受，除非一般人已经相信或能够使他们相信，所禁止的事情是他们应该痛恨的事情，否则，不管能带来多大的好处，也没有理由颁布禁令。

不限制个人自由的政府干预情形则有所不同。当政府想办法达到某一目的，而又允许个人采用他们认为更好的其他方法达到这一目的时，自由便没有受到侵犯，也没有对自由施加令人讨厌又使人堕落的限制。在这种情况下，反对政府干预的主要理由之一也就不复存在了。不过，在政府的几乎所有干预活动中，有一件事情是强制性的，那就是政府必须有经费才能进行干预。而经费则来自税收；或者即使来自公共财产，它们仍然是强制课税的原因，因为如果把公共财产的年收益卖掉，便可以免除一部分赋税。与此同时，为了防止逃税漏税，必须花很多钱采取预防措施和实行严厉的限制，由此几乎总是大大加重了强制性赋税所固有的那些缺陷。

我们可以看到，这是对自由原则的重申——我们就是从自由开始研究穆勒的，因而不足为怪的是，这章在对特殊情况作了某些探讨之后，得出结论说，"自由放任……应该是一般原则；除非某种巨大利益要求违背之，否则违背这一原则必然会带来弊害"。然而，我们只需要翻过这章的几页，便可发现对这"一般原则"的例外情形。实际上，有十六种例外情形，前面几种无关痛痒，但最后两种肯定不是。且让我们依次看一看它们。

1. 消费者不能鉴别商品的各种情形：所讨论的情形令我们感到吃惊——令我们吃惊的不是"为了消费者的使用而生产的物质对象"。关于这些，穆勒说，"消费者一般说来是最好的鉴别者"，尽管他补充说，"甚至在这方面也并非完全如此"。而是"那些主要用来提高人类素质的东西"，而在这方面，主要的例子是教育。由此，穆勒推断：

> 所以我认为，政府有义务弥补这一缺陷，资助初等教育，以使穷人家的所有孩子能够免费或以微不足道的费用接受初等教育。

2. 一些人可以对另一些人行使权力的情形。以下是对儿童以及动物的保护：

试从政治经济学这一特殊领域举一个例子来加以说明。毫无疑问，只要国家照看得到，就应保护少年儿童，禁止雇用他们做过于繁重的工作。之所以应禁止少年儿童劳动的时间过长或劳动强度过大，是因为如果不加以禁止的话，他们就总是被强制这样去做。就儿童来说，签约自由无异于强制自由，教育也是一个例

子。不应允许父母或亲属由于漠不关心、嫉妒或贪婪而使儿童得不到他们可能得到的最好教育。

那些为保护儿童的利益而在法律上进行干预的理由，也同样适用于那些不幸的奴隶和受人类虐待的低等动物。对于虐待这些没有防御能力的人和动物的行为，政府有时予以惩戒，一些人由于极其严重地误解了自由原则，而认为政府这样做超出了其权限，是对家庭生活的干预。实际上，家庭暴君所控制的家庭生活，正是最迫切地需要法律加以干预的事情之一。令人遗憾的是，人们对政府权力的性质与由来的模糊认识，竟使许多热心支持运用法律武器来惩治虐待动物的行为的人，不是在事情本身的是非曲直中寻找制定这种法律的理由，而是认为，之所以要制定这种法律，是因为一旦养成了虐待动物的残忍习惯，人类的利益也会受到损害。

现在，我们来到了清单的末尾。这些例外情形即使以殖民地开拓开始也没什么害处。积极本着他那个时代的精神，穆勒主张政府必须为尚未发展出我们当今技术和知识的人民发挥一种守护人的作用；而且，他更无懈可击地从这一点转到对"地理或科学考察航行"的支持。然后，突然之间，我们看到了一个惊人的转变。这位以"违背放任自由原则必然会带来弊害"的原则为起点的自由主义者，却以关于某种政府的大胆想象而告终：这种政府在许多方面信奉着现代福利国家的信条。

在这里，我们必须阅读原文本身：

一般可以这样说，无论什么事情，如果为了人类或子孙后代的一般利益是应该做的，或如果为了那些需要他人帮助的社会成员的当前利益是应该做的，而个人或私人团体做这种事情又不会得到报酬，那么就宜于由政府做这种事情。不过，在做这种事情以前，政府应该想一想，这种事情是否有可能依据所谓自愿原则由私人去做，如果有这种可能，政府又是否有可能比充满热情而又乐于解囊相助的私人更好、更有效地做这种事情。

然而，这仍不是最后的终曲。在第16种情形中，他考察了"私人机构"缺

乏，因而政府必须承担起相应工作的事例。

社会事务最好是由私人自愿地去做。然而，应该补充一句，政府干预实际上并非无论如何不能超出其固有的适用范围。在某一时期或某一国家的特殊情况下，那些真正关系到全体利益的事情，只要私人不愿意做（而并非不能高效率地做），就应该而且也必须由政府来做。有时在某些地方，道路、码头、港口、运河、灌溉设施、医院、大中小学、印刷厂等等，如果政府不出面建设，也就没有人去建设，因为民众太穷了，拿不出所需要的钱，或知识水平太低，看不出这样做的好处，或联合行动的经验不足，无法共同举办这样的事情。所有专制国家的情形都或多或少是这样，下述这样一些国家的情形尤其是这样，在这些国家，国民与政府就所达到的文明程度来说存在着很大差距，例如那些被更富有活力、更加文明的国家所征服和统治的国家。

在世界的许多地方，凡是需要投入大量财力，需要采取联合行动的事情，人民都无法去做；这些事情如果政府不去做，就没有人会去做。在这种情况下，政府如果真心要最大限度地增进国民的幸福，就应承担起人民无力做的事情，而且在这样做时，应注意不要加重人民的这种无能为力的状态，不要使人民永远处于这种状态，而应想方设法去消除这种状态。好的政府在提供帮助时会鼓励和培养它所看到的任何一点自立精神，会不懈地消除有碍于个人发挥主动精神的各种障碍，会全力向个人提供必要的便利和指导，会尽力运用自己的财力帮助个人发挥主动性，而不是压抑个人的主动性，而且会利用各种奖励和荣誉制度来诱发个人的主动性，假如政府提供帮助仅仅是由于个人缺乏主动性，那这种帮助就应尽量发挥示范作用，告诉人们如何依靠个人努力和自愿合作来达到伟大的目标。

在政府的各项职能中，大家都认为必不可少的一项职能是：禁止个人在行使自己的自由权利时明显侵害他人利益，并惩罚这种行为，不论这种侵害是使用暴力或欺诈手段造成的，还是由于疏忽大意造成的。我不认为在这里有必要特别强调这一职能。即使目前所建立的最好的社会，也仍然要花费精力和才能来阻止人们相互侵害，想到这一点，就不禁令人感慨万千。政府应该把这种极大的浪费减少到最低限度，采取措施把人类现在用来相互侵害或用来保护自己不受侵害的力量用于正道，即用来征服自然，使其在物质和精神两方面日益造福于人类。

对于这种把道德判断和经济分析结合起来的非凡尝试,需要给出某种总结性的评价吗?我认为不必。穆勒所表达的,不是说给当今世界听的——这对于我们来说太糟了,而是一种人们希望将在未来的某个时候能从中找到共鸣的声音。

四 卡尔·马克思

卡尔·马克思

(1818—1883年)

卡尔·马克思及其毕生的朋友和合作者弗里德里希·恩格斯共撰写了40卷著作，每卷篇幅700~1000页。我在这里最多能容纳其中的千分之一，这是一种令人望而却步的状况，对此我将答复如下。首先，没有任何空间容纳许多具有伟大历史意义的文献，譬如精妙绝伦的历史类短文《1848年至1850年的法国阶级斗争》或《路易·波拿巴的雾月十八日》以及许多的哲学类文章。所有这些对于研究马克思虽属必不可少，但对于评价其经济学却非如此。鉴于此，我们必须转向《资本论》，这是他的为大家公认的杰作。《资本论》的主要三卷合计超过2500页，还不计增补的三卷本《剩余价值论》。①

在这种情况下，我的起始点就是预先注定的了：必须是《资本论》的第一章，更准确地说，是处处晦涩难懂但始终不同寻常的超长一章的部分内容。

第一章 商品

资本主义生产方式占统治地位的社会的财富，表现为"庞大的商品堆积"，单个的商品表现为这种财富的元素形式。因此，我们的研究就从分析商品开始。

商品首先是一个外界的对象，一个靠自己的属性来满足人的某种需要的物。这种需要的性质如何，例如是由胃产生还是由幻想产生，是与问题无关的。这里

---

① 卡尔·马克思，《资本论·政治经济学批判》，纽约：兰登书屋公司，古典书局，1977年。像前面一样，我省略了大量的经常是长长的和有趣的脚注，并添加了分隔行。为便于查阅，请参看《马克思－恩格斯读本》，第二版，罗伯特·塔克尔编，纽约：W. W. 诺顿出版社，1978年，第302页及其后。

的问题也不在于物怎样来满足人的需要,是作为生活资料即消费品来直接满足,还是作为生产资料来间接满足。

每一种有用物,如铁、纸等等,都可以从质和量两个角度来考察。每一种这样的物都是许多属性的总和,因此可以在不同的方面有用。发现这些不同的方面,从而发现物的多种使用方式,是历史的事情。为有用物的量找到社会尺度,也是这样。商品尺度之所以不同,部分是由于被计量的物的性质不同,部分是由于约定俗成。

物的有用性使物成为使用价值。但这种有用性不是悬在空中的,它决定于商品体的属性,离开了商品体就不存在。因此,商品体本身,例如铁、小麦、金刚石等等,就是使用价值,或财物。商品体的这种性质,跟人们取得它的使用属性所耗费的劳动的多少没有关系。在考察使用价值时,总是以它们有一定的量为前提,如几打表、几码布、几吨铁等等。商品的使用价值为商品学这门学科提供材料。使用价值只是在使用或消费中得到实现。不论财富的社会形式如何,使用价值总是构成财富的物质内容。在我们所要考察的社会形式中,使用价值同时又是交换价值的物质承担者。

交换价值首先表现为一种使用价值同另一种使用价值相交换的量的关系或比例,这个比例随着时间和地点的不同而不断改变。因此,交换价值好像是一种偶然的、纯粹相对的东西,也就是说,商品固有的、内在的交换价值似乎是一个形容词的矛盾。现在我们进一步考察这个问题……

我们拿两种商品例如小麦和铁来说。不管二者的交换比例怎样,总是可以用一个等式来表示:一定量的小麦等于若干量的铁,如 1 夸脱小麦 = x 英担(译注:1 英担 = 1/20 吨,以下同。)铁。这个等式说明什么呢?它说明在两种不同的物里面,即在 1 夸脱小麦和 x 英担铁里面,有一种等量的共同的东西。因而这二者都等于第三种东西,后者本身既不是第一种物,也不是第二种物。这样,二者中的每一个只要是交换价值,就必定能化为这第三种东西。

这种共同的"东西"不可能是商品的几何的、物理的、化学的或其他的天然属性。商品的这类属性只是就它们使商品有用,从而使商品成为使用价值来说,才加以考虑。但是很清楚,商品交换关系的明显特点,正在于抽去商品的使用价值。

引用自 17 世纪小册子作者尼古拉·巴尔本的《新币轻铸论：答洛克先生关于提高货币价值的意见》，马克思写道："价值 100 镑的铅或铁与价值 100 镑的银和金具有相等的交换价值。"① 那么，交换价值将必然化为最终的物是什么呢？我们并不奇怪地发现它就是劳动；斯密已经相信劳动在人类的早期阶段，在土地成为私人所有且资本首次出现之前，就是价值的唯一源泉。李嘉图更胜斯密一筹，他将土地排除在考虑之外，因为正如我们已经见到的，土地只是价值的索取者，而不是价值的源泉。李嘉图同样把资本的贡献降低到"百分之六七"，他相信这是资本所要求的最低利润率，这导致已故的诺贝尔奖获得者乔治·斯蒂格勒称李嘉图的表述为"93%的劳动价值论"。② 但马克思一路走了下去：

如果我们撇开对商品体使用价值的考虑，商品体就只剩下一个属性，即劳动产品这个属性了。可是，甚至劳动产品本身在我们手里也已经起了变化。如果我们抽去劳动产品的使用价值，那么也就是抽去那些使劳动产品成为使用价值的物质组成部分和形式。它们不再是桌子、房屋、纱或别的什么有用物。它们的一切可以感觉到的属性都消失了。它们也不再是木匠劳动、瓦匠劳动、纺纱劳动，或其他某种一定的生产劳动的产品了。随着劳动产品的有用性质的消失，体现在劳动产品中的各种劳动的有用性质也消失了，因而这些劳动的各种具体形式也消失了。各种劳动不再有什么差别，全都化为相同的人类劳动，抽象的人类劳动。

正是这最后的用语——"抽象的"，决定性地把马克思跟李嘉图区分开来，或者跟他更久远的前辈，例如亚里士多德区分开来。我们应该记得，亚里士多德也把劳动确定为交换的重要共同性质。因为，被马克思给予了如此特殊强调的"抽象"劳动，使他能够看出，交换中的劳动不同于活劳动。区别在于，抽象劳动变成了一种被称为劳动力的商品；而一件商品，正如我们接下来将会看到的，

---

① 马克思，《资本论·政治经济学批判》，纽约：兰登书屋公司，1977 年，第 127–128 页。
② 乔治·约瑟夫·斯蒂格勒，《经济学史论文集》，芝加哥：芝加哥大学出版社，1965 年，第 6 章。

是一种非常特殊的东西。实际上，就被称为劳动力的商品来说，它造就了一个被马克思称之为"拜物教"的奇怪错觉：

商品的拜物教性质及其秘密

乍一看，商品好像是一种很简单很平凡的东西。对商品的分析表明，它却是一种很古怪的东西，充满形而上学的微妙和神学的怪诞。商品就它是使用价值来说，不论从它靠自己的属性来满足人的需要这个角度来考察，还是从它作为人类劳动的产品才具有这些属性这个角度来考察，都没有什么神秘的地方。很明显，人通过自己的活动按照对自己有用的方式来改变自然物质的形态。例如，用木头做桌子，木头的形状就改变了。可是桌子还是木头，还是一个可以感知的普通物。但是桌子一旦作为商品出现，就变成一个可感觉而又超感觉的物了。它不仅用它的脚站在地上，而且在对其他一切商品的关系上用头倒立着，从它的木脑袋里生出比它"自动跳舞"还奇怪得多的狂想。

可见，商品的神秘性质不是来源于商品的使用价值。同样，这种神秘性质也不是来源于价值规定的内容。因为，第一，不管有用劳动或生产活动怎样不同，它们都是人体的机能，而每一种这样的机能不管内容和形式如何，实质上都是人的脑、神经、肌肉、感官等等的耗费。这是一个生理学事实。第二，说到作为决定价值量的基础的东西，即这种耗费的持续时间或劳动量，那么，劳动的量可以十分明显地同劳动的质区别开来。在一切社会状态下，人们对生产生活资料所耗费的劳动时间必然是关心的，虽然在不同的发展阶段所关心的程度不同。最后，一旦人们以某种方式彼此为对方劳动，他们的劳动也就取得了社会的形式。

可是，劳动产品一采取商品形式就具有的谜一般的性质究竟是从何而来呢？显然是从这种形式本身来的。人类劳动的等同性，取得了劳动产品的等同的价值对象性这种物的形式；用劳动的持续时间来计量的人类劳动力的耗费，取得了劳动产品的价值量的形式；最后，劳动的那些社会规定借以实现的生产者关系，取得了劳动产品的社会关系的形式……

因此，商品形式的奥秘不过在于：商品形式在人们面前把人们本身劳动的社会性质反映成劳动产品本身的物的性质，反映成这些物的天然的社会属性，从而把生产者同总劳动的社会关系反映成存在于生产者之外的物与物之间的社会关系。由于这种转换，劳动产品成了商品，成了可感觉而又超感觉的物或社会的物。正如一物在视神经中留下的光的印象，不是表现为视神经本身的主观兴奋，而是表现为眼睛外面的物的客观形式。但是在视觉活动中，光确实从一物射到另一物，即从外界对象射入眼睛。这是物理的物之间的物理关系。

但商品就不同了。商品形式和它借以得到表现的劳动产品的价值关系，是同劳动产品的物理性质以及由此产生的物的关系完全无关的。这只是人们之间一定的社会关系，但它在人们面前采取了物与物的关系的虚幻形式。因此，要找一个比喻，我们就得逃到宗教世界的幻境中去。在那里，人脑的产物表现为被赋予了生命的、彼此发生关系并同人发生关系的独立存在的东西。在商品世界里，人手的产物也是这样。我把这叫做拜物教。劳动产品一旦作为商品来生产，就带上拜物教性质，因此拜物教是同商品生产分不开的。

———

在辨别出人们这种认为商品的交换价值——包括那个关键商品，劳动力——包含了超出纯粹的人类决心之外的力量的古怪倾向之后，马克思把注意力转向了他所考察的社会一个甚至更神秘化的方面，这就是资本要素，它如此重要，以致这社会秩序都以它命名。资本在马克思看来不只是一个就像机器甚或金钱那样的物，资本是一道工序，或更精确地说是一个落脚点，是一个不断进行的寻求资本价值增殖的过程中的一个"时刻"。下面才真正是资本的"秘密"，我们现在加以考察。

———

资本的总公式

商品流通是资本的起点。商品生产和发达的商品流通，即贸易，是资本由以产生的历史前提。世界贸易和世界市场在十六世纪揭开了资本的近代生活史。

如果撇开商品流通的物质内容，撇开各种使用价值的交换，只考察这一过程所产生的经济形式，我们就会发现，货币是这一过程的最后产物。商品流通的这个最后产物是资本的最初的表现形式。

资本在历史上起初到处是以货币形式，作为货币财产，作为商人资本和高利贷资本，与地产相对立。然而，为了认识货币是资本的最初表现形式，不必回顾资本由以产生的历史。这个历史每天都在我们眼前重演。现在每一个新资本最初仍然是作为货币出现在舞台上，也就是出现在市场——商品市场、劳动市场或货币市场上，经过一定的过程，这个货币就转化为资本。

作为货币的货币和作为资本的货币的区别，首先只是在于它们具有不同的流通形式。

商品流通的直接形式是 C—W—C，商品转化为货币，货币再转化为商品，为买而卖。但除这一形式外，我们还看到具有不同特点的另一形式 M—C—M，货币转化为商品，商品再转化为货币，为卖而买。在运动中通过后一种流通的货币转化为资本，成为资本，而且按它的使命来说，已经是资本……简单商品流通——为买而卖——是达到流通以外的最终目的，占有使用价值，满足需要的手段。相反，作为资本的货币的流通本身就是目的，因为只是在这个不断更新的运动中才有价值的增殖。因此，资本的运动是没有限度的……

作为这一运动的有意识的承担者，货币所有者变成了资本家。他这个人，或不如说他的钱袋，是货币的出发点和复归点。价值增殖作为这种流通——M—C—M——的客观基础和主要源泉，变成了他的主观目的；只有在越来越多地占有抽象财富成为他的活动的唯一动机时，他才作为资本家或作为人格化的、有意志和意识的资本执行职能。因此，绝不能把使用价值看作资本家的直接目的。他的目的也不是取得一次利润，而只是谋取利润的无休止的运动。这种绝对的致富欲，这种价值追逐狂，是资本家和货币贮藏者所共有的，不过货币贮藏者是发狂的资本家，资本家是理智的货币贮藏者。货币贮藏者竭力把货币从流通中拯救出来，以谋求价值的无休止的增殖，而精明的资本家不断地把货币重新投入流通，却达到了这一目的。

因此，价值成了处于过程中的价值，成了处于过程中的货币，从而也就成了资本。它离开流通，又进入流通，在流通中保存自己，扩大自己，扩大以后又从流通中来，并且不断重新开始同样的循环。M—M′，生出货币的货币——资本的最初解释者重商主义者就是这样来描绘资本的。

为卖而买，或者说得完整些，为了贵卖而买，即 M—C—M′，似乎只是一种资本即商人资本所特有的形式。但产业资本也是这样一种货币，它转化为商品，然后通过商品的出售再转化为更多的货币。在买和卖的间歇，即在流通领域以外发生的行为，丝毫不会改变这种运动形式。最后，在生息资本的场合，M—C—M的流通简化地表现为没有中介的结果，表现为一种简练的形式，M—M′，表现为等于更多货币的货币，比本身价值更大的价值。

因此，M—C—M事实上是直接在流通领域内表现出来的资本的总公式。

―――――

马克思现在对处于能量不断集聚状态的系统作了一番描述，因为每个拥有M的人都寻求购买C，然后通过出售，产生更大的M′。但如果说这描述展现了一个策略的话，那么它也呈现了一个巨大的障碍。因为马克思现在指出，M依靠本身并不能变成M′："因为货币……它就凝固为价值量不变的化石了。""同样，"他继续写道，"在流通的第二个行为即商品的再出售上，也不可能发生这种变化，因为这一行为只是使商品从自然形式再转化为货币形式。"

当然，马克思的意思并不是说，我们不能偶然地买入并卖出获利。但这时，我们的利润是另一个人的损失。我们必须证明的是，制度作为一个整体能够给那些开始M—C—M过程的人——即资本家——产生利润。那么，这怎么能够发生呢？且让我们看一看，马克思在充满激情的第六章——容易读懂而且绝对是重中之重，对这件事是怎么说的吧。

―――――

劳动力的买和卖

因此，这种变化必定发生在第一个行为M—C中所购买的商品上，但不是发生在这种商品的价值上，因为互相交换的是等价物，商品是按它的价值支付的。因此，这种变化只能从这种商品的使用价值本身，即从这种商品的使用上产生。要从商品的使用上取得价值，我们的货币所有者就必须幸运地在流通领域内即在市场上发现这样一种商品，它的使用价值本身具有成为价值源泉的特殊属性，因此，它的实际使用本身就是劳动的物化，从而是价值的创造。货币所有者在市场上找到了这种特殊商品，这就是劳动能力或劳动力。

我们把劳动力或劳动能力，理解为人的身体即活的人体中存在的、每当人生产某种使用价值时就运用的体力和智力的总和。

但是,货币所有者要在市场上找到作为商品的劳动力,必须存在各种条件。商品交换本身除了包含由它自己的性质所产生的从属关系以外,不包含任何其他从属关系。在这种前提下,劳动力只有而且只是因为被它自己的所有者即有劳动力的人当作商品出售或出卖,才能作为商品出现在市场上。劳动力所有者要把劳动力当作商品出卖,他就必须能够支配它,从而必须是自己的劳动能力、自己人身的自由的所有者。劳动力所有者和货币所有者在市场上相遇,彼此作为身份平等的商品所有者发生关系,所不同的只是一个是买者,一个是卖者,因此双方是在法律上平等的人。这种关系要保持下去,劳动力所有者就必须始终把劳动力只出卖一定时间,因为他要是把劳动力一下子全部卖光,他就出卖了自己,就从自由人变成了奴隶,从商品所有者变成了商品。他作为人,必须总是把自己的劳动力当作自己的财产,从而当作自己的商品。而要做到这一点,他必须始终让买者只是在一定期限内暂时支配他的劳动力,使用他的劳动力,就是说,他在让渡自己的劳动力时不放弃自己对它的所有权。

货币所有者要在市场上找到作为商品的劳动力,第二个基本条件就是:劳动力所有者没有可能出卖有自己的劳动物化在内的商品,而不得不把只存在于他的活的身体中的劳动力本身当作商品出卖。

可见,货币所有者要把货币转化为资本,就必须在商品市场上找到自由的工人。这里所说的自由,具有双重意义:一方面,工人是自由人,能够把自己的劳动力当作自己的商品来支配;另一方面,他没有别的商品可以出卖,自由得一无所有,没有任何实现自己的劳动力所必需的东西。

至于为什么这个自由工人在流通领域中跟货币所有者相遇,货币所有者对这个问题是不感兴趣的,他把劳动市场看作是商品市场的一个特殊部门。我们目前对这个问题也不感兴趣。货币所有者是在实践上把握着这个事实,我们则是在理论上把握着这个事实。但是有一点是清楚的:自然界不是一方面造成货币所有者或商品所有者,而另一方面造成只是自己劳动力的所有者。这种关系既不是自然史上的关系,也不是一切历史时期所共有的社会关系。它本身显然是已往历史发展的结果,是许多次经济变革的产物,是一系列陈旧的社会生产形态灭亡的产物……因此,资本一经出现,就标志着社会生产过程的一个新时代。

现在我们必须更密切地考察这个特殊商品——劳动力。同一切其他商品一样，劳动力也具有价值。那么，这个价值是怎样决定的呢？

同任何其他商品的价值一样，劳动力的价值也是由生产从而再生产这种特殊物品所必需的劳动时间决定的。就劳动力代表价值来说，它本身只代表在它身上物化的一定量的社会平均劳动。劳动力只是作为活的个体的能力而存在。因此，劳动力的生产要以活的个体的存在为前提。假设个体已经存在，劳动力的生产就是这个个体本身的再生产或维持。活的个体要维持自己，需要有一定量的生活资料。因此，生产劳动力所需要的劳动时间，可化为生产这些生活资料所需要的劳动时间，或者说，劳动力的价值，就是维持劳动力所有者所需要的生活资料的价值。

但是，劳动力只有表现出来才能实现，只有在劳动中才能发挥出来。而劳动力的发挥即劳动，要耗费人一定量的肌肉、神经、脑等等，这些消耗必须重新得到补偿。

现在我们知道了，货币所有者付给劳动力这种特殊商品的所有者的价值是怎样决定的。货币所有者在交换中得到的使用价值，在劳动力的实际使用即消费过程中才表现出来。这个过程所必需的一切物品，如原料等等，是由货币所有者在商品市场上买来并且按十足的价格支付的。劳动力的消费，像任何其他商品的消费一样，是在市场以外，或者说在流通领域以外进行的。因此，让我们跟货币所有者和劳动力所有者一道，离开这个嘈杂的、表面的、有目共睹的领域，跟随他们两人进入门上挂着"非公莫入"牌子的隐蔽的生产场所吧！在那里，不仅可以看到资本是怎样进行生产的，还可以看到资本本身是怎样被生产出来的。赚钱的秘密最后一定会暴露出来。

劳动力的买和卖是在流通领域或商品交换领域的界限以内进行的，这个领域确实是天赋人权的真正乐园。那里占统治地位的只是自由、平等、所有权和边沁。① 自由！因为商品例如劳动力的买者和卖者，只取决于自己的自由意志。他们是作为自由的、在法律上平等的人缔结契约的。契约是他们的意志借以得到共同的法律表现的最后结果。平等！因为他们彼此只是作为商品所有者发生关系，

---

① 我们将在下章深入研究边沁。

用等价物交换等价物。所有权！因为他们都只支配自己的东西。边沁！因为双方都只顾自己。使他们连在一起并发生关系的唯一力量，是利己心，即每个人的收益和私人利益。人人只顾自己，谁也不管别人。大家都是在事物的预定的和谐下，或者说，在全能的神的保佑下，在看不见的手的指引下，完成着互惠互利、共同有益、全体有利的事业。

———————

马克思写作时的悲痛和愤怒在上面的最后一段得到充分的展示。但马克思作为一位世俗哲学家——而且他无疑与其他具有迥异政治价值观的哲学家同列名人堂——的伟大，并不在于他的谩骂抨击能力，而在于他非凡的分析穿透力。我们可以在下面摘自著名的第七章的原文中看到这种能力最出色的展示。在这里，马克思证明了，一旦人们进一步研究了劳动力这一最重要的特殊商品的特殊性质，资本扩张的过程就有了一个简单的解释。

———————

关于剩余价值的生产

资本家是为了使用而购买劳动力的，劳动力的使用就是劳动本身。劳动力的买者消费劳动力，就是叫劳动力的卖者劳动。劳动力的卖者也就由此在实际上成为按劳动力的买者的意愿发挥作用的劳动力，成为工人，而在此以前，他只不过在可能性上是工人，是没有身份的人。为了把自己的劳动表现在商品中，他必须首先把它表现在使用价值中，表现在能满足某种需要的物中。因此，资本家要工人制造的是某种特殊的使用价值，是一定的物品。虽然使用价值或财物的生产是为了资本家，并且是在资本家的监督下进行的，但是这并不改变这种生产的一般性质。所以，劳动过程首先要撇开各种特定的社会形式来加以考察。

首先，劳动是人和自然所参与的一个过程，在这一过程中，人以自身的活动来引起、调整和控制人和自然之间的物质变换。人自身作为一种自然力与自然物质相对立。为了在对自身生活有用的形式上占有自然物质，人就使他身上的自然力——臂和腿、头和手运动起来。当他通过这种运动作用于他身外的自然并改变自然时，也就同时改变他自身的自然。他使自身的自然中沉睡着的潜力发挥出来，并且使这种力的活动受他自己控制。在这里，我们不谈最初的动物式的本能的劳动形式。现在，工人是作为他自己的劳动力的卖者出现在商品市场上。对于这种状态来说，人类劳动尚未摆脱最初的本能形式的状态已经是太古时代的事了。我们要考察的是专属于人的劳动。蜘蛛的活动与织工的活动相似，蜜蜂建筑蜂房的本领使人间的许多建筑师感到惭愧。但是，最蹩脚的建筑师从一开始就比最灵巧的蜜蜂高明的地方，是他在用蜂蜡建筑蜂房以前，已经在自己的头脑中把它建成了。劳动过程结束时得到的结果，在这个过程开始时就已经在劳动者的表象中存在着，即已经观念地存在着。他不仅使自然物发生形式变化，同时他还在自然物中实现自己的目的，这个目的是他所知道的，是作为规律决定着他的活动的方式和方法的，他必须使他的意志服从这个目的。但是这种服从不是孤立的行为。除了从事劳动的那些器官紧张之外，在整个劳动时间内还需要有作为注意力表现出来的有目的的意志，而且，劳动的内容及其方式和方法越是不能吸引劳动者，劳动者越是不能把劳动当作他自己体力和智力的活动来享受，就越需要这种意志……

我们再回头来谈我们那位未来的资本家吧。我们离开他时，他已经在商品市场上购买了劳动过程所需要的一切因素：物的因素和人的因素，即生产资料和劳动力。他用内行的狡黠眼光物色到了适合于他的特殊行业（如纺纱、制靴等等）的生产资料和劳动力。于是，我们的资本家就着手消费他购买的商品，劳动力；就是说，让劳动力的承担者——工人，通过自己的劳动来消费生产资料。当然，劳动过程的一般性质并不因为工人是为资本家劳动而不是为自己劳动就发生变化。制靴或纺纱的特定方式和方法起初也不会因资本家的插手就发生变化。起初，资本家在市场上找到什么样的劳动力就得使用什么样的劳动力，因而劳动在还没有资本家的时期是怎样的，资本家就得采用怎样的劳动。由劳动从属于资本而引起的生产方式本身的变化，以后才能发生，因而以后再来考察。

劳动过程，就它是资本家消费劳动力的过程来说，显示出两个特殊的现象。首先，工人在资本家的监督下劳动，他的劳动属于资本家。资本家进行监视，使劳动正常进行，使生产资料用得合乎目的，即原料不浪费，劳动工具得到爱惜，也就是使劳动工具的损坏只限于劳动使用上必要的程度。

其次，产品是资本家的所有物，而不是直接生产者工人的所有物。例如资本家支付劳动力一天的价值，于是，在这一天内，劳动力就像出租一天的任何其他商品（例如一匹马）一样，归资本家使用。商品由它的买者使用；劳动力的所有者提供他的劳动，实际上只是提供他已卖出的使用价值。从他进入资本家的工场时起，他的劳动力的使用价值，即劳动力的使用——劳动，就属于资本家了。资本家购买了劳动力，就把劳动本身当作活的酵母，并入同样属于他的各种形成产品的死的要素。从资本家的观点看来，劳动过程只是消费他所购买的劳动力商品，而他只有把生产资料加到劳动力上才能消费劳动力。劳动过程是资本家购买的各种物之间的过程，是归他所有的各种物之间的过程。因此，这个过程的产品归他所有，就好比他的酒窖内处于发酵过程的产品归他所有一样。

就在此刻，我们到了 M—W—M 过程中的关键时刻——利润产生的时刻。正如我们已经知道的，利润就在资本家对一定量的为劳动力所固有的价值的占有——这一定量的价值他并没有被强迫去支付。这未被支付的劳动，现在物化在某一将会以包含其价值的价格出售出去的商品或服务之中，它乃是利润的源泉——实际上就是那利润的化身。

这怎么能够发生呢？马克思的回答是，一天的劳动力的交换价值是"再生产"该劳动者的劳动能力所必需的生活资料的价值——常被称为他的最低生活工资，在这里，那同量劳动的使用价值就是那些已把该劳动物化于其中的商品的销售价格。因此，如果一个资本家能够购买一天的劳动，买入价低于他通过将劳动投入使用而能实现的货币，则这个交易中未被支付的劳动就将存在一个利润的源泉。这就是马克思所称的剩余价值，剩余价值是雇佣劳动制度中所固有的。

我们如果回想起斯密所说的话，就能更好地理解剩余价值了：斯密说，雇主需要劳动者的劳动的程度，就跟劳动者需要雇主的工资的程度一样，但雇主的需要没有劳动者那样迫切。（参见本书第 75 页）。马克思的分析中也是这样。也许，只需花上四个小时的劳动，就可以创造出为支付劳动者的工作而需要的价值。但劳动者签约受雇佣的时间比这四个小时长——或许长得多，因为他如果需要工作就别无选择。马克思是这么说的：

维持一个工人24小时的生活只需要半个工作日,这种情况并不妨碍工人劳动一整天。因此,劳动力的价值和劳动力在劳动过程中的价值增殖,是两个不同的量。资本家购买劳动力时,正是看中了这个价值差额。问题的关键!劳动力能制造棉纱或皮靴的有用属性,只是一个必要条件,因为劳动必须以有用的形式耗费,才能形成价值。但是,具有决定意义的,是这个商品独特的使用价值,即它不仅是价值的源泉,并且是大于它自身的价值的源泉。这就是资本家希望劳动力提供的独特的服务。在这里,他是按照商品交换的各个永恒规律行事的。事实上,劳动力的卖者,和任何别的商品的卖者一样,实现劳动力的交换价值而让渡劳动力的使用价值。他不交出后者,就不能取得前者。劳动力的使用价值即劳动本身不归它的卖者所有,正如已经卖出的油的使用价值不归油商所有一样。货币所有者支付了劳动力的日价值,因此,劳动力一天的使用即一天的劳动就归他所有。劳动力维持一天只费半个工作日,而劳动力却能劳动一整天,因此,劳动力使用一天所创造的价值比劳动力自身一天的价值大一倍。这种情况对买者是一种特别的幸运,对卖者也绝不是不公平。

因此,剩余价值的必要条件很清楚:一个人必须为一小时劳动支付的价格必须小于这一小时投入劳动时所能创造的价值。在马克思的书中,这一差额被解释为下述事实的结果:一个劳动者的生活资料成本将小于他的劳动产出的销售价值。当然,这一点至关重要地依赖于一个假设,即劳动者不处于与资本家在平等条件下讨价还价的位置。这个假设正如马克思充分意识到的那样,进而取决于劳资双方等待其报酬的相应能力。劳动者被假定没有什么储备,比如备用现金或其他地方提供更高工资的工作岗位,这些将使他们能够坚持要求与他们所生产的东西等价的工资,而不仅仅是足够他们维持生活的工资。相反,资本家则被认为有足够的储备,这使他们在签署一份预示着能从工人们的产出价值中大捞一笔的工资协议之前,能够等待相当长的时间。

用日常用语来表达它们就是,剩余价值论看起来是足够现实的,即使我们假定劳动大军是有组织的。当然,如果我们看一看在马克思时代英国工人阶级的状况,这一理论就大大增强了。

19世纪80年代初,弗里德里希·恩格斯,一个年轻的德国理想主义者,被他父亲,一位德国莱茵兰地区的制造商,打发到曼彻斯特,去学习生活中的经济常识。恩格斯忠心耿耿地履行着自己的职责,因此对他父亲来说,他表现得很好。但是在暗地里,他写了一本很尖锐的书《1844年的英国工人阶级状况》。之后不久,他遇到了年轻的理想主义者马克思,马克思当时是一份适度自由的报纸的主编,思想还不如恩格斯激进。两人很快成为亲密的朋友。当马克思和妻子1849年到国外避难时,当时已是英国一位成功商人的恩格斯,为他们提供了终生的支持。此外,两人还是亲密的合作者。马克思有些极有名的著作,包括1848年出版的《共产党宣言》,都是与恩格斯合著的,而且马克思很少写未经过他这位朋友严格评读的作品。

恩格斯关于英国工人阶级的报告在《资本论》第十章"工作日"中找到了共鸣,该章引用了报告中的大量材料。少许几页便可表达这整章的论调,这一章为前面章节关于剩余价值之存在和重要性的一般性论证提供了强有力的支持。

现在实行(1867年)的《1850年工厂法案》规定,一周平均每个工作日为10小时,即一周的前5天为12小时,从早晨6时至晚上6时,其中包括法定的半小时早饭时间和一小时午饭时间,做工时间净剩10.5小时;星期六为8小时,从早晨6时至午后2时,其中有半小时早饭时间。每周净剩60小时,其中前5天每天为10.5小时,星期六为7.5小时。为了监督法律的执行,设置了专门的工厂视察员,直属内务部,他们的报告由议会每半年公布一次。这些报告不断地提供关于资本家对剩余劳动的贪欲的官方统计材料。

让我们听一听这些工厂视察员的报告吧。"狡猾的工厂主在早晨6点前1刻就开工(有时早些有时晚些),晚上6点过1刻才收工(有时早些有时晚些)。他把名义上规定的半小时早饭时间前后各侵占5分钟,一小时午饭时间前后各侵占10分钟。星期六下午到2点过1刻才收工,有时稍早些,有时还要晚些。这样他就赚到:

早6时前	15分钟
晚6时后	15分钟
早饭	10分钟
午饭	20分钟
即60分钟/日，5日	共计：300分钟
星期六：早6时前	15分钟
早饭	10分钟
下午2时后	15分钟
1周	共计：340分钟

……下面我们从几个调查委员1863年的报告中摘录几段。北斯泰福郡医院主任医生约·特·阿尔莱兹说："陶工作为一个阶级，不分男女……代表着身体上和道德上退化的人口。他们一般都是身材矮小、发育不良而且胸部往往是畸形的。他们未老先衰，寿命短促，迟钝而又贫血；他们常患消化不良症、肝脏病、肾脏病和风湿症，表明体质极为虚弱。但他们最常患的是胸腔病：肺炎、肺结核、支气管炎和哮喘病。有一种哮喘病是陶工特有的，通称陶工哮喘病或陶工肺结核。还有侵害腺、骨骼和身体其他部位的淋巴结核病，患这种病的陶工占三分之二以上……只是由于有新的人口从邻近的乡村地区补充进来，由于跟较为健康的人结婚，这个地区的人口才没有发生更严重的退化。"不久前还是该医院外科医生的查理·帕森斯先生在给调查委员朗格的信中写道："我所能说的只是我个人的观察，并没有什么统计材料作根据。但是我可以毫不犹豫地说，每当我看到这些为满足父母和雇主的贪心而牺牲了健康的不幸孩子们的时候，激愤的心情怎样也平静不下来。"他列举陶工患病的种种原因，最后指出，最重要的原因是"劳动时间过长"。调查委员会的报告希望："一个在全世界人们的心目中占有如此卓越地位的行业，不能再容忍这种可耻的现象了：它依靠工人的劳动和技巧，取得了光辉的成就，但伴随而来的是……工人身体退化，遭受种种折磨，早早夭折。"

引用一名匿名作者的小册子《论手工业和商业》（1770年），马克思给了我们下面的文字：

假如每周的第七天休息是上帝的安排，那就是说，其余6天属于劳动（下面我们就会看到，他的意思是说属于资本），所以强制实行上帝的这一命令，绝不能说是残忍的行为……人一般说来天生是好逸恶劳的，我们从我国工场手工业工人的行为就不幸地体验到这一点。除非生活资料涨价，不然他们每周平均顶多干4天活……假定1蒲式耳小麦代表一个工人的全部生活资料，价格为5先令，工人一天挣1先令。这样，他一周只需要劳动5天，如果1蒲式耳小麦为4先令，他就只需要劳动4天……但是王国的工资比生活资料的价格高得多，因此工场手工业工人劳动4天，就可以有余钱维持一周其余几天的闲适生活……我希望，我说的这些已足以表明，一周进行6天适度的劳动并不是什么奴隶制。我国农业工人就是一周干6天活的，看来他们是所有劳苦大众中最幸福的人。荷兰人在手工工场每周也是劳动这么多天，而且看来是一个很幸福的民族。法国人也是这样劳动，只要不是中间插了许多假日的话……但是我们的民众却有一种观念，好像他们作为英国人生来就有一种特权，应该比欧洲任何一国的〈工人大众〉都享有更大的自由和独立。这种想法使我们的士兵勇敢起来，就这点说，它可能有些好处；但是工场手工业工人受这种思想的影响越小，他们本身和国家得到的好处就越大。工人无论什么时候都不应当认为自己可以不依靠自己的上司而独立……在我们这样一个大概占总人口7/8的人只有一点财产或没有财产的商业国家里，怂恿不良分子是非常危险的……只有我们的工业贫民情愿做6天工而依旧领取现在做4天工所得的工资，情况才能根本好转。

文中有大约60页这样的证据，更不用提篇幅大得多的专门论述制造业和矿业中劳动大军状况的文字了。当我们在《工作日》这章一开篇读到"资本是死劳动，它像吸血鬼一样，只有吮吸活劳动才有生命，吮吸的活劳动越多，它的生命就越旺盛"时，我们觉得这种描述有些过分，但是上述关于马克思时代劳动大军工作过度和被粗暴对待的证据消除了一些这样的过分感。

然而，这些实例给我们的印象是属于很久很久以前的事了。没人能够否认，作为商品被粗暴对待的劳动者至今仍然在世界大部分落后的地区存在，但是，把今日前沿工业的利润主要归因于"剩余价值"，看起来不再是一个不容挑战的论点。

这尤其适用于某个方面。在马克思时代，临时性的竞争采用了与当前不同的形式。大企业在当时与其说是常规，不如说是例外，而且广告和产品的差异化——大企业的主要竞争策略——尚未成为开展竞争的主要手段。因此，在今天的发达经济体，如果在利润的首要来源问题上，还主张超时劳动和未支付的劳动，而非高超的产品设计或更有诱惑力的广告具有持久的重要性，就不那么容易了。

这并不排除剥削是利润的源泉：毕竟，资本——而非管理——能够对于在物化于其中的劳动之上的交换价值作出什么贡献呢？但是，今天的剥削似乎更有可能从消费者而非劳动者那里，或者从二者那里榨取利润。因此，如果说如今最赤裸裸形式的剩余价值肯定不超过卡尔·马克思的时代，那么这也不能否定正如亚当·斯密所指出的那样，工人仍是工资谈判中的输家，因而仍不得不接受一个低于他们所创造价值的工资。

但是，我们还得向《资本论》的核心——资本主义制度自身造成的毁灭图景——进发。奇怪的是，与围绕着剩余价值的理论和"实际"所做的非凡细腻的处理相反，对马克思理论中这个终极结论的解释并没有得到系统的考察。尽管这一问题的细节散见于文本各处，其高潮时刻却用寥寥数页虽然活泼但推理却不十分紧密的散文就打发了。此外，我们将会看到，这几页的一开始，是对斯密关于劳动分工的重点的一个变体。《资本论》的第十三章到第二十二章描述了劳动大军在配置方面的变化，主要表现为与斯密的作品相比，现在有了一个不同的光环，但却没有提出不同的结论。

第十三章 协作

我们已经看到，资本主义生产实际上是在同一个资本同时雇用较多的工人，因而劳动过程扩大了自己的规模并提供了较大量的产品的时候才开始的。较多的工人在同一时间、同一空间（或者说同一劳动场所），为了生产同种商品，在同一资本家的指挥下工作，这在历史上和逻辑上都是资本主义生产的起点。就生产方式本身来说，例如初期的工场手工业，除了同一资本同时雇用的工人较多以外，和行会手工业几乎没有什么区别。行会师傅的作坊只是扩大了而已。

因此，起初纯属量的区别。我们已经看到，一定的资本所生产的剩余价值量，等于一个工人所提供的剩余价值乘以同时雇用的工人人数。工人人数本身丝毫不会改变剩余价值率或劳动力的剥削程度，而且，就商品价值的生产来说，劳动过程的任何质的变化，看来是没有关系的。这是由价值的性质得出来的。如果一个十二小时工作日物化为6先令，那么1200个这样的工作日就物化为6先令×1200。在前一种情况下，产品体现了12个劳动小时，在后一种情况下，则体现了12×1200个劳动小时。在价值生产上，多数始终只是许多个数的总和。因此对于价值生产来说，1200个工人无论是单独进行生产，还是在同一资本指挥下联合起来进行生产，都不会产生任何差别。

不过，在一定限度内还是会发生变化。物化为价值的劳动，是社会平均性质的劳动，也就是平均劳动力的表现……因此对单个生产者来说，只有当他作为资本家进行生产，同时使用许多工人，从而一开始就推动社会平均劳动的时候，价值增殖规律才会完全实现。

即使劳动方式不变，同时使用较多的工人，也会在劳动过程的物质条件上引起革命。容纳许多人做工的厂房、储藏原料等的仓库、供许多人同时使用或交替使用的容器、工具、器具等，总之，一部分生产资料，现在是在劳动过程中共同消费的。……另一方面，共同使用的生产资料的规模会增大。20个织布工人用20台织机劳动的房间，必然比一个独立织布者带两个帮工做工的房间大得多。但是，建造一座容纳20个人的作坊比建造10座各容纳两个人的作坊所耗费的劳动要少，因此大量积聚的并且共同使用的生产资料的价值，一般地说，不会和这些生产资料的规模及其效果成比例地增加……其结果和商品的生产资料的生产变得便宜时所产生的结果一样。

现在，出现了马克思和斯密之间一个重要的不同。二者都感兴趣于在劳动分工下，工厂生产对劳动者福利的有害影响。二者也都认识到机器的使用对于劳动者的生产力巨大的杠杆作用。但马克思现在注意到了机械化带来的一个影响——使劳动者本身过剩，这是斯密没有觉察到的。在第十五章"机器和大工业"中，马克思写道：

劳动资料一旦作为机器出现，立刻就成了工人本身的竞争者。通过机器进行的资本的自行增殖，跟生存条件被机器破坏的工人人数成正比。资本主义生产的整个体系，是建立在工人把自己的劳动力当作商品出卖的基础之上的。分工使这种劳动力片面化，使它只具有操纵局部工具的特定技能。一旦工具由机器来操纵，劳动力的交换价值就随同它的使用价值一起消失。工人就像停止流通的纸币一样卖不出去。工人阶级的一部分就这样被机器变成了过剩的人口，也就是不再为资本的自行增殖所直接需要的人口，这些人一部分在旧的手工业和工场手工业生产反对机器生产的力量悬殊的斗争中毁灭，另一部分则涌向所有比较容易进去的工业部门，充斥劳动市场，从而使劳动力的价格降低到它的价值以下。有人说，需要救济的工人会得到巨大的安慰：一方面，他们的痛苦只是"短暂的"（"一种短暂的不便"）；另一方面，机器只是逐渐地占据整整一个生产领域，因此它的破坏作用的范围和强度会缩减。一种安慰抵销另一种安慰。在机器逐渐占据某一生产领域的地方，它给跟它竞争的工人阶层造成慢性的贫困。

……在这里，只要从英国工厂视察员关于这一问题的官方材料中引用几个例子就够了。曼彻斯特的一个工厂主说："我们过去用 75 台梳棉机，现在只用 12 台，产量和过去一样，质量也和过去一样，甚至更好……每星期节省工资 10 镑，少花 10%。""在曼彻斯特的一家精纺厂内，我被告知，由于加速运转和采用各种自动过程，工人人数在一个车间削减了 1/4，在另一个车间削减了 1/2 以上，而以精梳机代替二道粗梳机，又使从前梳棉间所雇用的人手大大减少了。"另一家纺纱厂估计该厂共节省 10% 的"人手"。曼彻斯特的吉尔摩公司纺纱厂主们说："我们估计，由于采用新机器，在我们的清棉间整整节省了 1/3 的人手和工资……在粗纺间和并条间节省了将近 1/3 的费用和人手；在精纺间节省了将近 1/3 的费用……"

因此，工人人口本身在生产出资本积累的同时，也以日益扩大的规模生产出使他们自身成为相对过剩人口的手段。这就是资本主义生产方式所特有的人口规律……

过剩的工人人口是积累或资本主义基础上的财富发展的必然产物，但是这种过剩人口反过来又成为资本主义积累的杠杆，甚至成为资本主义生产方式存在的一个条件。过剩的工人人口形成一支可供支配的产业后备军，它绝对地隶属于资本，就好像它是由资本出钱养大的一样。过剩的工人人口不受人口实际增长的限制，为不断变化的资本增殖需要创造出随时可供剥削的人身材料……

就在这时，节奏加快了。市场份额的竞争开始了，资本家在繁荣时期争夺劳动力，在萧条时期则压缩他们的劳动力。请注意，这一明白无误地不同于此前任何一位经济学家之设想的图景，以像以前一样苦心孤诣的分析为代价，呈现出一个引人注目的——乃至耸人听闻的——特征。就好像马克思感觉到目标的临近后转到了高速挡，假定他的读者将亲自提供那些并不总是很明显的内在联系。① 不论如何，末日审判的序幕是必须阅读的：

随着积累的增进而膨胀起来的并且可以转化为追加资本的大量社会财富，疯狂地涌入那些市场突然扩大的旧生产部门，或涌入那些由旧生产部门的发展而引起的新兴生产部门，如铁路等等。在所有这些场合，都必须有大批的人可以突然地被投到决定性的地方去，而又不致影响其他部门的生产规模。这些人就由过剩人口来提供。现代工业特有的生活过程，由中等活跃、生产高度繁忙、危机和停滞这几个时期构成的、穿插着较小波动的十年一次的周期形式，就是建立在产业后备军或过剩人口的不断形成、或多或少地被吸收、然后再形成这样的基础之上的。而工业周期的阶段变换又补充新的过剩人口，并且成为过剩人口再生产的最有力的因素之一……

可见，寻求投资场所的追加资本本来会激起的劳动总需求的增加，在以上每一种场合都会按照工人被机器抛向街头的程度而受到抵销。因此，这也就是说，资本主义生产的机构已安排好，不让资本的绝对增长伴有劳动总需求的相应增加。而辩护士们就把这叫作对于被排挤的工人在被抛入产业后备军的过渡时期中遭受贫困、痛苦和可能死亡的一种补偿！

社会的财富即执行职能的资本越大，它的增长的规模和能力越大，从而无产阶级的绝对数量和他们的劳动生产力越大，产业后备军也就越大。可供支配的劳动力同资本的膨胀力一样，是由同一些原因发展起来的。因此，产业后备军的相

---

① 为了讲清楚这个论证，我切换到了下面的摘录里马克思本人的段落中的观点。

对量和财富的力量一同增长。但是同现役劳动军相比，这种后备军越大，常备的过剩人口也就越多，他们的贫困同他们所受的劳动折磨成正比。最后，工人阶级中贫苦阶层和产业后备军越大，官方认为需要救济的贫民也就越多。这就是资本主义积累的绝对的、一般的规律。

所剩下的就是落幕了。以下是著名的《资本论》完完整整的第三十二章。

第三十二章 资本主义积累的历史趋势

资本的原始积累，即资本的历史起源，究竟是指什么呢？既然它不是奴隶和农奴直接转化为雇佣工人，因而不是单纯的形式变换，那么它就只是意味着直接生产者的被剥夺，即以自己劳动为基础的私有制的解体。私有制作为公共的、集体的所有制的对立物，只是在劳动资料和劳动的外部条件属于私人的地方才存在。但是私有制的性质，却依这些私人是劳动者还是非劳动者而有所不同。私有制在最初看来所表现出的无数阶层，只不过反映了这两极间的各种中间状态。劳动者对他的生产资料的私有权是小生产的基础，而小生产又是发展社会生产和劳动者本人的自由个性的必要条件。诚然，这种生产方式在奴隶制度、农奴制度以及其他从属关系中也是存在的。但是，只有在劳动者是自己使用的劳动条件的自由私有者，农民是自己耕种的土地的自由私有者，手工业者是自己运用自如的工具的自由私有者的地方，它才得到充分发展，才显示出它的全部力量，才获得适当的典型形式。这种生产方式是以土地及其他生产资料的分散为前提的。它既排斥生产资料的积聚，也排斥协作，排斥同一生产过程内部的分工，排斥社会对自然的统治和支配，排斥社会生产力的自由发展。它只同生产和社会的狭隘的自然产生的界限相容。要使它永远存在下去，那就像贝魁尔正确地指出的那样，等于"下令实行普遍的中庸"。它发展到一定的程度，就造成了消灭它自身的物质手段。

从这时起，社会内部感到受它束缚的力量和激情，就活动起来。这种生产方式必然要被消灭，而且已经在消灭。它的消灭，个人的分散的生产资料转化为社会的积聚的生产资料，从而多数人的小财产转化为少数人的大财产，广大人民群众被剥夺土地、生活资料、劳动工具，——人民群众遭受的这种可怕的残酷的剥夺，形成资本的前史。这种剥夺包含一系列的暴力方法，其中我们只考察了那些具有划时代意义的资本原始积累的方法。对直接生产者的剥夺，是用最残酷无情的野蛮手段，在最下流、最龌龊、最卑鄙和最可恶的贪欲的驱使下完成的。靠自己劳动挣得的私有制，即以各个独立劳动者与其劳动条件相结合为基础的私有制，被资本主义私有制，即以剥削他人的但形式上是自由的劳动为基础的私有制所排挤。

一旦这一转化过程使旧社会在深度和广度上充分瓦解，一旦劳动者转化为无产者，他们的劳动条件转化为资本，一旦资本主义生产方式站稳脚跟，劳动的进一步社会化，土地和其他生产资料进一步转化为社会使用的即公共的生产资料，从而对私有者的进一步剥夺，就会采取新的形式。现在要剥夺的已经不再是独立经营的劳动者，而是剥削许多工人的资本家了。这种剥夺是通过资本主义生产本身的内在规律的作用，即通过资本的集中进行的。一个资本家打倒许多资本家。随着这种集中或少数资本家对多数资本家的剥夺，规模不断扩大的劳动过程的协作形式日益发展，科学日益被自觉地应用于技术方面，土地日益被有计划地利用，劳动资料日益转化为只能共同使用的劳动资料，一切生产资料因作为结合的社会劳动的生产资料使用而日益节省，各国人民日益被卷入世界市场网，从而资本主义制度日益具有国际的性质。随着那些掠夺和垄断这一转化过程的全部利益的资本巨头不断减少，贫困、压迫、奴役、退化和剥削的程度不断加深，而日益壮大的、由资本主义生产过程本身的机构所训练、联合和组织起来的工人阶级的反抗也不断增长。资本的垄断成了与这种垄断一起并在这种垄断之下繁盛起来的生产方式的桎梏。生产资料的集中和劳动的社会化，达到了同它们的资本主义外壳不能相容的地步。这个外壳就要炸毁了。资本主义私有制的丧钟就要敲响了。仅是资本主义私有制，而非一切私有制。剥夺者就要被剥夺了。

从资本主义生产方式产生的资本主义占有方式，从而资本主义的私有制，是对个人的、以自己劳动为基础的私有制的第一个否定。但资本主义生产由于自然过程的必然性，造成了对自身的否定。这是否定之否定。这种否定不是重新建立私有制，而是在资本主义时代的成就的基础上，也就是说，在协作和对土地及靠劳动本身生产的生产资料的共同占有的基础上，重新建立个人所有制。

以个人自己劳动为基础的分散的私有制转化为资本主义私有制,跟事实上已经以社会生产为基础的资本主义所有制转化为公有制比较起来,自然是一个长久得多、艰苦得多、困难得多的过程。前者是少数掠夺者剥夺人民群众,后者是人民群众剥夺少数掠夺者。

————

然而,这还不是马克思的世俗哲学或者就《资本论》而言的结尾,关于《资本论》,后面还有两卷深入研究了各种各样的主要是技术性的问题——不同类资本的"循环"、不同资本的周转时间、递减的利润的诸方面、货币和地租的报酬等,不胜枚举;接下来是三大卷引人注目的《剩余价值论》,在该著作中,几乎所有在马克思之前的经济思想家都被他给予了常常针刺般的、始终具有穿透力的分析。在此,我对这些问题不作探讨,因为马克思的大图景中还有最后一个方面需要我们予以关注:马克思和恩格斯关于社会主义之可能性的想法以及关于历史本身的进程的想法。

我们可以在哪儿找到这样一个总结呢?当然是在《共产党宣言》中。① 《宣言》写于远在《资本论》之前的 1848 年,因而决不可能是对这部鸿篇巨制的一个深思熟虑的总结。尽管期望和劝诫完全不现实,《宣言》却似乎捕捉到了那遍布于《资本论》的基本历史观。于是,就有了下面摘自那篇《宣言》的相关部分——对一幅要等待 20 年才予以正式分析的景象的概述。

————

《共产党宣言》

资产阶级在它不到一百年的阶级统治中所创造的生产力,比过去一切世代创造的全部生产力还要多,还要大。自然力的征服,机器的采用,化学在工业和农业中的应用,轮船的行驶,铁路的通行,电报的使用,整个大陆的开垦,河川的通航,仿佛用法术从地下呼唤出来的大量人口,——过去哪一个世纪料想到在社会劳动里蕴藏有这样的生产力呢?

---

① 选自《马克思-恩格斯读本》,参前,第 469 页及其后。

由此可见，资产阶级赖以形成的生产资料和交换手段，是在封建社会里造成的。在这些生产资料和交换手段发展的一定阶段上，封建社会得以在其中进行生产和交换的条件，封建的农业和工场手工业组织，一句话，封建的所有制关系，就不再适应已经发展的生产力了。这种关系已经在阻碍生产而不是促进生产了。它变成了束缚生产的桎梏。它必须被炸毁，而且已经被炸毁了。

取而代之的是自由竞争以及与自由竞争相适应的社会制度和政治制度、资产阶级的经济统治和政治统治。

现在，我们眼前又进行着类似的运动。资产阶级的生产关系和交换关系，资产阶级的所有制关系，这个曾经仿佛用法术创造了如此庞大的生产资料和交换手段的现代资产阶级社会，现在像一个魔法师一样不能再支配自己用法术呼唤出来的魔鬼了。几十年来的工商业历史，只不过是现代生产力反抗现代生产关系、反抗作为资产阶级及其统治的存在条件的所有制关系的历史。只要指出在周期性的重复中越来越危及整个资产阶级社会生存的商业危机就够了。在商业危机期间，总是不仅有很大一部分制成品被毁灭，而且有很大一部分已经造成的生产力被毁灭。在危机期间，发生一种在过去一切时代看来都好像是荒唐现象的社会瘟疫，即生产过剩的瘟疫。社会突然发现自己回到了一时的野蛮状态；仿佛是一次饥荒、一场普遍的毁灭性战争，使社会失去了全部生活资料；仿佛是工业和商业全被毁灭了，——这是什么缘故呢？因为社会上文明过度，生活资料太多，工业和商业太发达。社会所拥有的生产力已经不能再促进资产阶级文明和资产阶级所有制关系的发展；相反，生产力已经强大到这种关系所不能适应的地步，它已经受到这种关系的阻碍；而它一着手克服这种障碍，就使整个资产阶级社会陷入混乱，就使资产阶级所有制的存在受到威胁。资产阶级的关系已经太狭窄了，再容纳不了它本身所创造的财富了。——资产阶级用什么办法来克服这种危机呢？一方面不得不消灭大量生产力，另一方面夺取新的市场，更加彻底地利用旧的市场。这究竟是怎样的一种办法呢？这不过是资产阶级准备更全面更猛烈的危机的办法，不过是使防止危机的手段越来越少的办法。

资产阶级用来推翻封建制度的武器，现在却对准资产阶级自己了。

但是，资产阶级不仅锻造了置自身于死地的武器，它还产生了将要运用这种武器的人——现代工人阶级，即无产者。

随着资产阶级即资本的发展，无产阶级即现代工人阶级也在同一程度上得到发展；现代的工人只有当他们找到工作的时候才能生存，而且只有当他们的劳动增殖资本的时候才能找到工作。这些不得不把自己零星出卖的工人，像其他任何货物一样，也是一种商品，所以他们同样地受到竞争的一切变化、市场的一切波动的影响。

由于机器的推广和分工，无产者的劳动已经失去了任何独立的性质，因而对工人也失去了任何吸引力。工人变成了机器的单纯的附属品，要求他做的只是极其简单、极其单调和极容易学会的操作。因此，花在工人身上的费用，几乎只限于维持工人生活和延续工人后代所必需的生活资料。但是，商品的价格，从而劳动的价格，是跟它的生产费用相等的。因此，劳动越使人感到厌恶，工资也就越减少。不仅如此，机器越推广，分工越细致，劳动量也就越增加，这或者是由于工作时间的延长，或者是由于在一定时间内所要求的劳动的增加，机器运转的加速，等等。

现代工业已经把家长式的师傅的小作坊变成了工业资本家的大工厂。挤在工厂里的工人群众就像士兵一样被组织起来。他们是产业军的普通士兵，受着各级军士和军官的层层监视。他们不仅是资产阶级的、资产阶级国家的奴隶，并且每日每时都受机器、受监工、首先是受各个经营工厂的资产者本人的奴役。这种专制制度越是公开地把获利宣布为自己的最终目的，它就越是可鄙、可恨和可恶……

资产阶级生存和统治的根本条件，是财富在私人手里的积累，是资本的形成和增殖；资本的条件是雇佣劳动。雇佣劳动完全是建立在工人的自相竞争之上的。资产阶级无意中造成而又无力抵抗的工业进步，使工人通过结社而达到的革命联合代替了他们由于竞争而造成的分散状态。于是，随着大工业的发展，资产阶级赖以生产和占有产品的基础本身也就从它的脚下被挖掉了。它首先生产的是它自身的掘墓人。资产阶级的灭亡和无产阶级的胜利是同样不可避免的……

五　边际主义者

杰里米·边沁

(1748–1832 年)

边际主义始于效用,效用始于杰里米·边沁。这就是促使我把边沁安排在边际主义者之列的原因,虽然边沁具有影响力的《道德与立法原理导论》作于1780 年,而边际主义者的作品几乎在一百年之后才出现。

导致那种影响力的原因并非完全易于探究。从表面看,它表达了崭露头角的思想家们日益急切的心情,即想要突破约翰·斯图尔特·穆勒那种亲切但最终令人生厌的无所不在。从更深的层次看,我怀疑它反映了一种对古典政治经济学框架本身,尤其是对公认的从它由以进行分析到它被导向的阶级基础日益增长的不安。土地、劳动和资本这些基本要素不仅仅是对生产和分配的古典分类,而且代表了一种等级秩序,这种秩序被斯密、李嘉图、马尔萨斯乃至穆勒接受为一种历史条件,对此,除了穆勒当然还有马克思之外,所有人都看不出有任何别的替代物。

这样一种观点在 18 世纪末 19 世纪初可以毫不掩饰地表达出来,但是在半个世纪后,由于政治气候方面的变化,或许还有深层的文化观方面的变化,使得这样一种社会理念不受欢迎了。正是在这时候,边际主义登场了,他们把重点从土地、劳动和资本连同它们的阶级含义,转移到了关于无阶级的和非政治的具有大写的"我"的个人的计算上。与此并行的是该变化的第二个原因,科学的声望和重要性日益增加,经济学家希望越来越能够被认为与科学一致。

在本书的结尾,我们将会再次回顾经济思想方向中这种翻天覆地的变化。但是首先,我们需要让我们自己熟悉这种变化本身。边沁就是从这儿登场的。因为他的《原理》似乎通过对交换行为——它比其他任何行为更能表达个人经济行为的焦点——进行数值计算和分析,提供了一种新的开展经济学研究的角度。

正如书名所揭示的,《道德与立法原理》涉及的是建立一种决定是非对错的新方法,以及一种体现这种立法决定的新手段。① 我们将根本不关心后一目标,但前者将肯定给予我们某种要思考的东西。其著名的第一段就大张旗鼓地挑明了这一新方法由以进行的概念性基础,其后续的带有数字编号的各节把我们快速带到其醒目的概述。应该提醒读者的是,对快乐和痛苦复杂精细得多的计算出现在穆勒1863年的《边际主义》一书中,这部阐释性论著把边沁那常常可笑的盘根错节的系统提升为一个仍具吸引力的哲学体系。

现在,就让我们从对作为人类道德准则之试金石的效用论证的一般陈述开始吧。尽管啰里啰唆,边沁的下述陈述还是值得细细研读的,尤其是第14节,它的10个要点将检验任何一个人的鉴赏能力。

《道德与立法原理导论》

第一章 功利原理

1. 自然把人类置于两位主人——快乐和痛苦——的主宰之下。只有它们才指示我们应当干什么,决定我们将要干什么。是非标准,因果联系,俱由其定夺。凡我们所行、所言、所思,无不由其支配:我们所能做的力图挣脱被支配地位的每项努力,都只会昭示和肯定这一点。一个人在口头上可以声称绝不再受其主宰,但实际上他将照旧每时每刻对其俯首称臣。功利原理承认这一被支配地位,把它当作旨在依靠理性和法律之手建造福乐大厦的制度的基础。凡试图怀疑这个原理的制度,都是重虚轻实,任性昧理,从暗弃明。

不过,譬喻和雄辩之辞用得够多了,伦理科学并不是靠此类手段可以改进的。

2. 功利原理是本书的基石。因此,在一开头就清晰明确地讲述它意指什么将是恰当的。功利原理是指这样的原理:它按照看来势必增大或减小利益攸关者之幸福的倾向,亦即促进或妨碍此种幸福的倾向,来赞成或非难任何一项行动。

---

① 杰里米·边沁,《道德与立法原理》,哈夫纳图书馆经典丛书,1948年,省略了原边注。

我说的是无论什么行动，因而不仅是私人的每项行动，而且包括政府的每项措施。

3. 功利是指任何客体的这么一种性质：由此，它倾向于给利益攸关者带来实惠、好处、快乐、利益或幸福（所有这些在此含意相同），或者倾向于防止利益攸关者遭受损害、痛苦、祸患或不幸（这些也含意相同）；如果利益攸关者是一般的共同体，那就是共同体的幸福，如果是一个具体的个人，那就是这个人的幸福。

4. 共同体的利益是道德术语中所能有的最笼统的用语之一，因而它往往失去意义……那么，共同体的利益是什么呢？是组成共同体的若干成员的利益总和。

5. 不理解什么是个人利益，谈论共同体的利益便毫无意义。当一个事物倾向于增大一个人的快乐总和时，或同义地说倾向于减小他的痛苦总和时，它就被说成促进了这个人的利益，或为了这个人的利益。

6. （就整个共同体而言，）当一项行动增大共同体幸福的倾向大于它减小这一幸福的倾向时，它就可以说是符合功利原理，或简言之，符合功利。

7. 同样地，当一项政府措施（这只是一种特殊的行动，由特殊的人去做）之增大共同体幸福的倾向大于它减小这一幸福的倾向时，它就可以说是符合或服从功利原理。

请读者跳过第八节和第九节，但第十节值得细读。

---

10. 一个人对于一项符合功利原理的行动，总是可以说它是应当做的，或者至少可以说它不是不应当做的。也可以说，去做是对的，或者至少可以说去做是不错的：它是一项正确的行动，或者至少不是一项错误的行动。应当、对和错以及其他同类用语作如此解释时，就是有意义的，否则没有意义。

11. 这个原理的正确性有没有遭到过正式的非议呢？应当认为它曾遭到那些不知自己所云为何的人的非议。它是否能由任何直接的证据来证明呢？应当认为不能，因为被用来证明其他每个事物的，其本身无法被证明：证据之链必定有其始端。给予这样的证据既无可能亦无必要。

12. 活生生的人，不管多么愚蠢或堕落，并非或未曾在一生的许多场合，或许绝大多数场合不遵从这个原理。人类身心的天然素质，决定了人们在一生的绝大多数场合一般都信奉这个原理而不自知。这即使不是为了规范他们自己的行动，也是为了评判他们自己的以及别人的行动……

13. 当一个人试图反驳功利原理时，他所用的理由实际上就是从这个原理本身抽引出来的，虽然他对此浑然无知。他的论辩假如证明了什么的话，那就不是证明这个原理错，而是证明按照他所设想的应用，它被误用了。一个人有没有可能移动地球呢？有的，但他首先必须找到另一个地球供他站立。

现在第十四节登台亮相了，请仔细阅读。

---

14. 要依靠论辩来否定这个原理正当适宜是不可能的；但由于已经讲过的原因，或者由于对它持有某种混乱的或片面的看法，一个人可能恰巧倾向于不喜欢它。在这种情况下，如果他认为值得费神去澄清在这样一个问题上的观点，那么他可以按照下面几个步骤去考虑，或许最终会变得接受这个原理。

（1）让他自己搞清楚，他是否希望完全摒弃这个原理？倘若如此，就让他去考虑他自己的所有推理（尤其在政治问题上）能够是什么样子的？

（2）假如他希望完全摒弃这个原理，那么让他自己确定，他是否将在没有任何原理指导的情况下去判断和行动？或者，是否有他将据以判断和行动的任何其他原理？

（3）假如有，那就让他自己去彻底查清楚，他认为自己发现的原理是不是独立的、可理解的原理？或者，是不是并非一项纯粹文字游戏式的原理——一种空话，说到底恰恰只是道出了他自己那毫无根据的情绪，也就是那种倘若发生在别人身上他就可能会说成是任性的东西？

（4）假如他倾向于认为，他关于一项行动的看法中所包含的、完全不理会其后果的赞许或非难，足以构成他进行判断和采取行动的依据，那就让他扪心自问：是否他的情绪要成为评判其他每个人的是非标准？或者，是否每个人的情绪有同样的特权成为它自身的评判标准？

（5）在前一种情况下，让他扪心自问：他的原理是否专横独断，是否对所有其余的人类有敌意?

（6）在后一种情况下,是否并非无政府状态?是否各个不同的是非标准照此不会多得如同芸芸众生难以计数一般?是否甚至对于同一个人来说,今天对的事情明天（性质丝毫未改）不会变成错的?而且,在每一种情况下,是否整个论辩无休无止?是否当两人说"我喜欢这个"和"我不喜欢它"时,他们（按照这样一个原理）能有更多的话说?

（7）假如他竟然对自己说——否,因为他主张当作标准的那种情绪必定依据思考,那就让他说说这一思考取决于哪些特质?假如取决于那些跟行动的功利有关的特质,那就让他说说这是否并非抛弃他自己的原理,求助于他用此来与之对立的那个原理?或者,假如不是取决于这些特质,那么是取决于哪些别的特质呢?

（8）假如他竟然赞成调和,部分采用他自己的原理,同时部分采用功利原理,那就让他说说他将在多大程度上采用之?

（9）一旦他自己确定了采用程度,就让他扪心自问,他如何向自己证明应当在此程度上采用?为什么他不在更大的程度上采用?

（10）就算承认功利原理之外的任何其他原理正确无误,即一个人遵从这一原理正确无误;就算承认正确一词可以具有与功利无关的含意（事实并非如此）,仍然要他说说是否有动机之类的事情（一个人可以怀抱这一动机而遵从其命令）?假如有,那就让他说明这一动机是什么?如何把它跟那些贯彻功利命令的因素区别开来?假如没有,那就最后让他说说这别的原理能够有利于什么?

我们现在转向第十五章,效用的微积分学就是在这里开始出现的,既有迷宫般的边沁主义阐述形式,还有不那么明显地有待实现的经济学表述形式。我应该补充一点,本章值得过目以欣赏它的风格,但不值得仔细研读。

第四章　如何度量快乐和痛苦的值

1. 据前所述,追求快乐和避免痛苦是立法者所考虑的目的,这就要求他必须了解它们的值。快乐和痛苦是他必须运用的工具,因而他不能不了解它们的效能,而这从另一个角度看也就是它们的值。

2. 对一个人自己来说，一项快乐或痛苦本身的值多大多小，将依据下列四种情况来定：

(1) 其强度；

(2) 其持续时间；

(3) 其确定性或不确定性；

(4) 其邻近或偏远。

3. 这是在估计每一项快乐或痛苦本身时所要考虑的情况。然而，在为了估计任何行动的造苦造乐倾向而考虑这一苦乐之值时，还需要考虑其他两种情况，它们是：

(5) 其丰度，指的是随同种感觉而来的可能性，即乐有乐随之，苦有苦随之。

(6) 其纯度，指的是相反感觉不随之而来的可能性，即苦不随乐至，乐不随苦生。

不过，这最后两种情况严格说来，几乎无需被认为是一项快乐或痛苦本身的属性。因此严格地说，在估算该项快乐或痛苦的值时无需把它们考虑进来。严格地说，它们需被认作仅是产生了此种快乐或痛苦的行动或其他事件的属性，因而仅需在估量此种行动或事件时予以考虑。

4. 对一群人来说，联系其中每个人来考虑一项快乐或痛苦的值，那么它的大小将依七种情况来定，也就是前面那六种——

(1) 其强度；

(2) 其持续时间；

(3) 其确定性或不确定性；

(4) 其邻近或偏远；

(5) 其丰度；

(6) 其纯度；

以及另外一种：

(7) 其广度，即其波及的人数，或者（换一句话）说，哪些人受其影响。

第四章后面紧接着九章类似于第四章的东西，全都是沉闷乏味和咬文嚼字性

的，之后我们才读到下面第十四章中这个令人振奋的结论。

或许有某些人，乍一看去便会把调节此类规则时所用的精细入微的分析视作纯属徒劳。他们会说，这是因为愚昧不为法律操心，感情不计算利弊得失。然而，愚昧无知可以改变，而感情不计算利弊得失的说法，如同大多数非常笼统和隐晦的命题那样，并不正确。如果所攸关的是痛苦和快乐这么重要的问题，而且它们是最高程度的（简言之，唯一能够是重要的问题），那么有谁不加以计算呢？人是计算利弊得失的，固然有人算得较准，有人算得不那么准，但人人都算。即使疯子，我也不会说他不计算。感情是计算利弊得失的，每个人都多少是如此。不同的人按照其性情的热烈或冷漠、心理的稳定或易激以及驱使他们的动机的性质，而在这方面有所不同。幸运的是，有一种动机是最讲究计算的，是社会由于其强度、经久性和普遍性而最可担心其越轨的。我指的是那种相当于钱财动机的东西。因而，这些精细入微的分析——如果它们要被这么称呼的话——在效用具有头等重要性的地方，最有可能奏效。

这个论点是否像边沁相信的那样是结论性的呢？边际主义——无疑处于幼稚的微积分学形式——很久以前就失去了说服力。毕竟，它容易陷入一种纯粹的同义反复，不论怎么演算，都会被"解读"为使快乐最大化，或者降格为一个资产负债表，对于这个表，绝对不存在任何基础来指导会计之手的。尽管如此，边沁的影响力一直存在着，原因就是他本人在结尾处所提出的：一个人可能不喜欢把快乐原则作为一个道德体系的基础，但他的幽灵皮笑肉不笑地嘲弄着我们："那么，您提议在这个地方放些什么？"[1] 这个问题肯定有各种各样的答案，但没有一个答案像边沁的那么简单，或那么看似无可辩驳。

---

[1] 根据他的遗嘱，其保存完好的遗体端坐着，帽子放在两腿之间，展示在伦敦大学学院的一个玻璃柜里。

威廉·斯坦利·杰文斯

(1835—1882年)

也许,勤勉细心的读者还记得,杰文斯的名字已经在本书的前面出现过了,当时他顺便提到了自己在把坎蒂隆置于高居早期经济学家前列的过程中而精读过的一千部著作。这行为本身就足以将杰文斯确立为令人敬畏的学者了。他于1871年出版的《政治经济学理论》,无疑是经济学思想进入新阶段的重大宣言之一。①

我们还应该谨记:杰文斯属于最早的而非最后的一批边际主义者;而与后来者相比,他的数学化程度是很简单的。但也肯定非常清楚,两件事即将完成:(1) 古典经济学派的"宏大动态"将消失,为一种分析性的任务让路,这任务几乎完全被导向了对于考虑在不同价格下购买多少的个人进行研究;(2) 经济学的"科学性"越来越突出,达到前所未闻的地步——实际上的核心地位。

最后,杰文斯与边沁二者的著作有何关联?我觉得不如引用一位研究杰文斯作品的顶尖学者科林森·布莱克的原话来得好:

> 边沁从未从事过的 [经济学] 任务是杰文斯为自己设定的任务。当这一点在脑海里浮现时,《政治经济学理论》的谋篇布局就已经是清晰可见和富于逻辑的了。在其"导论"中讨论了研究方法之后,杰文斯继续着手基本的"快乐和痛苦论"。然后是"效用论",它解释了快乐如何得自于商品的消费。这把我们带到了著作的核心部分"交换论",它证明了效用是如何

---

① W. S. 杰文斯,《政治经济学理论》,企鹅经典丛书,1970年,第77—78页。

通过交换而增加，及交易各方如何能够使效用最大化。之后，"劳动论"作为效用论的关联理论出现了："劳动是我们必须忍受的含有痛苦的努力，目的是防止较大量的痛苦，或获得净余的快乐。该章提供的，不是工资理论，而是一种就效用而言的生产成本的理论。"①

下面的摘录将详细说明布莱克所描述的框架。

《政治经济学理论》

第一章 导论

政治经济学这门科学，是建筑在少数具有显然简单性质的概念之上的，效用、财富、价值、商品、劳动、土地、资本，是这门学问的元素。彻底理解这些元素的性质的人，也必须拥有或很快能获得这整个学科的知识……所以我用以下篇幅来研究上述诸概念的条件和关系。

反复的思考和研究，使我得到一种颇有几分新奇的见解，即，价值完全取决于效用。各种流行的观点认为价值的起源是劳动，而不是效用；甚至有人断然说劳动是价值的原因。反之，我却要说明，我们只需细心探索出效用的变化——取决于我们所有的商品量——的自然法则，那么关于交换，就可望得到满意的理论。普通的供求规律是这个理论的一个必然结果罢了。这个理论是和事实调和的；即使表面上有相信劳动是价值原因的理由，这种理由也不是不能理解的。劳动常常决定价值，但只间接地决定价值；那便是通过增加或限制供给，以改变商品的效用程度……

很清楚，经济学若要成为一门科学，就必须是一门数理的科学。以数学的方法、数学的用语，导入任何一门精神科学分支的尝试，必然遭遇大量的成见。有许多人似乎认为，物理科学才是应用数学方法的适当范围，精神科学要求有某种别的方法——是什么我不知道。但我的经济学理论在性质上是纯数学的。不，由

---

① 杰文斯，《政治经济学理论》，第 18–19 页。

于相信我们所处理的量必然有连续的变化，所以我毫不犹豫地运用适当的数学分支，尽管其中涉及对无限小量的大胆探究。那就是运用微分学来说明财富、效用、价值、需求、供给、利息、劳动等为人熟知的概念，以及属于日常生产活动的其他各种量的概念……

在我看来似乎是，我们的经济学必然是数理的，仅仅因为它所探究的是量。任何物，如果是能大能小的，它的法则和关系就必定在性质上是数理的。普通的供求法则就探究所需求或所供给的商品量，说明其量的变化如何与价格相关，即因有此事实，故供求法则是数理的……

杰文斯已经把自己的意图表达清楚——问题在于如何实现之。他的解决方案在经济学论证的表达方面标志着一个重大的改变，即借助于图表表达。我们此前在重农学派的作品中见到过这种具有说服力的诉求，重农学派在他们的作品中描述了商品在经济各领域中的循环。杰文斯所以使用图表，还有另外一个目的——以"科学"形式表达某种商品的消费增量与从中所得到的快乐之间的关系。下面的二维图表将最终成为我们在今天的每一本教科书上看到的"需求曲线"。

第三章　效用理论

现在，我的主要工作是追踪出效用的性质和条件。这个问题，无疑是经济学解决问题的钥匙，但很奇怪，经济学家竟然不曾细细地注意过它。

首先，效用虽然是物的性质，但不是物固有的性质。不如说，效用是物的一种情况，其发生，乃因其与人的需要有关系……

且让我们稍微细密地考察这个问题。效用是由一个人的幸福的增加来度量的，或者说，效用就是一个人的幸福的增加。当所引起的情感有正的余额时，效用一词，即所以指示这个余额的总和——所产生的快乐和所防止的痛苦的总和。于此，我们必须仔细区分任一商品所产生的总和效用与该商品任一特别部分所有的效用。我们所吃的食物的总和效用，是维持生命，可以说是无限大的。然而如果从我们每天的食物中减去十分之一，我们的损失将甚微。我们所丧失的，绝不是食物对于我们的总和效用的十分之一，我们会不会由此受损，也不一定。

一个人二十四小时内平均消费的食物全量，假设分成十等份。减去最后一份，他所蒙受的损失甚小。减去第二个十分之一，他将显然感到不足；减去第三个十分之一，他定然会受到损害：减去的等份越多，他的痛苦也越严重，直到最后他将濒于饿死。称每十分之一的部分为一个加量，则每一加量食物，比前一加量食物，成为更不必要的，或者会说，成为更少效用的。为解释效用的这种变化起见，我们且使用一个直方图代表它。这种图形，我十五年前在大学讲课时已经用来例证经济学的法则。

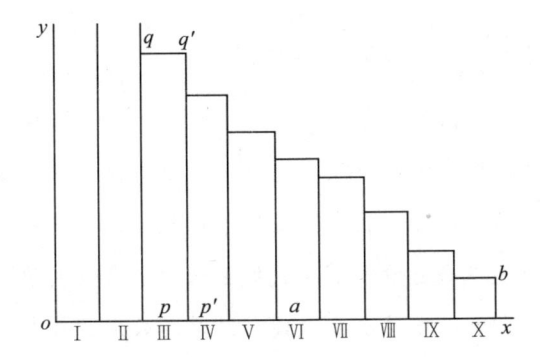

用线段 ox 代表食物的量，并将其分成十等份，以代表食物的十部分。在这十个相等的线段上，各绘制一长方形，假设各长方形的面积代表各加量——其大小与其底边相等——食物的效用。这样一来，最后一加量的效用是最小的，并与 x 上的小长方形成比例。向 o 点移，各加量的长方形渐渐加大，而以 III 上的长方形为最大的完整长方形。加量 II 的效用和加量 I 的效用是无界限的。因为这两部分食物为生存所必须，故其效用为无限大。……

但是食物分成十等份，是一个任意的假设，如果分成二十等份，分成一百等份，或分成一百以上的等份，这个原理依然是正确的。即：每一小份的效用性与必要性，较前一小份为小。加量不论怎么小，这个法则也在理论上是正确的。依此方法，我们最后得到的图形将与连续的曲线无异。就一个人的消费而言，无限小量食物的概念也许是不合理的，但如果我们所探究的是全国的消费，则消费的增量或减量，与全消费量比较，就理论而言，正可说是无限小的。我们将要探究的法则，被设想成就个人而言也是正确的。但要在实际上予以证实，则必须从国民全体的交易、生产和消费来立论。但全体的法则当然以适用于个人的法则为根据……

除了在最后加量已被消费或次一加量将被消费时，我们通常是不用考虑效用程度的。所以我们通常用最后效用程度一语，来表示现有商品量中那极小的或无限小的最后加量或次一可能加量的效用程度。并且，在通常情况下，最后效用程度决不像在特别情况下那么多。它们只在饥荒或其他异常情况下有较高的效用程度。

最后效用程度

经济学理论是建立在最后效用程度这一函数之上的。一般来说，对于这个函数跟总和效用的区别，经济学家多没有弄清楚，且有许多谬误是由这种混淆发生的。许多对我们极有用的商品，我们对之仅予以极小的估价和愿望。没有水，我们是不能生活的，但是在普通情况下，我们不认为水有任何价值。为什么会这样呢？只是由于我们平常有很多的水，以致水的最后效用程度几降为零。我们每天都享受着几乎无限的水的效用，但我们所欲消费的水随处可得，不会觉得有任何匮乏。倘若由于天旱之故，水的供给骤然缺乏，我们对于我们平常认为没多大效用的水，就会觉得有更高的效用程度了。

最后效用程度这一函数的变化，是经济问题上最重要的点。作为一般法则，我们可以说：效用程度随商品量而变化，其量增加，其效用程度最终会减少。我们对于任何一种商品，也不会不问已有或已用的量如何，继续以同样的力度渴望之。我们的一切嗜好，或迟或早都会得到满足或饱和。从语源学看，所谓满足或饱和都表示我们所拥有的已经足够，再多也对我们无用。当然，我们不能因此便推论说，效用程度会降至零。这适用于某些事物，尤其是单纯的生理必需品如食物、饮料、空气等等。但是我们的需要越高尚，越有精神方面的性质，其饱和的可能性便越小。对于艺术品、科学及古玩的欲望，一旦被唤起，就几乎没有限度可言……

我们的陈述不论怎样省略，势必十分清楚，我们正转向一种用数学方式对至关重要的交换行为的描述。这其实是一旦最后效用程度的关键意义被建立，我们就要快速抵达的目的地。为重申我一开始就作出的告诫，对于我们的目的来说，重要的不是过于去追随下述严格精确的计算，而是要去体会经济学方面所发生的显著变化。这是一个我们将会多次追溯的主题。但是首先，必须见证那至关重要的交换行为。

用数学表达的交换行为

整个交换理论和主要经济学问题的拱心石，是这个命题——两件商品的交换率，是交换后诸商品量（可供消费的诸商品量）的最后效用程度的比率的倒数。试着反省一下这个命题的意义，就会发现这个命题必然是真确的，假设人性的原理果如上所说。

假设有一个贸易体只有谷物，另一个贸易体只有牛肉。在这种情况下，谷物的一部分与牛肉的一部分相互交换，必可以使效用增加。但在何点，交换不再成为有利的呢？这个问题必然包含交换率及效用程度二者。暂且假设，交换率大约等于十磅谷物交换一磅牛肉的比率。若对于拥有谷物的贸易体，十磅谷物比一磅牛肉的效用更小，该贸易体必然愿意继续进行这种交换。若拥有牛肉的贸易体，也觉得一磅牛肉比十磅谷物的效用更小，这贸易体自然愿意继续这种交换。故交换将进行到两方面都获得一切可能的利益为止，到这一点，如果再继续交换，则效用将有损失。在这点，两方面都在满足与平衡之中，效用程度已达到平衡。

在这个平衡点上，再依同一比率交换无限小量的商品，既不会引起效用的增益，也不会引起效用的损失。换句话说，如果商品的加量是依照确定的比率相互交换，其效用必然在两方面是相等的。所以，如果十磅谷物与一磅牛肉有相等的效用，则继续按照这个比例相互交换，既无害，也无益……

试用符号表示这个推理，以 $\triangle x$ 表示谷物的一个小加量，以 $\triangle y$ 表示牛肉的一个小加量。在此，无差别法则发生作用。谷物和牛肉既然都是纯一的商品，所以在同一市场上，各部分必须以相同的比率交换；所以，如果以 x 代表所给的谷物全量，y 代表所受的牛肉全量则 $\triangle y$ 对于 $\triangle x$，和 y 对于 x，必然有相同的比率。我们于是得到：

$$\frac{\triangle y}{\triangle x} = \frac{y}{x} \quad \text{或} \quad \triangle y = \frac{y}{x}\triangle x$$

在平衡状态下，这些增量的效用，对于各当事人必须是相等的；要这样，更多的交换或更少的交换，才不会成为可欲的。既然牛肉的加量 $\triangle y$，是谷物的加量 $\triangle x$ 的 y/x 倍，则如果要使其效用相等，牛肉的效用程度，也必须是谷物的效用程度的 x/y 倍。于是，我们便得到一个原理：相交换的诸般商品的效用程度，与相交换的诸般加量的大小成反比。

现在我们假设第一贸易体 A，原有谷物量 a，第二贸易体 B，原有牛肉量 b，二者交换，是以 x 量谷物交换 y 量牛肉，所以交换后的状态将是如下：

A 拥有 $a-x$ 量谷物，y 量牛肉，

B 拥有 $b-y$ 量牛肉，x 量谷物。

用 $\varphi_1(a-x)$ 表示谷物对于 A 的最后效用程度，$\varphi_2(x)$ 表示谷物对于 B 的最后效用程度，又以 $\psi_1 y$ 表示牛肉对于 A 的最后效用程度，$\psi_2(b-y)$ 表示牛肉对于 B 的最后效用程度。于是如前面所说，A 必须在下述方程为真时才能得到满足：

$$\varphi_1(a-x) \cdot dx = \psi_1(y) \cdot dy;$$

或

$$\frac{\varphi_1(a-x)}{\psi_1(y)} = \frac{dy}{dx}。$$

用等式 $\frac{dy}{dx} = \frac{y}{x}$ 代入，我们有：

$$\frac{\varphi_1(a-x)}{\psi_1(y)} = \frac{y}{x}。$$

于 A 为真者，反过来于 B 也为真。他也必须由各最后加量取得恰好相等的效用，否则，出于自身利益考虑，他会增加或减少他的交换，从而扰乱交换的条件。所以下述方程式必然为真：

$$\frac{\varphi_2(x)}{\psi_2(b-y)} = \frac{y}{x}\text{。}$$

这样，我们可以得出一个结论：当两商品相互交换，授受的量可以有无限小量的增减时，相交换的量必须满足这两个方程式。它们可以合并为更简洁的形式：

$$\frac{\varphi_1(a-x)}{\psi_1(y)} = \frac{y}{x} = \frac{\varphi_2(x)}{\psi_2(b-y)}\text{。}$$

我们应该注意到，杰文斯还写了有关社会问题的著作，包括《黄金价值的严重下降》（1864 年），在这本书中，他或许是第一位提出十年期商业"周期"的原因可能跟长期项目和短期项目之间转变投资方向有关的观察家；或《煤炭问题》（1865 年），该书非常悲观地分析了英国看起来即将耗尽其煤炭资源的前景。

尽管如此，按照他的边际主义方法，杰文斯回避了大规模的动态分析，因为它们似乎超出了科学分析的范畴。这样一来，在其《政治经济学理论》一书的结尾，他以楷体字对"经济学问题"作了如下简要叙述：

> 已知一定的人口，他们有种种需要和生产能力，并占有一定的土地和其他各种材料资源：试求，如何运用劳动，才能使生产物的效用增至最大。①

尽管其书名为《政治经济学理论》，但这个陈述与政治经济学相去十万八千里。

---

① 杰文斯，《政治经济学理论》，第 254 页。

莱昂·瓦尔拉斯

(1834－1910 年)

杰文斯或许是英国最重要的边际主义者，尽管弗朗西斯·伊西德罗·埃奇沃思在被所有现代微观经济学的学人所知的"无差异曲线"和"盒状图"中留下了自己的标志；在奥地利，卡尔·门格尔把经济学带入了没有数学或边沁功利主义的边际主义方向。然而，令人大跌眼镜的是，边际主义学派中最有影响力的个人不是上述的任何一位，而是瑞士洛桑大学一位名不见经传的教授，马里·埃斯普里·莱昂·瓦尔拉斯。

瓦尔拉斯的作品虽然多年默默无闻，但在今天，或许算得上是所有的边际主义者中引用最多的。关于他一举成名，初看起来令人好奇的是，虽然边际主义一般与保守的经济政策方法有关，瓦尔拉斯本人却有点农业社会主义者的味道：他提倡土地的国有化。然而，甚至在这种倡导中，他展现的也是一种典型的保守边际主义观点，因为他鼓励国有化与其说是为了改善农业劳动者的社会经济条件，不如说是为了提高他们的移动性，从而促进达成他认为对于最大社会福利所必需的"一般交换均衡"。

瓦尔拉斯是一位卓越的数理经济学家，这一点极大地限制了他的工作在这样一类著作中的自由发挥，考虑到瓦尔拉斯经济学的重要贡献即一般均衡本身的性质，情况尤其如此。因此，在深入考察他的工作之前，我们应该先谈一谈他的研究方法。

经济学可以是一门"数理"科学吗？明确的回答应该是是或者不是。说它是，是因为经济学涉及数量，而根据定义，数量是能够进行数学研究和运算的。说它不是，是因为经济学不仅设法加以度量而且力图进行阐释，而且经济学中许多极为重要的量，比如"劳动"或"国内生产总值"，它们是能够以不止一种方式加以理解因而进行阐述的。换言之,"纯粹的"——即高度抽象的——经济学是明确地适合数理的,但"应用的"——现实世界的——经济学却会误导任何只见等式而忘记了那些能够用来将"现实"世界阐释为抽象表达式的不同方式的读者。

瓦尔拉斯本人敏锐地意识到了这些困难,并且为了给现实世界趋势提供而非表达最强有力的基础,的确是用纯理论从事他的研究工作。在这方面,他不是第一个把数学视为一种手段,用以穿透日常生活的迷雾,以认知那些在其他情况下不为我们所觉察的关系的人。重农主义者(我们可以回忆一下魁奈的经济表)、李嘉图以及不那么知名的探索者在某种程度上已经运用了纯粹的分析。因此,瓦尔拉斯与其说是发明了一种新的分析模式,远不如说是以一种十分自觉的方式完善了它。尤其是,他力图用方程的形式阐明那些当所谓的一般的均衡状态达到时势必盛行的确切关系。

那么,这样一种分析能够带来实际的结果吗?这是一个难以回答的问题。正如许多现代经济学家会指出的那样,我们不能像李嘉图那样假设说,因为自由贸易在理论上是最优的,所以它就能最好地服务于我们具体的国家利益。但是,没有李嘉图的理论洞见,也许会使我们陷入一个甚至更大的问题,即,为了达到最佳状态,我们会在所希望的行动方向上失去指导。

这不是我们在本书中能够深入探讨的一个问题。我们只打算瞥一眼瓦尔拉斯的分析,首先考察一下他的"数学上的价格决定"一文,该文发表于1892年,以深入浅出的方式阐述了使用代数和微积分如何能够帮助我们理解"事物的性质"。之后,我们看一看两年后出版的著名的《纯粹经济学要义》一书,至少领略一下其分析风格和大理论图景的风采。

数学上的价格决定理论

我曾用了几页篇幅来证明,我们可以通过求大于供时提价或供大于求时降价的办法达到现行的价格,[一些批评者]……对这些文字加以嘲笑。"那你们呢,"我曾对其中的一名批评者说,"你们是怎样证明的?""呃,"他有点吃惊和尴尬地回答，"有证明的必要吗？在我看来它是不证自明的。""除公理外没有什么是不证自明的，而这不是公理。但是，由于杰文斯在其薄薄的《政治经济学》专著中，非常清晰、系统地阐述了，那必然会导致需求减少和供给增加的提价行为，会在求大于供时使二者相等，所以人们自然而然地遵循他的这个推论模式。""的确如此。""但其中有一个错误。提价必然使需求减少，但却不一定使供给增加。如果你是一名酒类供应商，事情很可能是，你供应的酒类在100万法郎时比在价格1000法郎时少，在10亿法郎时比在100万法郎时少，这只是因为，对于你所能提供的这多余量，与其以超出某个限度卖掉它，你还不如自己喝掉呢。这种情况也适用于劳动力。我们很容易设想，如果一个人能够以每小时1法郎的价格提供他每天10小时的劳动，那么他就不会以每小时10法郎的价格提供超过4小时的劳动，或者以每小时100法郎的价格提供超过1小时的劳动。我们可以看到，在大城镇的每一天，劳动者如果一天能够挣20或25法郎，他们一周是不会工作超过三四天的。""但是，如果情况属实，提高价格怎么会是一种达到当前价格的手段呢？""理论就是这样解释的。两名不在一地的个人，既可以同时向对方移动的方式，也可以一方向另一方移动的办法，达到彼此相遇的目的。有时候以这种方式，有时候以那种方式，便可使供给和需求彼此相等。"

一门科学中的基本法则，难道不值得花费时间去严格证明一下吗？今天，如果细数一下，我不知道有多少种政治经济学学派……对我来说，我只承认两类：一类是不去证明其结论的学派，另一类是的确去证明其结论的学派，对于后者我是乐见其成的。先是严格证明几何和代数中的基本定理，然后证明由它们衍生出的微积分学和力学中的定理，以便把它们应用于试验性的想法；正是这些使我们懂得了现代工业的奇迹。如果我们在政治经济学方面作同样的处理，那么毋庸置疑，我们就像处理物理和工业秩序中的事物的性质一样，将能成功地处理经济和社会秩序中的事物的性质。[1]

这并不是说我们不能控制价格。重力是自然现象，是显然服从自然规律的；但不能因此就断定我们所能做的只是等着看它发挥作用。我们对重力可以加以抵

---

[1] 摘自《经济思想读物源》，菲利普·纽曼、亚瑟·盖耶和米尔顿·斯宾塞编辑，W. W. 诺顿出版社，1954年，第466–467页。

抗，也可以让它自由发挥作用，我们要怎样就怎样，但是无法改变它的本质或它的规律。据说我们不能支配自然，而只能服从自然。对价值来说也是这样。就小麦的例子来说，我们可以用销毁其部分供给的办法来提高价格，也可以用稻米、土豆或其他食品代替小麦作为粮食的办法来降低其价格。我们甚至还可以用法令将小麦的价格规定为每公石20法郎而不是24法郎。在上述第一种情况下，我们是要对价值现象的起因发挥作用——用一种自然价值来代替另一种自然价值。在第二种情况下，我们是要直接对现象本身起作用——用人为价值来代替自然价值。我们甚至有可能在某种极端情况下用取消交换的办法来彻底取消价值。然而，如果确实发生了交换，那么很自然地，在一定的供需条件下，即稀缺条件下，我们无法阻止它产生或倾向于产生某种交换作用。

1公石小麦值24法郎。现在我们还看到，这个现象也具有数学特征。以货币计价的小麦价值，或小麦价格，在昨天是22或23法郎，在不久以前是23法郎50生丁或23法郎75生丁，随后又是24法郎25生丁或24法郎50生丁，而明天将是25或26法郎。但是在今天的此时此刻的价格是24法郎，不多也不少。这个现象既然如此明显地具有数学特征，因此我们准备用一个方程来说明，使这一现象可以获得精确的表达。

以公石作为小麦的计量单位，以克作为白银的计量单位，我们就可以极其精确地说：如果5公石小麦可以换600克白银，意思就是"5公石小麦和600克白银具有相同的价值"，或者是"5公石小麦的交换价值等于600克白银的交换价值"，也就是说，"1公石小麦的交换价值的5倍等于1克白银的交换价值的600倍"。

因此，设v_b是1公石小麦的交换价值，v_a是1克纯度为0.900的白银的交换价值，使用一般的数学记法，我们得出如下方程：

$$5v_b = 600v_a,$$

方程两边同时除以5，则

$$v_b = 120v_a, \quad (1)$$

就这里举以为例的这个假设的市场来说，如果我们同意遵守常规，因而用来作为价值计量单位的不是1克白银的交换价值，而是5克纯度为0.900的白银或者说法郎的交换价值，这就是说，如果我们假定

$$5v_a = 1 \text{ 法郎},$$
则
$$v_b = 24 \text{ 法郎}, \tag{2}$$

这个方程的（1）式完全和（2）式一样，都是"1公石小麦值24法郎"这句话的正确转述，说得更确切些，是这一事实的科学表述。

由此可见，交换价值是一个量值，现在我们已经看到，这个量值是可度量的。如果一般说来数学的目的在于研究这种量值，那么交换价值论实际上是科学的一个分支，不过数学家没有注意到，以致这一分支迄今没有得到发展。

读者从上面的讨论中一定会看出，我并不认为这就构成了经济学的全部内容。力和速度也是可度量的量，但是力和速度的数学理论并不是力学的全部内容。尽管如此，肯定应当先有纯粹力学，而后有应用力学。同样的道理，假定有纯粹经济学理论，那就必须先有它，而后有应用经济学；纯粹经济学理论是一门科学，在一切方面都和物理数学相似。这个论断是新颖的，也许会显得有些奇特；但是我刚才已经证明这是千真万确的，下面还将对证明加以仔细阐发。

如果纯粹经济学理论或交换及交换价值理论，也就是说就本身来考虑的社会财富理论，是跟力学或水力学一样的一门物理数学科学，那么经济学家就不应当害怕使用数学的方法和语言。

数学方法不是实验方法，而是推理方法。严格意义上的自然科学，究竟是以对自然的单纯表达为限呢，还是要越出经验的范围呢？这个问题留待自然科学家来回答。不过有一点是肯定的，即物理数学科学，同狭义下的数学科学一样，当它从经验中汲取它的类型概念时，它在事实上就越过了经验的范围。这类科学从现实类型概念抽出经它下定义的理想类型概念，然后以这类定义为基础，在演绎推理下构成其定理或证明的整个体系。然后它又回到经验，但不是借此证实它的结论而是要应用它的结论。凡是学过一点几何学的人都完全懂得，只是在抽象的、理想的情况下，同圆的半径才个个相等；只是在抽象的、理想的三角形中，内角之和才等于二直角之和。虽然现实只能近似地证实这些定义和论证，但是在现实中，这些推断却获得了极其广泛、极其有效的应用。按照同样程序，纯粹经济学理论也应当从经验中取得某些类型概念，如交换、供给、需求、市场、资本、收入、生产性服务、产品等等。然后就应当从这些现实类型的概念中抽出理想类型的概念，为之下定义，并据以进行推论。直到科学的推论完成以后，才应该回到现实，但那时也只是为了实际的应用。因此，我们在理想市场中有理想价格，而与这类理想价格保持着密切关系的是理想需求和理想供给。如此等等。这些纯粹真理是不是经常可以得到应用呢？当然，学者是有权为研究科学而研究科学的，正如几何学家有权（这个权利实际上他每天都在使用）研究几何图形的极其单纯的性质，不论它怎样怪诞离奇，只要由此激起了他的好奇心，他就可以这样做。然而，我们将看到，纯粹经济学的真理能够解决应用经济学和社会经济学中一些极其重要的问题——一些具有极大争议、理解甚少的问题。

至于使用数学语言的问题，我们的看法是，当同样的事物，用数学语言可以作出简洁、精确而清楚得多的表达时，为什么一定要像李嘉图经常做的那样，或者像约翰·斯图尔特·穆勒在《政治经济学原理》中一再做的那样，在极其笨拙并且不正确的方式下，用日常语言来解释这些事物呢？

现在是时候见识一下瓦尔拉斯最重要和最不朽的贡献——他的一般均衡理论了。这里的关键字是形容词"一般的"。我们已经熟悉了亚当·斯密的"自然"价格概念，作为买者和卖者间竞争的结果，市场价格趋于向自然价格靠拢。这一自然价格类似于均衡价格，但它不是一般均衡价格，因为它仅仅指的是一种商品的状态，后来被称为"局部"均衡的状态。瓦尔拉斯的贡献在于证明了所有市场同时实现均衡的可能性。在这里，困难是一望而知的。任一市场中的变化都将几乎肯定从其他市场吸纳购买力，或者把购买力推向其他市场。这样一来，如果酒类支出额上升，则它必然来自他处；反之，如果它下降，则它必然找到了其他某个出口，或者作为现金持有，从而改变金融市场的状况。

对实现同步均衡所需的调整进行计算，因而是一件异常复杂的事情。困难之所以出现，是因为调整并不是一个一蹴而就的变化，而是一个过程，在这个过程中，改变需求和供给将引发遍及整个系统的连锁反应，同一时间改变着一切。

事实上，瓦尔拉斯并没有完全解决这个问题。但是在他英雄般地尝试着这么做的过程中，他构想出了一种能够引发某种兴趣的阐释模式。这涉及这样一种拍卖理念：拍卖时，一名"拍卖人"喊出价格，想必是所有商品的价格。对这些喊价，所有买者和卖者提出各自的"承诺价"，即，把某种商品的买价和卖价结合起来。那名拍卖人现在比较这些买价和卖价，看一看它们在所有的市场上是否匹配。如果不匹配，他就喊出其他价格，这些更有可能导致所有买价和卖价之间的匹配。瓦尔拉斯称这一连续接近的过程为 tatonnement——摸索，并在这一过程中摸索出一条路径，所有的局部均衡同时融入一个整体"合身"的一般均衡。

不用说这种摸索过程是极不现实的。那么，为什么还要自寻烦恼去描述它呢？原因始于局部均衡，它是一种使某个独立市场中的买者和卖者的效用最大化的状态。从这点出发，结果就是，一种使相互兼容的局部均衡无处不在的配置，将代表着社会整体的一种至善。

这样一种宏大的效用最大化在理论上是否可行，这对于任何一位有边际主义思维的理论家来说，都必然是一个有吸引力的挑战。瓦尔拉斯的尝试尽管有缺陷、不完善，但它提供了研究的动力而且常常是切入点，促使人们沿着以前未被探索的路线，去研究"现实生活中的经济学"的诸方面，从一般均衡理念本身的稳定性，到对企业家精神或公司结构甚或产品本身的分析。

我们将在讨论的最后，转向在高度抽象的理论推导和使经济学研究适应社会问题的现实需要的要求之间的紧张关系。这样一种紧张关系肯定是存在的，这一显而易见的事实，有助于介绍我们的下一位经济学家，这种冲突在他身上扮演了一个重要的角色，可以说为塑造他整个的经济学洞察力本身立下了汗马功劳。

阿尔弗雷德·马歇尔

(1842—1924 年)

阿尔弗雷德·马歇尔自从其权威的《经济学原理》于 1890 年面世以来，就一直在经济学中占统治地位，直至第一次世界大战前夕，他最有天赋的学生梅纳德·凯恩斯才青出于蓝而胜于蓝。其实，1938 年，我在哈佛大学攻读第一门经济学课程时，所用的教材就是马歇尔的《原理》。

然而，使马歇尔在经济思想演进的研究方面让人产生特殊兴趣的，不只是他非凡的学术水平。马歇尔同时在两个经济学路径方面有所建树。其中之一毫无疑问是边际主义方法，他对此作出了具有重大意义的贡献。第二个则是完全非边际主义的甚至是反边际主义的经济学思想，具有内在社会学的性质，或者用令人畏惧的词，道德的性质。纵观整个文本，这两种方法相互交织，虽然从逻辑清晰的角度看并不总是最好的，但是有一类人始终兴趣不减，这些人能够在经济中见到一个可能具有规律一类"自然"属性的主题，而且该主题在经济学所关注的世界里拥有无可匹敌的核心地位。

我们在《原理》[①] 的第一页就可见到这种对道德的强调。

第一章 绪论

第一节 政治经济学或经济学是一门研究人类一般生活事务的学问，它研究个人和社会活动中与获取和使用物质福利必需品最密切相关的部分。

[①] 阿尔弗雷德·马歇尔，《经济学原理》，第 8 版，纽约：麦克米兰出版社，1948 年。副标题仍保留了原版的某种风格。

【经济学是一种研究财富的学科，也是研究人的学科的一个部分。】

因此，一方面它是一种研究财富的学科，另一方面，也是更重要的方面，它是研究人的学科的一个部分。因为人的性格是由他的日常工作以及由此而获得的物质资源所形成的，任何其他影响，除了他的宗教理想的影响以外，都不能形成他的性格。世界历史的两大构成力量，就是宗教和经济的力量。尚武或艺术精神的热情虽然在各处曾经盛行一时，但宗教和经济的影响无时无地不是居于前列；它们差不多一直是比其他一切影响合在一起还要重要。宗教的动机比经济的动机更为强烈，但是它的直接作用却不像经济动机那样普遍地影响人类生活。因为一个人心情最好的时候，他的思想中大部分时间总是充满了关于谋生的事情；在那个时间里，他的性格就由于他在工作中运用他的才能的方式、他的工作所引起的思想和感情以及他与他的同事、雇主或雇工之间的关系而逐渐形成起来了。

【人的性格是由其日常工作而形成的。】

请注意马歇尔陈述论点时那种简单到让人消除敌意的文风。这种风格不是偶然的，《原理》最初既是面向学生也是针对商界领袖而作的。此外，其有节制的论述的魅力，也使马歇尔能够绕开许多事实上比他所能揭示的更顽固的问题。经过几页篇幅的介绍之后，他在这里转向了一个令人困扰的问题：能否在个人中间对商品或货币的效用进行比较。且让我们在更深入地探讨之前，品味一下马歇尔的解答吧。

【即使对于拥有同等收入的人，相同的价格所度量的满足也是不同的。】

即使对于同一个人而言，一个先令所衡量的快乐（或其他满足），也许在一个时候比另一时候更大；这是因为他所有的金钱，也许时多时少，或者因为他的感觉可以发生变化的缘故。同样的事件，对于经历相同、外表相似的人所发生的影响，也常常不同。例如，当一群城市里的小学生到乡村里去度一天假日的时候，恐怕他们之中不会有两个人由此获得种类相同、强度相等的快乐。同样地，外科手术施于不同的人，会造成不同程度的痛苦。父母对于子女，就我们所能说的，当然是同样慈爱的，但对爱子的夭折，父母的悲痛也大有不同。

有些人一般是不很敏感的，但却特别容易感到特殊种类的快乐和痛苦；同时，本性与教育的不同，可使一个人对痛苦和快乐的全部感受力比别人大得多。所以，如果说任何有相同收入的两个人，都能从它的使用上得到同样的利益，或者说收入同样减少，他们就会受到同样的痛苦，都是不妥当的。从每年收入都是

300英镑的两个人中各征1英镑的时候，虽然每人都要放弃1英镑价值的快乐（或其他满足），这是他能最容易放弃的，也就是说，每人将要放弃刚好是1英镑对他所衡量的东西；但是，每人所放弃的满足的强度，却不一定是相等的。

虽然如此，如果我们所取的平均数非常广泛，足以使各人的个人特性互相抵消，那么，有相同收入的人，为了得到一种利益或避免一种损害将要付出的货币，确实是这种利益或损害的良好的衡量。假如有一千个人住在谢菲尔德城，另有一千人住在利兹城，每人每年约有100英镑收入，对他们都征1英镑的税；我们可以相信，这1英镑的税在谢菲尔德城将造成的快乐的丧失或其他损害，与它在利兹城将要造成的具有大约相同的重要性；假如他们的收入都增加1英镑，则这两个地方就会得到相等的快乐或其他利益。如果他们都是成年男子，从事同一行业，因为可以推测在他们的感觉和性情上、兴趣和教育上也大致相同，则这种可能性就更大。如果我们以家庭为单位，并对这两个地方的每年有100英镑收入的一千个家庭中每个家庭因减少1英镑的收入所引起的快乐的丧失，加以比较的话，则这种可能性也毫不减少。【但这些不同如果考虑的是大量人群的平均数时是可以忽略的。】

接下来，我们必须考虑以下事实：使一个穷人对任何东西付出一定的代价，比使一个富人需要有较强的动力。对于一个富人而言，一先令所衡量的快乐或任何满足，比一个穷人更小。一个富人对是否花一个先令只买一支雪茄烟犹豫不决时，他所考虑的种种快乐比一个穷人更小，而这个穷人却在考虑是否花一个先令去购买可供他一月之需的烟草。每年有300英镑收入的职员下雨时坐车去上班，而每年只有100英镑收入的职员，在雨下得更大的时候，仍然步行上班；因为，乘电车或公共汽车的费用所衡量的利益，对穷人比对富人较大。穷人如果用掉了那笔车费，以后他将因缺少这笔钱而受到较之富人的感受更大的痛苦。在穷人的心目中，车费所衡量的利益，比在富人的心目中所衡量的更大。【一给定价格的重要性对穷人比对富人更大。】

但是，我们如能考虑大多数人的活动和动机时，造成这种差别的来源也会减少的。例如，如果我们知道，一家银行的倒闭使利兹城的居民损失20万英镑，使谢菲尔德城的居民损失10万英镑，我们就很可以相信，在利兹城所造成的损失，比在谢菲尔德城大一倍；除非我们确有某种特别的理由，相信一城的银行股东比另一城的股东是一个较为富有的阶级；或者相信银行倒闭对两个城市的工人阶级所造成的失业的比重不同，情况才不是这样。【但这在比较两组具有相同比例的富人和穷人的人群时就不重要了。】

【物质的增加有时候意味着是对一种真正进步的度量。】

在经济学所研究的事件中，绝大多数是以大约相同的比例影响社会上所有不同的阶级；因此，如果两件事情所造成的快乐以货币衡量相等的话，则认为这两件事情的快乐多寡相同是合理的，也是合于平常习惯的。更进一步说，如果从西方世界的任何两个地方，毫无偏见地抽出两大群人，他们会将金钱以大约相等的比例，作为生活的较为高尚的用途，因此甚至就有这样一种表面上的可能性：他们的物质资源若有相等的增加，他们生活的美满和人类的真正进步也将有大约相等的增大。

对于那两名年收入分别为100英镑和200英镑的职员的行为，不可能不去好好琢磨一下，但是马歇尔的殷切和真正关心使其可以用一段十分可疑的概括结束他的阐述。"在经济学所研究的事件中，绝大多数是以大约相同的比例影响社会上所有不同的阶级"，情况真的如此吗？李嘉图肯定不会这么想。正如我们已经见到的，他敏锐地意识到了人口增长对地主和资本家的财富所产生的不同影响；斯密同样意识到了，机器的引进虽然肯定有助于资产阶级的利益，但也有损于劳动阶级的智力（而且李嘉图会补充说，有损于劳动阶级的就业前景）。

马歇尔是否意识到了，在据称是客观的论证中表现出了他本人的价值观？我怀疑他没意识到，思想观念与其说是关于对他人有意识的欺骗，远不如说是关于对自我无意识的欺骗。但是，在马歇尔的著作中论证与信念缠绕在一起，这是我们必须留意的一个方面，即使他没有注意到。

然而，我们应该首先适当地考虑一下马歇尔身为经济学分析大师的微妙之处。以这种对"调节"供求一类经济活动的"规律"问题的简练阐述为例，它们可以与自然规律相提并论吗？

【几乎一切科学规律都是对倾向的描述。】

如果没有阻碍的话，每个原因都有产生某种明确的结果的倾向。这样，引力会使东西落到地上；但当一个气球内充满比空气更轻的气体时，虽然引力有使它下落的倾向，但空气的浮力却使它上升。引力律说明两样东西如何互相吸引；它们如何相向运动，如果没有阻碍的话，它们就会相向运动。引力律因而是一种关于倾向的描述。

这是一种非常精确的叙述——精确到使数学家能计算航海历,这种航海历能表明木星的每个卫星将落在木星之后的时刻。数学家在许多年之前就作出这种计算;航海者将航海历带到海上,就可用来找出他们所在的地点。现在没有一种经济的倾向能像引力那样不变地发生作用,以及像引力那样被精确地度量:因此没有一种经济学的规律能与引力律相比。【简单科学中精确的规律。】

　　但是,让我们研究一种没有天文学那样精密的科学。研究潮汐的科学解释潮汐在太阳和月亮的作用下,如何每天涨落两次:如何在月半时潮汐大;如何在一月的上下弦时潮汐小;当潮水涌进一个狭窄的通道时,就像塞文河的那样,如何会涨得很高;等等。这样,在研究了不列颠群岛四周的水陆地位情况之后,人们就能预先计算任何一天在伦敦桥或格洛斯特潮水大概什么时候会涨得最高;在那里将有多高。他们必须使用大概二字,而天文学家在说到木星的卫星被蚀时却不必使用这个字。因为,虽有许多因素对木星及其卫星发生作用,但每一种因素都是以能被预先测知的一定方式发生作用的;但是,没有人对天气有足够的了解,而能预先知道天气将发生怎样的作用。泰晤士河上游的一场大雨,或是日耳曼海①一阵猛烈的东北风,都可使伦敦桥的潮汐与预料的大不相同。【复杂科学中不精确的规律。】

　　经济学的规律可与潮汐的规律相比,却不能跟简单、精密的引力律相比。因为,人们的活动是如此多种多样和不确定,以致在研究人类行为的科学中,我们所能作的关于倾向的最佳叙述,必然是不精确的和有缺点的。这一点也许会被当作对人类行为不能作出任何叙述的一个理由;但那差不多等于是放弃我们的生活。生活就是人类的行为,以及在行为中所产生的思想和感情。由于人类本性的基本冲动的缘故,我们大家——高等的和低等的、有学问的和没学问的人——都在不同程度上不断地力求了解人类活动的方向,并使这种方向适合于我们的目的,不论是出于利己或利人、高尚或卑鄙的目的。因为我们必须对自己形成关于人类活动的倾向的某些概念,我们就要在草率地形成这些概念和小心地形成这些概念之间作一取舍。这种工作越困难,对以下各点的需要就越大:不断的耐心研究;利用较为进步的自然科学所获得的经验;尽我们所能对人类活动的倾向作出深思熟虑的估计或暂时性的规律。【关于人的科学较复杂,因而其规律是不精确的。】

---

① German Ocean,日耳曼海,即现在所称的北海。——译注

因此,"规律"一词的含义,不过是一种多少是可靠的和明确的一般命题或倾向的叙述而已。在每种科学之中,都有许多这样的叙述;但我们对这些叙述并不都给予一种形式上的性质,称它们为规律,其实我们也不能这样做。我们必须加以选择;这种选择决定于实际的便利较多,而决定于纯粹的科学研究较少。如果有任何的一般叙述是我们常常要引用的,以致在需要的时候,我们详细引用它的麻烦,比在讨论时加上一种形式上的叙述,和加上一个新的名称的麻烦更大,那么,就给它一个特别的名称,否则就不必如此。

【社会和经济规律的定义】这样,一种社会科学的规律,即社会规律,是一种社会倾向的叙述;那就是说,我们可以期待的某一社会集团的成员在一定情况下所具有的某种活动趋向的叙述。

经济规律,即经济倾向的叙述,就是与某种行为有关的社会规律,而与这种行为有主要关系的动机的力量能用货币价格来衡量。

这样,在被当作经济规律的社会规律,与不是被当作经济规律的社会规律之间,并没有严格和明显的区别。因为,从差不多完全能用价格来衡量的动机的社会规律,到这种动机不大重要的社会规律,其中的等级是不断划分的,所以,后一种社会规律远不及经济规律那样精密和正确,正像经济规律远不及较为精确的自然科学规律一样。①

这又是马歇尔那明白无误的声音:让人放心、真挚恳切而颇具常识,但是这一次,我认为是出于良善的目的而使用的。他认为,经济学所以区别于其他姊妹科学,恰恰是由于跟社会学或政治学的学人所给予关注的活动相比,经济学所观察的活动具有更大的可靠程度。

马歇尔对经济学中这些类似于规律方面的贡献关系到许多让经济理论家颇感兴趣而对只寻求经济思想概况的读者不怎么感兴趣的不同问题。据说,这些成就中的其中一个曾导致当时正在巴勒莫一处屋顶上的锡沐盆里晒太阳的马歇尔激动得跳到了空中,嘴里喊着:"有了!想到了!"这一闪现的灵感是系统描述和解释人们对商品的需求(或供给意愿)在商品价格变化而改变的方式的可能性。

---

① 阿尔弗雷德·马歇尔,《经济学原理》,第1篇,第3章,第31-33页。

对于某些商品，较小比例的价格变化就会导致需求量或供给量较大比例的变化；对于其他商品，则只会产生较小的变化。马歇尔发明了弹性一词来描述这种关系，并列举了决定商品是否具有弹性的诸般条件，比如某种商品可用于多种用途还是少许用途；如果商品有很多用途，它就是弹性的（变化大），如果商品只有少许用途，它就是非弹性的（相对不怎么变化）。

或许具有更大意义的，是马歇尔对供给和需求在决定价格方面的相对重要性的阐述。正如下述摘录中的第一句话告诉我们的，供给和需求虽然总是均有涉及，但影响需求的效用因素，在短期内发挥更大的作用而影响生产成本的问题，其重要性会随时间周期拉长而提高。

我们讨论价值是由效用所决定还是由生产成本所决定，和讨论一块纸是由剪刀的上边裁还是由剪刀的下边裁是同样合理的。的确，当剪刀的一边拿着不动时，纸的裁剪是通过另一边的移动来实现的，我们大致可以说，纸是由第二边裁剪的。但是这种说法并不十分确切，只有把它当作对现象的一种通俗的解释，而不是当作一种精确的科学解释时，才可以那样说。

同样地，当一种成品必须销售时，人们对它所愿支付的价格将由他们想要得到它的那种愿望和他们对它所能花费的数量来决定。他们想要得到它的那种愿望部分地取决于这样的机会，即如果他们不买这个东西，则他们将能按同样低廉的价格买到另外一种跟它相似的东西。这种机会取决于支配着后面这一种东西供给的那些因素，而它的供给又取决于生产成本。但是待售的数量有时候实际上是一个固定的数量，例如，鱼市场就是如此，在鱼市场上，当天的鱼价差不多完全是由鱼案上跟需求相比较的鱼的数量来决定的。如果某人姑且假定鱼的数量就是这么多，说价格是由需求支配的，那么，只要这种说法并不自命是一种严格的确切的说法，则他的这种简单说法也许是可以原谅的。同样的，如认为克利斯蒂拍卖行前后出售珍本书时所取的价格不同完全是由需求所决定的，这也是可以原谅的，但这说法绝不是十分确切的。【前者在市场价值中占多数。】

举一个相反的极端例证，我们看到有些商品是遵守收益不变规律的，这就是说，不论商品的产量是大是小，它们的平均成本大致相等，在这种场合下，市场【后者在正常价值中占多数。】

价据以波动的正常水平将是这样明确的和固定的（以货币表现的）生产成本。如果偶尔需求很大，则市场价格暂时将超过正常水平，但结果生产将有所增加，而市场价格将下降。如果需求在某一时间内降至它的正常水平以下，情况就会与此相反。

在这种场合下，如果某人情愿忽略市场的种种波动，并且理所当然地认为，无论如何对某商品都会有足够的需求，以保证该商品某一或多或少的数量可以在价格等于这种生产成本的情况下找到买主，那么，他虽然忽略需求的影响把（正常）价格说成是由生产成本决定的东西，也是可以原谅的，只要他不自命他在他的这一说法方面的措辞具有科学上的精确性并在适当的场合说明需求的影响。

因此，我们可以得出结论说，就一般而论，我们所考虑的时期越短，我们就越需要注意需求对价值的影响；时期越长，生产成本对价值的影响将越重要。因为生产成本变动对于价值的影响跟需求变动的影响比较起来，一般需要更长的时间才能表现出来。任何时候的实际价值，即一般所谓的市场价值，受那些一时的事件和一些间歇性和短期性的因素的影响往往比受那些持久性的因素的影响要大些，但在长时期内这些间歇性和不规则的因素所产生的影响在很大程度上是相互抵消的；因此，在长时期内持久性因素完全支配着价值。但是即使持久性最强的那些因素也易于发生变动。因为整个生产结构是变动的，从这一代到另一代各种东西的相对生产成本都会不断地发生变化。①

马歇尔还因为若干其他有关边际主义分析法的推进而被人铭记。他发明了术语准地租，来辨别归于某类企业家的超常规利润，这类企业家因拥有特殊的机器或其他资源，使得他们在其他企业尚未赶上这种效率水平的期间享有竞争优势；他还区分出了一种称作消费者剩余的收益，消费者因购买某种商品而获得的总效用能够超出为取得该商品而付出的支出所代表的效用损失，二者之差就是消费者剩余。

那么，这些贡献和其他方面的完善是否具有持久的重要性呢？同样的，答案

---

① 马歇尔，第5篇，第3章，第348－350页。

也是一分为二的。马歇尔在关于市场稍微理想化的描述中肯定有错误,但是总的来说,他是第一位使边际主义经济学易被受过教育的公众所理解的经济学家。所有重要的问题或图表说明,都被放到了注释或附录之中(结果,凯恩斯评论说,只有这些注释或附录而非正文,才是《原理》一书中值得阅读的东西),而正文本身,由于其迷人的风格,则揭开了一个正开始显得晦涩难懂的问题的面纱。

然而,在一个核心领域,由于马歇尔把注意力集中在了价格决定的边际主义方面,这可能阻碍了经济学理解的发展。他在第二章就已经注意到了"社会收入"的战略性意义,而且他也表明自己理解了在计算这一类总收入时的各种问题。

社会收入可以通过把社会中各个人的收入加在一起来估计,不论它是一个国家或是任何集团。然而,我们绝不能把同一样东西计算两次。我们如果计算了一条毯子的全部价值,我们就已把制造毯子所用的纱线和劳动计算在内了;这些东西就绝不能再计算进去。而且,如果这毯子是用上年所存的羊毛制成的,那么,要求得这一年的纯收入,就必须先将羊毛的价值从毯子的价值中减去;同时,用于制造毯子的机器及其他设备的损耗同样也要减去。我们之所以要这样做,是根据我们开头提出的一般法则,即,真正收入或纯收入是从总收入中减去产生总收入的费用而得到的。【社会收入中易于多计或漏计的成分。】

但是,这毯子如果是由家中仆人或蒸汽洗涤厂洗干净了,则用于洗涤的劳动的价值必须分别计算进去;否则,这种劳动的结果就会从构成国家实际收入的那些新生产的商品和便利的目录中完全遗漏了。家庭仆人的工作在专门意义上常被归入"劳动"一类,因为这种工作能以他们所得的货币和实物报酬的价值来全部估定,不须逐一列举,所以将它包括在社会收入之内不会发生很大统计上的困难。然而,在不用仆人的地方,由家庭内的妇女及其他人所做的繁重的家庭工作如果漏计的话,就前后不一致了。

其次,假定一个地主每年有10000英镑的收入,以500英镑的薪水雇用一个私人秘书,而后者又以50英镑的工资雇用一个仆人。这三个人的收入如果都计算进去作为国家纯收入的一部分,有些收入似乎要计算两次,有些似乎要算三次。但事实不是这样。地主把从土地的生产物中所得的购买力的一部分移转给他的秘书，作为对他的帮助所付的报酬；而秘书又把其中的一部分移转给他的仆人，作为对他的帮助所付的报酬。农产物（它的价值作为地租归于地主）、地主从秘书的工作所得的帮助以及秘书从仆人的工作所得的帮助，都是国家的真正纯收入的独立部分；所以，10000英镑、500英镑和50英镑是这三个部分的货币衡量，当我们计算国家的收入时，必须将它们都计算进去。但是，这地主如果每年给他儿子500英镑的津贴，那就绝不能算作独立的收入；因为对这500英镑并没有作出什么贡献，它也不会被征所得税。

【国民收入比国民财富能更好地衡量一般的经济繁荣。】财富的货币收入或财富的流入是对一国繁荣的衡量，这种衡量虽不可靠，但在有些方面仍然比一国现有的财富的货币价值所提供的衡量更佳。①

看起来，马歇尔把国民收入确定为经济中必须予以密切关注的一个方面，是走在正确的方向上。在下一章，他开始考察可用以对国民收入作有益的分类和研究的基本方式。根据我们本身对经济学即将转移的方向的了解，我们也许想知道，马歇尔是否准备对决定着国民总支出的稳定性或动态属性的消费行为和投资行为作出至关重要的区分。但马歇尔在讨论这些类别的差别时的消极语气——"不明确的而且也许没有多大实际用途"②——将这一点排除在外。国民收入再没什么让人感兴趣的了。

我们无法确凿地解释，为什么马歇尔没有看到这种在我们看来手到擒来的可能性。但一种貌似合理的解释是，从马歇尔的观点来看，唯一重要的分析性问题涉及价格的确定。从这样的观点来看，消费品和投资品之间没有什么重要的差别。换句话说，从边际主义的观点看，经济行为的关键方面都是看不见的，比如，预期在计算边际效用中的作用。或者这样假设：不稳定而非稳定可能是分析的必然的出发点，或者再次从马歇尔的观点看，更大范围的经济表现为供需相互交错的集合体，这并不是一个暗示有一种协调一致的聚合手段的观点。更确切地说，这样一个观点封闭了对总经济产品或它的对应物总收入的任何理解。总收入乃是由结合在一起的、相互作用的消费流和投资流所决定的收入流。马歇尔因而

---

① 马歇尔，第2篇，第2章。
② 同上，第80页。

不明智地将看出某些问题所必需的视角排除了，这些问题后来成了他那不留情面但却极有天分的学生梅纳德·凯恩斯所关注的主要焦点。

还有最后一个重要的问题，它把分析型马歇尔和社会型马歇尔联系在了一起。那就是在马歇尔时代令人不安的工业集中现象，马克思曾呼吁人们对此给予关注。马歇尔有对这种威胁的补救方法，而这在马克思那里是决不会有的。我们可以在马歇尔关于商业生存竞争的讨论中看到这一点。

但是，在这里，我们可以从森林中新生的树木，用力从老树的浓荫中向上挣扎的情况得到教训。许多新生的树木中途夭折了，只有少数得以生存；这些少数生存的树木一年比一年壮大，它们的高度每有增加，就可以多得一些阳光和空气，终能耸然高出邻近的树木之上，似乎它们会永远这样生长下去，随着它们这样生长，似乎永远壮大下去。但是，它们却不是这样。一株树比另一株树能维持活力较久和较为茂盛；但是，迟早年龄对它们是有影响的。较高的树木相比于它的竞争者，虽然能够得到较多的阳光和空气，但它也逐渐失去生命力，相继地让位于物质力量虽然较小、而青春的活力却较强的其他树木。

树木的生长是这样，在大股份公司的近代巨大发展之前，企业的发展原理上也是这样，大股份公司虽然常常营业不振，但不是遽然倒闭。现在，这个原理已不普遍了，但在许多工业和商业中，它仍然是有效的。大自然以限制私人企业的创办人的寿命，甚至以对他的生命中最能发挥他的才能的那一部分限制得更严，来压制私人企业。因此，不久之后，企业的管理权就落到即使对企业的繁荣同样积极关心、但精力和创造的天才都较差的那些人手中了。如果这企业变为股份公司组织，则它可保持分工以及专门的技术和机械上的利益：如果再增加资本的话，它甚至可以增大这些利益；并且在有利的条件下，它在生产工作上就可保持永久和突出的地位。但是，恐怕它已丧失如此之多它的伸缩性和进步的力量，以致在与新兴的较小对手竞争时，它不再完全处于有利的地位了。①

马歇尔描述的是一种从贫穷到富有再到退休的社会场景，它通过一个自发的

---

① 马歇尔，第4篇，第13章，第315–316页。

除旧更新过程,将制度从冷酷的集中威胁中解救出来。事实上,他在前一章已经从更具个人性的角度讲述了这个故事:

【商人子弟拥有良好的起点。】已经在营业上有成就的人的儿子,开头就具有超出别人的几大优势,这是显而易见的。他从青年时代起就有获得知识和发展才能的特殊便利,而这种知识和才能都是他父亲的企业的经营管理上所需要的:他安心地而且差不多是不知不觉地获悉他父亲的行业以及与之有买卖关系的行业中的人物和情况;他日渐知道他父亲所思索的各种问题和忧虑的相对重要性与真正的意义:他获得了关于这个行业的制造方法和机械的专门知识。他所学到的东西,有些只适用于他父亲的行业,但大部分对于跟这个行业稍有联系的行业,都是有用的;同时,由于与任何一个行业掌握大计方针的人的接触,所养成的判断力和智谋、进取心和谨慎、毅力和谦虚等一般才能,对于使他适合经营差不多其他任何行业,都会大有用处。

而且,成功的商人之子,除了在天性和教育上似乎不喜欢和不适合经营企业的人之外,在开头就具有差不多比其他任何人更多的物质资本:他们如果继承父业的话,他们就具有稳固的营业关系的有利地位。

【但商人并不构成一个世袭阶层,因为能力和品位并不总能遗传给下一代。】所以,初看起来商人们似乎会成为一种世袭的阶级,会把管理上的主要位置分给他的儿子们去担任,建立世袭的王朝,而接连许多代统治某些商业部门。但是,实际情况却大不相同。因为,当一个人建成了一个大企业时,他的子孙虽有很大的本事,但往往不能发展出同样成功地经营这个企业所需的高级才能和特殊的意志及气质。他自己也许是由具有坚强和诚恳的性格之父母所抚养长大的;并为父母的个人影响和幼年时与困难的斗争所教育。但是,他的儿子们——至少在他富有后所生的儿子们和在任何情况下他的孙子们——恐怕大多是由家内仆人们照顾的,这些仆人却没有像他的父母那样的坚强性格,而他自己是被他的父母的影响所教育的。他的最大的志向也许是营业上的成功,而他的子孙对于社会或学术的名望,至少会是同样渴望的。

诚然,一切事情也许一时都很顺利。他的儿子们有了稳固的营业关系和——甚至也许更为重要的是——许多对营业极其关心的胜任的下属。只要勤勉和谨慎,并利用企业的传统,他们就可以长久地维持。但是,经过整整一代之后,旧的传统已不再是可靠的指南,维系老职员的纽带也已消失,这时,这个企业的瓦解差不多是不能避免的,除非有新人在企业中参加合伙,同时企业的经营管理工作也实际上交给新人担任。

但是,在大多数情况下,他的子孙是以一条捷径来达到这种结果。他们宁愿自己不努力而得到丰厚的收入,而不要以不断的辛苦和操劳才能得到的两倍的收入;他们把企业卖给私人或股份公司;或者他们变成企业的匿名合伙人,即,分担企业的风险和利润,但不参与企业的经营管理:在这两种情况下,他们的资本的实际支配权,主要是落于新人之手了。①【经过一段时间,必须以某种方式引进新鲜血液。】

现在,离《原理》的结尾只剩最后一小步了(尽管还是花了多页篇幅):

现在像往常一样,那些高尚而热心的社会改造家们曾给他们的想象所便于虚构的那种制度下的生活描绘了美丽的图景。但那是一种不负责任的想象,其所以不负责任,就在于它从这一虚伪的假设出发,即在新制度下人性将迅速改变,而这种改变在一个世纪内,甚至在有利的条件下也是不可企求的。如果人性可以得到这样理想的改变,那么,即使在现有的私有财产制度下,经济骑士精神也会在生活中占统治地位。而源于人类天性的那种私有财产就成为无害的了,同时也成为不必要的了。

因此我们有必要提防那种扩大我们时代的经济灾难并忽视以往更严重的类似灾难的诱惑,尽管某些夸张在短时间内可以刺激我们和其他的人更加坚决地要求立即消除现有的这种灾难。但是蒙蔽正义事业的真相和蒙蔽利己勾当的真相同样有害,而往往更加愚蠢。悲观主义者对我们时代的描绘,再加上对过去幸福的那种烂漫的夸张,必然有助于抛弃那些工作即使缓慢却也踏实的进步方法,有助于轻率地采纳许下更大诺言的其他方法,但是这些方法就像江湖医生的烈性药一样,在立见微效的同时,却播下了长期到处腐烂的种子……②

再继续评论似乎没有必要了。两个马歇尔已经展现在我们的眼前:聪明敏锐

---

① 马歇尔,第4篇,第13章,第398-300页。
② 马歇尔,第6篇,第13章,第721-722页。

但视野狭小的分析家马歇尔和关心社会但满怀希望的道德家马歇尔。或许，可作为一个问题而提出的，是这些研究方法中最终哪一个更有用：是基于根本上枯燥乏味的前提而能得出逻辑上有说服力的结果的分析呢，还是由于意识到经济研究本身具有不可重复的社会性质而只能得出令人抱歉的结果的研究？

六 二十世纪的经济学家

托斯丹·邦德·凡勃伦

(1857—1929年)

　　凡勃伦是大经济学家画廊中的一个异类。他既没有对既有的经济学模型做出任何分析性的改进，也没有提出任何堪与这些大经济学家相媲美的宏大图景。更糟的是，他最接近于后者的，乃是推测了一个也许有朝一日会接管商业系统的管理的"技术人员苏维埃"，但是，他在书的结尾写下了这样的话，从而削弱了这个离经叛道的建议的锋芒："这种情况，对于这些守护者或者大量的富有市民——他们构成了不在场所有者阶层的普通成员——来说，是没有什么能适度地扰乱他们的敏感神经的，就是现在。"最后两个词是凡勃伦的精华，让人安心、使人警醒、讽刺嘲弄。

　　他的主要贡献——凡勃伦肯定会对该词一笑置之，不是给日益庞大的经济思想库添砖加瓦，而是在整个经济思想所依靠的逐渐增加的"科学性"上切割削减。下面的例子取自一篇题为《为什么经济学不是一门进化的科学》的文章。

　　经济学家们的心理学和人类学前概念是那些在若干代人之前为心理学和社会学所接受的观念。关于人的享乐观是对快乐和痛苦的快速计算这一概念，他就像一个均匀的在各种刺激驱使之下的幸福球，这些刺激摆布得他团团转，又使他完好无损。他既无前情也无后果。他是孤立的、明确的基准人，除了那些使他团团转的冲击性力量的折磨之外，他处于稳定的均衡状态。他自愿接受待在基本的空间，绕着他自己的精神之轴同步旋转，直到诸力按平行四边形法则施力于他，这时，他才会追随合力的方向走。当这冲击的力量耗尽之时，他停止移动，就像以前一样是一个自给自足的欲望球。在精神上，这个享乐人并不是主要的推动者。他不是生活过程的中心，除了在下面的意义之外：他屈从于由现状施加于他身上

的一系列外在的跟他不相投合的变化。①

这个评论也许不太适用于马歇尔，因为他始终清楚可用供需图表来描述其行为的那些人的社会性。但是，就凡勃伦的时代中以及我要遗憾地补充说还有我们本身的时代中那些更具抽象思维的理论家而言，这个评论是尖锐而深刻的。

凡勃伦本人几乎不被他矛头所指的经济学界注意，这不足为怪。对于批评者们来说尤其是对于那些把批评矛头指向某一学科的前概念而非结论的人来说，遭受学界的漠视是他们的命运。因此，一点也不奇怪，凡勃伦矛头所指的经济学家没有给予他任何认真的对待，或者他从不缺乏的崇拜者均来自其他领域或出自整个知识分子界的领袖。情况至今仍然如此。除了坚定的自封为制度学派的群体，凡勃伦在经济学界整体上被忽视了。他最有名的著作，即专门揭露凡勃伦所谓"金钱文化"之原始阴暗面的《有闲阶级论》，就我所知，从来没有被我所在职业的人员作为我们专业中一本"严肃"的著作加以研究，而是常常被作为社会学、人类学甚或纯文学类的作品对待。

问题在于如何将这位异端分子纳入本书中，因为本书旨在探究已经影响了西方世界的经济学思想的不断变化的结构。我决定从《工程师与价格体系》摘录一章，稍微压缩后提供给读者，该书是在他快去世前的1921年出版的。② 这也许是他最接近于明确表达关于经济如何运作和经济在不同预兆下可能怎样运转的观点了。巧合的是，该书的最后一章，即提出了"技术人员苏维埃"幽灵的那一章，就是以本引言第一段结束时说的那几个嘲弄词语而结束的。我经常遐想着，如果是马歇尔，他对于这种强力的、华美的但却具有破坏性的分析会有什么想法。当然，他会感到震惊。尽管如此，公正如斯的马歇尔也许会欣慰地说，现在终于有一位经济学家愿意到抽象的"企业"内部去探查一番，看一看企业实际是如何运作的。在凡勃伦之前，马歇尔是唯一一位这么做过的经济学家。

无论如何，下面就是凡勃伦的作品，好坏任人评说。它属于经济学还是社会

---

① 选自《凡勃伦传》，马克思·勒纳编，纽约：维京出版社，1950年，第232-233页。
② 托斯丹·凡勃伦，《工程师与价格体系》，纽约：哈考特·布莱斯及沃德出版社，第3章，节选。

学呢？不论属于哪个，凡勃伦都是阐释大师。所以，至此我将心平气和地搁下手中的笔。

金融首脑和工程师

在不止一个方面，今天的工业系统显著不同于以前已经消失的任何系统。它明显是一个系统，是平衡和全面的；它是一个由环环相扣的机械流程构成的系统，而不是有技巧地操作的系统。它是机械的而非人工的。它是对机械力和物质资源的组织，而不是对有技巧的工人和工具的组织；虽然对于它的综合机制来说，有技巧的工人和工具也是一个不可或缺的部分。它具有客观的性质，模仿着材料科学的方式，对于材料科学，它是持续不断地加以利用的。它趋于专业化和标准化产品和服务的"规模生产"。由于所有这些原因，它适合在工业专家即熟练技术人员的指导下的系统控制。这些人，由于没有更好的术语，姑且称之为"生产工程师"。

这个工业系统是作为一个包罗一切的由许多环环相扣的不同机械流程构成的组织而运行的，这些流程之间彼此依存、相互平衡，以致它的任何一部分的正常工作都是以所有其他部分的正常工作为条件。因此，它要工作在最佳状态，非得这些工业专家即生产工程师基于共同的理解进行协同工作不可；更特别的是，他们切不可目的不一。这些技术专家的持续监督对于工业系统的正常工作是不可或缺的，他们构成了工业的总参谋部，他们的工作就是控制整体生产战略，并对具体的生产策略进行监督。

上述就是该工业系统的性质，所有文明人的物质福利皆有赖于它的正常运转。这个包罗一切的系统需要利用一个严密而广泛的相互依存的计划，以至于就物质福利而言，没有哪个国家、没有哪个社会能够以任何其他国家或社会为代价获得任何好处。就物质福利而论，所有的文明人被既有的工业技术水平捆绑在一个持续发展的单一事业上。为了这包容一切的事业正常运转，至关重要的是，那支通过训练、洞察力和利益而构成工业总参谋部的技术专家队伍，必须不受约束地对原材料、设备和人力诸方面可利用的资源进行处置，无须顾及任何国家的借口或任何的既得利益。为了任何国家或任何投资者的特殊利益，而对任何可用的工业力量进行任何程度的阻碍、转移或扣留，都会不可避免地导致系统的错位和紊乱，包括使其工作效率不同比例地下降，从而给整体带来不同比例的损失，因而给所有各部分带来净损失。

与此同时，政治家们为了这个或那个国家的特殊利益，以其余的国家为代价，对这个工业系统的有效力量加以转移和阻碍；金融首脑们则各怀心思、相互勾结，把他们所能动用的一切转移到增加这个或那个既得利益集团的特殊利益上，不惜牺牲其他各方的利益。因此结果就是，这个工业系统在政治家或金融首脑能够对其机制上下其手的每一个转折处，都因意见各异、错误引导以及物质资源、设备和人力得不到利用而受到人为的阻碍；所有的文明人一道陷入水深火热之中，因为工业专家总参谋部被要求接受命令，屈从于这些政治家和既得利益所造成的破坏。政治和投资仍然可以决定那些显然应该交由不受任何商业偏见驱使的生产工程师总参谋部所审慎决断的工业政策事务。

毫无疑问，这种对工业系统及其重重困难的描述似乎夸大其词。然而，所作的描述并不适用于任何早于二十世纪的时期，或者至今仍未进入机械工业文明的任何落后社会。在过去的一个世纪，虽然机械工业已日益被商品和服务的生产所采用并转向大规模生产，但是工业系统只是逐渐地承担起一个包罗一切的由环环相扣的流程和物质交换组成的组织这个角色；只是在二十世纪，这种累积的进程才达到登峰造极的地步，以致这种特征现在明显地成为现实……

实际上，这个工业系统向着一个全方位的由环环相扣的流程组成的机械平衡系统的逐渐发展，现在似乎面临着一个关键的转折点，一旦越过这个转折点，那么，将其控制权交到因私利的和各怀鬼胎的商人手中，或者将其持续运作交由除经过适当训练的技术专家、没有商业利益的生产工程师之外的其他人管理，都将不再是可行的。这些人可能会如何处理这一切不是那么一目了然；他们所能做的充其量不够好；但是，下面这样的负面评价正变得越来越清楚：工业的这种机械现状不会长期容忍由既得利益者按照当前这种不能深思熟虑的商业规则持续地控制生产。

起初，也就是说在机械工业发展的初期，特别是在各机械行业直接因工业革命而诞生的初始阶段，工业专家和商务经理之间是没有任何明显界限的。那是在新的工业系统已经在渐进式专业化和复杂性的道路上走了很远以前,在业务达到大规模生产以前。因此,在那个时代,就算是在技术事务方面没有受过特殊训练的商人,仍然可以对整体进行某种明智的督导,并了解一些他们投入了资金并从中取得收入的工作中的机械操作所要求的知识。那时,工业流程和设备的设计者将仍会经常关心财务目的,同时他们还管理着工厂。但是从这个发展过程中的某个早期时刻,开始有了一个逐步的分化,以致把那些设计和管理工业流程的人跟那些设计和管理商业交易并关心财务目的的人区分开来。按照技术要求确定哪些事情能够用生产性工业的方式去做,并设计出做这些事情的方法和手段,成了技术人员的工作;但是商务管理总是依照商业理由,继续决定着应该做多少工作,应该生产什么种类和质量的产品和服务;而且,商务管理的决策始终是决定性的,并始终决定着生产不得逾越的边界……

经过机器时代早期的数十年后,这些因盈利性业务的需要以及商人对技术的无知而对专家的工作所施加的限制,似乎不再是一个严重的障碍,不论是作为对技术知识的持续发展的障碍,还是作为对它在工业中的合理运用的障碍。这些发生在机械工业的范围、复杂度和专业化已经有了大发展之前;也发生在技术人员的持续工作已经把工业系统的生产能力推进到如此之高的程度,以致始终处于所能生产的产量比盈利性业务所要求的产量更大这一危险之前。但是渐渐地,随着时间的流逝以及工业技术向着更大范围和更大规模的进步,向着流程越来越专业化和标准化的进步,那些构成当前工业技术发展水平的技术知识,已经对那种造就工业专家的训练提出了更高程度的要求;同时,任何效率尚可的工业管理已经不可避免地在利用他们和他们的特殊才能方面达到前所未有的地步。与此同时以及由于境况的上述转变,受日益趋近于商业事务所驱使的金融大佬们,与生产性工业的日常现实渐行渐远,日渐失去跟它们的联系;而且,必须承认,他们也继续越来越不信任他们所不了解但又无日不可无之的技术专家。这些大佬们被迫继续雇用技术专家,为他们赚钱,但他们只是勉为其难地、拖沓地、有保留地和慎之又慎地这样做;只是因为而且是就他们相信这些技术人员的使用是赚钱所必需而言的。

金融大佬们这种顽固而普遍的拖沓和审慎所导致的一个结果是,在物质资源的使用方面越来越难以置信的不经济,以及在那些技术进步最为明显的大工业中设备和人力的组织方面难以置信的浪费。在很大程度上，正是这些目光短浅的工业大佬给主导性工业所带来的这种不光彩的转变，使这一领域的首创精神和自由裁量权从他们的手中转移到投资银行家的手中，从而使这些大佬的统治不光彩地结束了。传统上，投资银行家占据了公司证券经纪人的职责和企业上市承销商的职责之间或有所重叠的一个位置——实际上，在有关企业财务的规范著作中仍赋予他们这样一个位置。企业日益增加的规模以及在这些企业组织中间相互理解的增加也在这个新的动向中发挥了作用。但是，大约也是这个时候，在那些传统上涉及企业财务的行业中的许多行业，"咨询工程师"的作用正越来越明显。

这一动向的影响是双重的：经验凸显了这样的事实，即处于最佳和最稳健状态的企业财务现在已经成为一项综合性的和标准化的官僚式常规事务，不可避免地包含了各种企业事务之间的相互关系，最好是由训练有素的专职会计师队伍打理；经验也使这些金融商行跟工业系统的技术总参谋部发生直接的联系，对于任何想要盈利的工业企业，其经营越来越迫切需要他们的监管和督导。但是由于同样的原因，十九世纪传统上的企业金融家看起来也不再是更大、更负责任的企业财务中的本质因素。实际上，他不比经济机制中的一个空转轮强多少，只起到消耗润滑剂的作用而已。

既然而且只要这种从19世纪到20世纪的转变已经完成，企业金融家就已不再是工业首领，他已经变成了一名财务副官；财务首领之职已经被银团的投资银行家所接管，并作为一项标准化的日常会计事务加以管理，负责处理企业证券的上市及其不断变动的价值，也处理一些有关对那些经投资银行家之手而发生了上述转变的工业企业中的产出率和产出量加以调节的事情……

就这样，到目前为止，这个工业系统的成长和运转显现出了这独一无二的结果。在此机械工业发挥作用的技术——工业技术水平——在突出的意义上，是文明人所共同拥有的知识和经验宝库。它要求使用受过训练和受到指导的工人——他们是以牺牲全体人民的福利为代价而养育、培养、训练和指导出来的。所以它还带着越来越苛求的执著，需要一支训练有素和有专门天赋的各个种类的专家队伍。同样地，这些专家也是以牺牲整个社会的福利为代价而养育、培养和训练出来的，而且他们是从所积累的社会共同经验宝库中得到他们所必需的专门知识的。不论用什么可能最适合他们的名称，这些专家、技术人员、工程师构成了不可或缺的工业系统总参谋部；若没有他们直接的和不懈的指导和修正，工业系统就不能正常工作。这是一个按机械要求组织起来的包括各种由这些生产工程师设计、安装和管理的技术流程的结构。如果没有他们和他们持续的照料，工业设备即工业的机械装置，合起来将不过是如此大量的垃圾。不客气地说，社会的物质福利是跟这个工业系统的正常运转密不可分的，因而与工程师们毫无保留的管理密不可分，单单他们本身就有能力管理这个工业系统。要使他们的工作像应该做的那样去做，则这些工业总参谋部的人就必须能够放手去做，不得附带商业保留条件，不得被商业考量所阻碍；因为，他们既不需要社会所需的商品和服务的生产，他们也未因所有者一方的任何监督或干扰而有任何程度的获利。然而，那些现在事实上由银团的投资银行家所代表的不在场所有者，却为了他们自己的商业利益而不顾社会的需要，继续指挥着这些工业专家，随意限制他们的自由裁量权。

迄今为止，这些构成工业系统总参谋部的人尚未团结成为一支自主管理的劳动队伍；他们除了对一些互不相属的工业设备部门进行偶尔的、随机的和暂时的控制之外，他们也没有被赋予任何其他控制权，他们跟生产性工业中可被称为一线军官和普通士兵的人员也没有直接的和决定性的关系。"雇佣和解雇"仍是财务管理层及其财务代理人未被打破的特权。所有工业力量最终的处置权仍掌握在商人的手中，他们依旧继续为了工业之外的目的处置这些力量。一直以来，一个公开的秘密是，生产专家如果拥有合理的放手去做的权力，他们今天将很容易把正常的工业产出提高好几倍——据估计是现有产出的约300%至1200%不等。一如既往地，阻碍着商品和服务正常产出获得如此增长的，仍然是商业。

最近，这些技术人员开始令人不安地有了"阶级意识"，并思考着联合起来组成不可或缺的工业系统总参谋部。他们的阶级意识采取了直接的形式：他们越来越多地意识到了不在场所有者的财务代理人在工业管理方面所造成的浪费和混乱。他们开始观察工业中无所不在的管理不善，这种管理不善跟出于商业目的而对工业的控制密不可分。这一切清楚表明，他们为之感到耻辱，并意识到了对公共利益的损害。因此，这些工程师们开始团结起来并扪心自问："这到底是怎么回事？"

在19世纪的最后几年，技术人员中间这种令人不安的动向开始以一种不明确的和偶然的方式出现；那时，咨询工程师以及随后不久"效率工程师"开始作具体的零零碎碎的修正，这暴露出了那些上了年纪的以牺牲工业为代价从事保守商业活动的门外汉们在工业管理上的无能。标准类型的咨询工程师，不论是在当时还是自那以后，都是商业化的技术人员，他们的工作就是从商业开发的角度评价任一给定企业的工业价值。他们介于技术专家和商业代理人二者之间，既受这二职的局限所困扰，也通常不能完全胜任其中的任何一职。他们的正常职位应该是投资银行家的员工的，是要领取固定的薪水或津贴的，而且他们将迟早从技术的职位转变为真正商业的职位，这通常是他们的命运。效率工程师或科学管理专家的情况有点类似。他们也开始针对他们所调查的那些工业企业，去评价、展示和修正其日常管理中的商业缺陷，去说服手握大权的商人，告诉他们如何可能通过更好地利用他们所能支配的工业力量，而合理地得到更大的净收益。在新世纪的头些年，一种浓厚的兴趣集中在这两个工业专家群体的看法和述评上；至少因他们对当前事实的揭示而产生的兴趣是这样。这些事实显示了工业系统中无所不在的拖沓、漏洞和冲突，这是因那些唯私利是图的商业冒险家们杂乱无章的和目光短浅的管理所致。

在20世纪开头的这些年，这个非正式的工程师行会的成员们整体上一直对于因无知和商业破坏而导致的习惯性管理不善问题感兴趣，更不要说对愚蠢的商业行为问题感兴趣了。但是，从商业价值之外的视角看待工业的，是他们当中年轻的一辈而不是老一辈。环境决定了，行会中较老的一辈几乎全变得商业化了。他们的习惯性眼光已经在漫长的和未中断地向公司金融家和投资银行家学习的时期塑造成型了；因而他们仍习惯性地把工业系统看作是一个为了曲折迂回地赚钱而发明的工具。相应地，已成立的正式工程师协会和学会是由老一辈工程师指挥和管理的，在它们的批评和提议中继续显示出其创立者的商业偏见。但是，20世纪涌现出的新一代工程师却不像他们那样忠于那个商业管理传统，这传统是要把技术人员打造为金融大佬的令人敬畏的副官。

通过训练，或许也由于与生俱来的爱好，技术人员发现根据切实的业绩来估量人和物较为容易和令人信服，他们不会作事后的商业考虑；因他们给金融大佬们当学徒而可能把事后的商业考虑当作他们的第二天性除外。许多的年轻一代开始懂得，工程须以切实的业绩为始终，而商业手段是另一码事。事实上，他们开始懂得商业手段对工程师的工作没什么贡献，只会造成大量的拖沓、跑冒滴漏和摩擦……

工程师们应该怎样并多快意识到他们将组建同业公会，意识到文明人的物质命运已经落在他们的手上任由他们摆布，而这种意识会惹起什么事端、造成什么影响，对此妄加推测是一件危险的事情。但是，种种工业状况和工程师中间信念的转变正合在一起使事情朝类似这样的目标发展，这已经是足够明显的了。

迄今为止，要在生产性工业的控制及其产品的分配和使用方面带来人们所寻求的任何调整，通常都是依靠在劳资之间、在投资方的代理人和工人群体之间持续进行的无休止的有关谈判。这类谈判具有商业交易的性质，它们必然一直是而且仍将是讨价还价，因为谈判的双方继续把所有权、自由交易和自我帮助奉为神圣的依据；比如在这个复杂的工业系统降临之前的时期，看出、准予和保证这一切的十八世纪商业智慧。在这些所有者和工人之间无休止的谈判过程中，有过一些按双方的要求和力量组成的松散、临时的联合组织；因此，这两个公认的工业争议方已经组成了一个松散的既得利益集团，每一方都要求达成各自作为利益方的特殊要求。每一方都为自己争取某种特殊的利益，并设法为自己争得一个有利可图的交易。不论是社会整体层面还是作为一个持续事业的工业系统层面，迄今为止尚没有任何一名公正无私的代言人认真地介入这些相互竞争的既得利益之间的这个争议之中。结果就是具有谈判和买卖性质的讲究实际的让步和妥协……

这些谈判必然是没有结果的。只要资源和工厂的所有者得到许可，或者只要它可对工业经营作任何程度的控制或考虑，那么，除了妥协性地缓和所有者对生产的干涉，是不会实现任何实质性的调整的。因此在结成同盟的工人和组成了辛迪加的所有者之间你来我往的讨价还价，也没有任何颠覆性的东西。这是两个竞争性的既得利益集团之间为了私利而进行的一个机会和技巧的游戏，工业系统作为一个持续的事业进入这游戏之中，只是充当了有关交涉的受害者。然而，社会的物质福利，尤其是工人的物质福利，取决于没有干扰的工业系统的正常运转。这些既得利益集团任何一方为缓解局势而对生产干涉权的让步，显然只能是妥协性的缓解，而不会有任何实质性的缓和。

但是由于这个工业系统独特的技术性质，即它有专业的、标准的、机械的和技术上高度环环相扣的生产流程，就逐渐形成了这支技术性的生产专家队伍，这工业系统的正常运转因形势所迫而逐渐落到了他们的照管之下。因形势所迫,他们成了社会物质福利的管理者;尽管在事实上,他们迄今为止一直为这些托管阶级担当了免费收入的看管者和提供者。他们被扔在了负责任的工业系统主管职位上,而受这一事态影响,他们处在一个关键的位置,成为社会物质福利的仲裁者。他们正变得有阶级意识,他们不再受商业利益驱使。在联合起来的所有者和结成联盟的工人都是既得利益者这个商业意义上,商业利益在任何程度上都将使他们成为这样的一个既得利益集团。与此同时,经常与数字打交道以及由于习惯性的观点,他们绝不是像结盟的工人那样的多样化和难以对付的群体。结盟工人的庞大数量和利益的千差万别使他们的一切努力实质上归于无效。一句话,工程师们处在一个能够促成下一步行动的位置上。

跟包括金融力量和托管阶级在内的整个人口相比较,这里所讨论的技术专家们的人数可以说微不足道;然而,这微不足道的人数对于各生产性工业的持续运转却是不可或缺的。其人数如此之少,其阶级如此整齐划一,以至于对其力量进行足够紧密和包容的组织,他们当中一旦有可观的人数被任何共同的目的所推动,其自我安排就应该几乎是理所当然的了。这共同的目的不难寻找,因为像往常一样,商业把无所不在的工业混乱、妨碍、浪费和拖沓持续不断地扔在他们的面前。同时,他们是产业工人即一线管理者和普通工人的领导者,后者将形成一种心态,去追随他们的领导者进行任何一个承诺促进共同利益的冒险。

这些人清醒地在注重实际业绩的精神中受过训练,被赋予了不止是一种各尽其能的共同技术感,还被赋予了一种偏向于"自己活也让别人活"的共同遗产,在这些人看来,对不在场所有者那过时的和有害无益的权利予以否认,似乎不大可能是对这些神圣不动产的一种不正当侵害。那些既得利益者为了托管阶级的利益,而借以继续控制工业系统的传统所有权,是属于一种比机械工业更古老的秩序。它是产生于那个小打小闹、处事虚伪、因袭守旧的过去。对于在技术专家的心目中那个以实际业绩衡量人和事的方案的所有用途而言,它是没有形质的和无效的。因此,若机缘巧合,受到适当刺激,引起工程师公会聚首协商,并致事态完全失控,他们对那些造就既得利益集团并破坏工业系统的大量不在场所有权不予承认,那么,这种情况的出现就绝不应该是一件让人惊讶的事情。而且,站在他们身后的是千千万万粗手粗脚的产业工人,工人们正躁动不安,巴不得弄出点事情来呢。当然，他们当中已被商业化的年长一辈会问自己：我们为什么要担心？我们会得到什么？但是，因没什么商业经历而不那么冷酷现实的年轻一辈，将很有可能这样问自己：我们有什么可失去的呢？存在着一个明白无误的事实：诸如工业技术专家总罢工一类的事情不需要涉及超过百分之一的人口的一个零头；然而，它却会迅速导致旧秩序的崩溃，并把过时的金融结构和不在场所有者的破坏一劳永逸地扫到垃圾堆里去。

这样的大灾难无疑是可悲可叹的。这在所有那些站在托管阶级一边的人看来不啻为世界末日，但是在工程师们和千千万万粗手粗脚的普通工人看来，也许不过是平日工作中的一个事故。这是一种颇令人痛惜的情况。但是，在对种种情况的同时发生失去耐心中并没有任何受益。充分估计一下这种情况，并认识到技术工人和士兵代表委员会因形势所迫，现在还可以用他们自己的方式，选择他们自己的好时机开展下一步行动，这不会有任何害处。这行动如果发生的话，它将在何时展开以及包括什么内容，甚或它将是什么样子，这可不是哪个门外汉能够随意置喙的一件事情。但是，看起来十分清楚，金融首脑在工业中的独裁须经工程师们首肯，任何时候都可能被他们自行决定予以中止，这只是方便与否的问题了。

对于这种离经叛道的观点，人们会作何想？一望而知，它是一个现实主义和非现实主义的混合体。这种由"工程师"接手管理的愿景，只能被认为是一个一厢情愿的幻想：曾在其早期的《商业企业理论》一书中写出"机器抛弃了思想的人格化习惯"的凡勃伦，他本人就是另一种浪漫的理想化的牺牲品，因为他想象着理性的工程师、技术专家、科学家转而与金钱满脑的商业大亨们敌对。不论是在美国还是在任何其他地方，包括苏联在内，机器的设计者或保管人从没有取得控制权——连寻求控制都不曾发生。书籍乃是革命态度的源头，而不是齿轮。

另一方面，毋庸置疑，在负责生产设备运转的副总裁们的观点和行政高管人员的观点之间，可能存在着实际的差别。前者的目标是无故障、高效率的机器运转；后者的目标则是财务底线，而不是生产线。企业事务领域依赖于高效的运转，而且为达此目的，可能是相当残酷的，但是，这不可避免地跟接管、杠杆收购以及那些对企业成败常常有较大直接意义的类似金融交易纠缠在一起。这些操作要想获得成功，突袭团队首领的态度是关键，而这种态度在生产现场没什么用处。

因此，站在"奥林匹斯山的高度"看，"工程师们"的利益实际上可能跟"价格系统"的指导者们的利益背道而驰或南辕北辙——这种分歧在我们这个金融操纵的触角和力量比凡勃伦时代大得多的时代，也许甚至更显著。但是我看不出有关技术工人和士兵委员会的任何迹象——既不是"就是现在"，也不是在任何技术先进的国家中的可预见的未来。对思想文化史的一大讽刺是，那些针对作为理性而体现的经济学概念加以嘲笑的批评家们，本身就不啻为无知而天真地传播经济生活概念的人。

约翰·梅纳德·凯恩斯

(1883–1946 年)

梅纳德·凯恩斯（他讨厌自己的第一个名字，如果听到自己的姓氏被称作基恩斯而非凯恩斯也会感到恶心）可能是也可能不是大经济学家中最有才华的，但他最老于世故，无人能出其右。在剑桥大学师从马歇尔时便成绩优异，之后成为超时髦的布卢姆斯伯里文化圈中的一员，不久凯恩斯为自己谋得了一个轻松的职务，担任英国财政部的官方代表出席 1919 年在巴黎召开的和会。回过头看，这是他人生的转折点。巴黎和会一开始就充满了对人类历史上最可怕的战争进行修补的崇高憧憬，但很快便陷入了斤斤计较的争吵之中，获胜国只是设法确保他们眼前的目标，决不顾及他方的损失。凯恩斯大失所望，愤然辞职，返回英国后，以一篇题为《和约的经济后果》的酷评而名声大噪，他在文中披露了巴黎和会的风气。[1]

偶尔，劳埃德·乔治【英国首相】在发表完英文演讲等待翻译成法语的时候，他会穿过壁炉前的地毯，走到威尔逊总统的身边，在私人谈话中用某种从个人偏好的方式来证明他的观点；或者试探着寻找折中的解决办法，这通常是恐慌和混乱的信号。威尔逊总统的顾问们会过来围住他。过一会儿，那几个英国专家会一个一个地凑过来询问结果，或者看看事情进展得如何；法国人也会怀着狐疑过来，生怕别人瞒着他们安排什么事情；直到屋子里的人都站起来同时用英语和法语交谈。我印象最深的是这样一幅场景：人群汹涌、声音嘈杂、群情激奋，威尔逊总统和乔治首相是这一切的核心，一群人一会儿同意让步，一会儿又反对让

---

[1] 《和约的经济后果》，哈科特、布莱斯和豪公司，1920 年，第 31–32 页。

步；所有的声音和狂躁都毫无意义，因为他们所讨论的问题都不是真正的问题，早晨会议里的重要问题全都被忘记和忽略了。克雷孟梭沉默而冷淡地远离这一切，因为没有涉及法国安全的问题被提及，他戴着灰色手套，坐在那把锦缎的椅子上，没有灵魂也没有希望，看上去非常苍老和疲倦，他用一种嘲讽得近乎顽皮的神情远远地观望着这一幕。等到最终安静下来，大家都回到座位上时，他们才发现克雷孟梭已经离开了。

克雷孟梭对于法国的忠诚就如同伯利克里对于雅典的忠诚一样。对他来说，唯一有价值的就是法国，其他一切都毫无意义，但是他的政治理念却是俾斯麦式的。他对法国抱有幻想，对包括法国人和他的同事们在内的人类却很清醒……四人会议一点不关注【这背后的】问题，而完全被别的事情占据了：克雷孟梭关注的是粉碎他的敌人（德国）的经济生活，劳埃德·乔治关心的是在这一周做成交易，给国内一个还过得去的交代，威尔逊总统关心的是不要做任何不公正、不正确的事……

但是在这些毁灭性的人物肖像背后，是凯恩斯勾勒出的一幅社会经济风景画，其笔触像那些吸引公众眼球的绘画技巧那样引人注目，尽管没那么华丽夸张。这幅风景画提供了一个极好的引子，引向凯恩斯关于社会以及经济的洞察上。

社会心理

欧洲的社会和经济是按照能够确保获得更大资本积累的形式组织的。虽然大部分人口的日常生活水平不断提高，但是社会的组织框架却将收入增加的很大一部分分配给了最不可能把这笔收入用于消费的阶级。19世纪的新贵们并没有带来巨大的消费支出，与即期消费所带来的乐趣相比，他们更喜欢投资所带来的权力。事实上，恰恰是财富的分配不公使得固定资产和资本的巨额积累成为可能，这种积累把那个年代和其他年代区别开来。事实上，资本主义制度所存在的最主要依据正在于此。如果富人将他们的新财富都用于自我享受，那么这个世界在很早以前就会发现,这种社会制度是无法忍受的。他们像蜜蜂一样储蓄和积累财富,虽然他们这样做是出于狭隘的个人目的,但是这丝毫没有减少他们对整个社会所作的贡献。

对人类大有裨益的固定资产的巨大积累,在战前的半个世纪里大行其道。在一个财产平均分配的国家,这样的事情是永远不可能发生的。在那个年代建立的铁路,就如同埃及的金字塔一样,是一座让后世子孙仰慕的丰碑。工人们不能自由地把与他们所付出的劳动等值的报酬用于即时的享乐上。

这一卓越制度的发展是建立在双重误导或者说欺骗的基础之上的。一方面,劳动者阶级因为无知或无能为力,或是被强迫、劝说,或是被风俗、惯例、权威以及已经建立的社会规范所哄骗,从而接受了这样的制度。在这种制度下,劳动者只能获得由劳动者、自然和资本家联合生产出的蛋糕的很小一部分。另一方面,资本家阶级却恶意将蛋糕的大部分据为己有,理论上,他们并不需要消费这些产品;而事实上,众所周知,他们只消费这些产品的很小一部分。"储蓄"责任成为很重要的道德组成部分,并让资本的不断积累成为真正的宗教信仰。围绕着蛋糕永远不会被消费这一现实,所有清教徒式的本能产生了。在其他年代里,清教徒式的本能是远离俗世的,它不在意产品的艺术性,也不贪图享乐。如此一来,蛋糕越做越大,但却没有明确最终结果如何预期。居民们被劝告说,他们应当延期消费而不是完全放弃消费,应当培养从安全和预期中获得快乐。储蓄的原意是为自己的养老或是为子女考虑,但这仅仅是理论上的说法,蛋糕的优点是,它永远不会被你或你的子孙后代所消费。

我这样写并不是在贬损那一代人的实践。社会于无意识之中,却知道所做的是什么。与消费欲望相比,蛋糕实在是太小了,如果把它分给大家,没人会觉得这种分割能让他们的状况更好。社会不是为了当前小小的快乐而工作,而是为了人类将来的安全和改进——事实上就是为了"进步"。如果蛋糕没有被瓜分,而是让它像马尔萨斯所预言的人口那样成几何级数增加,或者至少以复利的方式增加,也许,终有一天,蛋糕会大到足够被大家所分配,到那时,后代人就可以享受我们的劳动成果了。到那时,就再没有过度劳动、住房拥挤和食品短缺这样的事情了。人们在满足身体的基本需要而且生活舒适之后,就会把能力投入到更高尚的事业中去。但是,如果蛋糕和人口都以几何级数增长,两者就会相互抵消。

19世纪的人们沉迷于蛋糕以复利方式增长这一令人眩晕的优点,而忘记了人类的繁殖能力。

这种状况有双重隐患:其一,人口的增长恐怕仍然超过积累的增长,我们的自我牺牲增加的是人口数量而不是我们的快乐;其二,在这场吞噬一切希望的战争中,蛋糕恐怕会被提前消耗殆尽。

但这些想法离我现在要说得太远了,我只是想指出,积累以社会不平等为基础这一原理是战前社会秩序的重要组成部分,也是我们当时所理解的社会进步的重要组成部分。我想强调的是,这一原理基于不稳定的心理状态,因此是不可能再现的。对于只有很少一部分人能够享受舒适生活的人类来说,进行如此巨大的积累并不是一件自然而然的事。战争揭示出:所有事物的消耗都是可能的,对许多欲望的克制是无意义的。如今,骗局被揭穿,劳动者阶级不愿意再这样忍受下去;资本家阶级也对未来失去了信心,只要有可能,他们就会去追求和享受更多的消费自由,因而会加速其财产的消耗。①

字字句句响彻着激进的号角,但如果就此认为凯恩斯属于政治上的左派,那就大错特错了。几乎可以肯定,他只是偶尔读过马克思的著作,但不确定他是否读过(甚或听说过)凡勃伦的著作。批评和蔑视都是有自觉意识的精英阶层中一个幻想破灭了的成员就像约翰·斯图尔特·穆勒那一类的,但却没有穆勒的谦虚。在一篇发表于1925年的题为"我是一名自由主义者吗?"的短文中,他声称自己是反保守主义者,"他们既没给我吃的也没给我喝的,既没精神的慰藉也无智力的安慰"。"那么,我应该加入工党吗?"他问道,回答是,"表面上这个更有吸引力,但是如果更深入一些,就会发现有极大的困难。首先,它是一个阶级政党,而此阶级非我阶级……我可能会被我所认为的公正和良知所影响,但是在阶级斗争中,我是站在有教养的资产阶级一边的。"②

不论我们在意识形态方面将凯恩斯置于何处,他在《和约的经济后果》一书中所描述的社会政治背景,似乎注定使他扮演着经济世界中愤世嫉俗的评论者

---

① 《和约的经济后果》,哈科特、布莱斯和豪公司,1920年,第18页及其后。
② 凯恩斯,《劝说集》,纽约:W. W. 诺顿出版社,1963年,第323-324页。

的角色。事实上，他不是以犬儒主义者而是以改革者的面目出现的，站在一旁袖手旁观不是他的本性。早在1912年他29岁时，他就担任了英国最负盛名的学术性经济学刊物《经济学杂志》的主编。一年后，他撰写了一本广受赞誉的著作《印度的货币与金融》，1921年出版了他的剑桥大学论文，即出色的《概率论》，两年后又出版了《货币改革论》，这是对于为支持一种非个人的因而推测起来是超级的金本位制而放弃货币供给控制权的哀叹。

但这一切回头来看，都是撰写其最野心勃勃的著作的序曲。这就是1936年先于《通论》出版而面世的《货币论》[①]。他辛辛苦苦花了7年时间才完成这本书，不料，打个比方来说，就在它几乎出生的那一刻，他竟然要把它撕个粉碎。显然，《货币论》构成了某种必须穿越的边界，之后凯恩斯才能大胆地进入那片未探索的领域，并于1936年让全世界震惊。

所以，且让我们浏览一下这本书，不是为了详尽地学习它的教益，我们对此不再兴致盎然了，而是为了使我们熟悉那个必须要超越的边界。这本书有厚厚的两大卷，一开篇便是对货币性质的长篇讨论。瞥一眼它的目录，就足以告诉我们它的总体焦点了。

《货币论》

第一卷　货币的纯理论

第一篇　货币的性质

第一章　货币的分类

第二章　银行货币

第三章　银行货币的分析

[①] 凯恩斯，《货币论》（2卷本），纽约：哈科特、布莱斯出版公司，1930年。

第二篇 货币的价值

第四章 货币的购买力

第五章 多元的次级价格水平

第六章 通货本位

第七章 价格水平的分布

第八章 关于购买力比较的理论

各章标题透露了这本与过去建立联系的《货币论》的轮廓。这种联系就是，货币分析实质上聚焦于价格而非支出流。而马歇尔的洞察，由于消费品和投资品二者的价格可以由边际主义的供需方法加以解释，而未能在把社会收入划分为消费支出和投资支出的可能性中，看出任何具有特殊兴趣的东西，这个洞察现在成了凯恩斯的洞察的一块绊脚石，尽管其中的任何一种他尚不清楚。

我们可以在自命不凡地命名为"货币的基本方程式"的第三篇中，更清楚地看到这种困难，下面是这两个方程式。

(1) $P = \dfrac{E}{O} + \dfrac{(I'-S)}{R}$

其中，R 为总的消费者支出，P 为消费品的价格水平。

(2) $\Pi = \dfrac{E}{O} + \dfrac{(I-S)}{O}$

其中 Π 表示总产出的价格水平。

这些方程式的含义是什么呢？它们基本上不可能翻译为日常事务用语，而且永远也根本理解不了，所以我把对它们的解释放在脚注中。① 我们只需注意到，

---

① 两个方程式均使用了 E/O 项。该项简单地用总收入（E）除以总产出（O），给出了单位产量的平均成本。

现在请注意这两个方程式的差异。第一个方程式反映了 I' 和 S 的差，除以 R，其中 I' 指的是新投资品的成本（主要是工资），S 为储蓄的价值，R 为消费者所消费的商品和

它们是价格方程式，与产出的量没有任何关系：其实，如果这些章节和方程式是《货币论》仅有的内容，这本书就不值得在这里提到了。但是其中有另一个问题，凯恩斯用了几页篇幅，以富于特色的华美（同时难懂的）方式作了处理。我们先从同一卷的第三篇第十二章中摘录的一个有名的部分开始。

香蕉寓言

我们不妨假设有一个社会拥有香蕉园，而且除了种植与采集香蕉以外什么也不做，除了香蕉以外什么也不消费。此外，我们再假定这儿的投资与储蓄是平衡的，意思是说，这社会不用于香蕉消费而用于储蓄的货币收入，和进一步发展香蕉种植园的新投资的生产成本相等。同时，香蕉的售价和（包括企业家正常酬金在内的）生产成本相等。最后，我们不妨再假定成熟的香蕉不能保存到一两个星期以上，这一点是很说得过去的。

后来有一个节约运动进入这个伊甸乐园里来了，敦促公众约束欠慎重的办法，不要把所有的本期收入几乎都用来购买香蕉供日常食用。但这时新种植园的发展由于下列原因中的一种而没有相应的增进：（一）可能是企业家和储蓄者都受到审慎考虑的影响，由于恐怕将来香蕉生产过剩、价格水平下跌而没有进行新的发展；（二）可能有技术原因存在，使新的发展不能超过一定的速度；（三）这种发展所需的劳动高度专业化，不可能从一般采集香蕉的劳工中取得；（四）发展所需的初步准备和它最后需用大量支出的日期之间有一段相当大的时间间隔。那么在这种情形下，会发生什么结果呢？

服务的量。因此，当投资品的成本大于经济体的储蓄时，就将有工资和其他未被储蓄抵消的收益。这个差额将花在消费品 R 上，消费品的平均价格（P）因而将上升。如果 I′小于 S，消费者支出和价格将下降。

第二个方程式中这个关键的项是用 I——投资品的价值或卖出价格（而非它们的成本）——和储蓄的价值作比较。如果 I 的值小于储蓄，则投资部门就将遭受损失，投资部门的企业家不可能出钱去资助他们的投资支出。这些损失现在将迫使削减所有种类商品的支出，结果是总体物价水平的下降。反之，如果 I 的值大于储蓄，就会有利润，物价将上升。

送往市场的香蕉还会和以前一样，而本期收入中用于购买香蕉的钱却由于节约运动的缘故而减少了。由于香蕉不能保存，它们的价格便必然会下跌，跌落的程度会和储蓄超过投资的程度成比例。因此，公众还会和以前一样消费全部的香蕉收成，但价格水平却下降了。这是再好不过的事了。或者说，表面上看来是再好也没有了。节约运动不但可以增加储蓄，而且可以减少生活费用。公众可以储蓄货币，但无须克制自己去不消费任何东西。他们消费的东西将刚好和往常一样，而节约的美德则将得到丰厚的报偿。

但这还没有到最后的阶段。由于工资仍然没有变，唯有香蕉的售价降低了，而生产成本却没有降低。所以企业家便会遭受反常的损失。在这种情形下，储蓄的增加绝没有使整个社会的总财富增加一点点。这仅仅是使财富从企业家的口袋里转移到一般公众的口袋里。消费者的节约将直接或通过银行体系的中间作用而被用来弥补企业家的损失。这种情形继续存在就会使企业家设法解雇工人或降低工资，以便保护自己。但即使是这样，也不会使他们的状况改善，因为生产总成本减少多少，公众花费金钱的能力就会随之减少多少。不论企业家将工资减少多少，或将工人解雇多少，当社会的储蓄超过新的投资时，他们仍然会继续遭受损失。因此，除了下述三种情形以外，就不可能有平衡的区域出现：（一）所有的生产停止，全体人民饿死；（二）节约运动由于景况日见贫困而被取消或逐渐终止；（三）投资用某种方法加以刺激，使其成本不再落后于储蓄率。

仅仅在所介绍的基本方程式之后的两章，我们在这里看到的，是一个大大不同于物价水平问题的问题。实际上，它让人回想起了马尔萨斯所提出的幽灵，即"普遍供过于求"——需求不足以吸收当前商品供给的一种情况——的可能性。或许，我们还能记得，李嘉图证明这是不可能的（参见本书第97页）。凯恩斯的寓言故事涉及类似于供过于求的东西，即香蕉的产出只能以足以使生产者破产的价格出售。在这种情况下发挥关键作用的因素是储蓄行为——不是去花费而是把部分收入存储起来的审慎决定。

事实上，约翰·斯图尔特·穆勒已经表明了，在某些条件下，储蓄能够实际导致总需求不足以购买总供给。穆勒承认，只要每一个卖者变身为买者，就的确不可能有总的供过于求的情况——但是当货币本身变成一种"商品"时，这种供需相等的情况就会打破,在这种情况下,一个卖者可以收到货币后不再花费它,或许是因为他预计能够在未来更廉价地购买证券或外汇或其他商品。① 穆勒的文章是在李嘉图去世后发表的,所以我们不知道后者会如何作答。大概他会说,只卖不买无法持久,因而只会对系统造成短暂的冲击。

在"香蕉寓言"中,凯恩斯也对储蓄所可能发挥的潜在破坏性作用发生了兴趣——跟仅当价格水平受储蓄影响时才会把储蓄纳入其中的基本方程式相去十万八千里。跟穆勒关于贮藏导致的供过于求相比,这则寓言的可信度差远了,大多数《货币论》的读者肯定早就弃之不顾了——比如,关于预计因不惜代价地储蓄的固执决定而产生的巨大利率下行压力,就没有任何提及。当然,评论者们是对的,除了一件事。凯恩斯似乎已经想到了,在一个没有自我修正手段的资本主义经济中,可能会出现种种问题——这些问题根源于价格变化本身不能纠正的行为中。

下面从《货币论》——第二卷第四篇——摘录的最后一部分,就指向了这同一个方向。

第三十章 一些历史例证

人们通常总是认为,世界上所积累的财富是经过痛苦的过程由于所谓"节约"而来的,也就是由于人们自愿节制不享用眼前的消费而来的。但是,仅仅是节制本身,显然并不足以建立城市或者排干沼泽。人们的节制不一定能够增加已积累的财富;——反倒可能增加别人的现时消费。所以一个人的节约究竟会导致资本、财富的增加,或者会使得消费者的货币得到更大的价值,在我们没有考察另一经济因素之前,情形到底如何,是很难说的。

这个经济因素就是"企业"。创造世上的财富的是企业,增进世上的财富的也是企业。正如节约的果实可以用来积累资本,也可以用来增加消费者的货币所得的价值一样,企业的开支同样可以出之于人们的节约,也可以得之于一般消费

---

① J.S. 穆勒,"论消费对生产的影响"(1844年),载于《若干未解决的政治经济学问题》(1844年),纽约:奥古斯都·M. 凯利出版社,1968年,第69-72页。

者在消费方面的牺牲。更糟的是；——节约不仅可以没有企业而独自存在，而且一旦超过企业时就立即正面地妨碍企业的复苏；同时还由于它对利润所发生的不利影响而造成恶性循环。有企业在运行，就不论节约的情形怎样，财富都会积累起来。如果企业停顿的话，那么不论怎样搞节约，财富都会削减。

因此，节约可以是企业的婢女和乳母。但也同样可能不是，甚至通常实际上就不是这样。企业并不直接跟节约相联系，而是前后相差一步，彼此间相联系的环节往往是不存在的。推动企业的发动机是利润不是节约。

要使企业活跃，必须有两个条件。第一，必须有获取利润的希望；第二，企业家必须能够支配足够的资金，使他们的计划能够付诸施行。他们的期望，一部分有赖于若干非货币因素，如和平与战争、发明、法律、民族、教育、人口等等。但是我们在本书的第一篇中已经提出论点说明：企业家在他们认为富有吸引力的条件下，实现其计划的力量几乎完全取决于银行和金融体系的活动情况。

"世界七大奇迹是靠省吃俭用建起来的吗？"凯恩斯在其中的一段中问道，"我很怀疑。"他下了结论。

《就业、利息与货币通论》

我第一次阅读凯恩斯的这部革命性的著作是在1937年，当时几乎读不懂，而我最后一次读它是在几个星期前，以便着手把它的内容制作成这篇简介，这是一项令人望而生畏的任务。我最开始读的那个版本，现在快60岁了，里面的几乎每一页都作了标记，要么在下面画线，要么在边上打钩，要么加上感叹号、问号和附带说明（红色的"非常重要"；铅笔字"说得好"；"G先生在GJE上不对"；"U＝企业在自有设备上收回投资，来自其他企业的购买除外"，外加蓝色的??；"M→D，经由 l_2、r、k"。）这是一本用一两段简短的段落无法概括的书，所以，我先把凯恩斯本人的概括摘抄如下，他的概括——正如读者将会发现的——本身就需要加以概括和研究。

第三章 有效需求原理

II

我们的理论的纲要可表述如下。当就业增加时，总的实际收入也会增加。社会的心理状态是这样的：当总的实际收入增加时，总的消费量也会增加，但增加程度不如收入的大。因此，如果新增就业的总量都被用来满足即期消费的增量，那么雇主们就会蒙受损失。这样，为维持既定的就业量，就必须有足够数量的即期投资，来补偿总产出超过在该就业量时社会所愿意消费的数量部分。因为，如果除非存在这一数量的投资，否则雇主们的收入会小于促使他们提供该就业量所要求的数额。因此，在既定的被我们称之为消费倾向的条件下，就业量的均衡水平，即对全部雇主来说没有动机促使他们扩大或减少其雇用人数的水平，就取决于即期的投资量。即期投资量又顺次取决于我们所称的投资诱导；而投资诱导则被发现取决于资本边际效率表跟对各种期限和风险的贷款利率结构之间的关系。……

这个分析可以给我们解释，丰裕之中存在着贫困这一矛盾的现象。这是因为，仅仅存在着有效需求的不足，就可能而且往往会在充分就业水平到达以前，导致就业量的增加终止。有效需求的不足会阻碍生产过程，尽管事实是，劳动的边际产品在价值上仍超过就业量的边际负效用。

此外，社会越富裕，其实际产量与潜在产量的差距往往就越大；因而经济制度的缺陷就越发明显和让人愤怒。因为，贫穷的社会往往会消费掉其产出的很大一部分，所以，哪怕十分有限数量的投资就足以导致充分就业；与之相反，富裕的社会必须提供充足得多的投资机会来导致充分就业，如果想让较富有社会成员的储蓄倾向与较贫穷社会成员的就业不发生冲突的话。如果在一个潜在地富裕的社会中，投资诱导微弱，那么，尽管该社会有潜在的财富，但有效需求原理的作用会迫使它削减实际产出，一直到这个存在潜在财富的社会变得如此之贫穷，以致其产出超出消费的剩余部分，被减少到跟它微弱的投资诱导相适应为止。

一些解释性文字也许是有帮助的。首先，探讨的重心改变了。不是价格水平，而是就业水平现在成了分析的焦点。这个看似无伤大雅的变化，实际上是在《货币论》作者能够成为《就业、利息和货币通论》的作者——注意一下第二个标题的"利息"二字——之前必须跨越的边界。①

反过来，焦点的这种转移要求"经济"概念本身两个扭转性的改变。其一是抛弃马歇尔关于经济的概念；马歇尔认为它是各单个市场的聚集体，每个市场持续不断地为其产品找到供需平衡，因而独立地决定着合适的就业水平，同时与其他市场相互作用，以获得一个相互适应的模式。这样一种概念，凯恩斯称其为"征服英国就像宗教裁判所征服西班牙那样彻底"，② 举不出任何理由让人相信，对于任何愿意为了市场体系所确定的工资而工作的人，所有这些市场合在一起竟然创造不出相应的就业机会，或者用李嘉图的话说，为什么人们应该相信马尔萨斯对"普遍供过于求"的担忧。

相反，凯恩斯的观点提供了这样一种视角，即，在对经济进行概念化时，不是把它作为一个结构——其内在地是一个静态的想象——而是把它想象为川流不息的产出河流，随着社会上想工作的劳动力找到工作的比例而上下波动。转而，这条河流被认为是由两条相互交织而独立的溪流组成的——其中一条构成了消费品的支出，另一条构成了投资品的支出。当然，对于这里的这两大类别，除了它们均受制于供需力量外，马歇尔找不到其他任何理由去做进一步的研究。

从这个新的视角看，就业水平取决于两个从马歇尔的观点所看不到的因素。第一个因素涉及产出河流中消费品的总量。凯恩斯的完全原创的概念是，社会将其收入的一部分用于消费，随社会收入的增加而增加，但消费增量小于社会收入增量。他把这个关系称作消费倾向，并把它作为一个重要的因素，来解释为什么一个国家持续存在着失业现象。他的解释是，由于消费和收入永远不同步，所以始终存在着日益增加的必须为之找到投资渠道的储蓄量。用某种方式说，这是把"香蕉寓言"中的"节俭运动"翻译为现实经济中的行为动态。

---

① 凯恩斯，《就业、利息和货币通论》，纽约：哈科特、布莱斯出版公司，1964 年。
② 《通论》，第 32 页。

这显然给予投资行为以一种在马歇尔的概念中所没有的战略意义。凯恩斯已经表明了，除非不同寻常的情形，比如当经济从战争造成的满目疮痍中恢复时，否则我们是不能指望光靠消费支出就能带来较高的就业水平的。这不仅增加了投资的分量，而且使凯恩斯辨别出了以前未曾注意到的为提供充分就业就必须克服的障碍。这时，我们也许需要再次转向《通论》的原文，下面是从他著名的第十二章"长期预期状态"中摘录的引人入胜的读物。

III

一个突出的事实是，我们据以估计未来收益的知识是极端靠不住的。对于能够左右一项投资在若干年后的收益的诸般因素，我们所知甚少，而且往往是微不足道的。如果要坦率地说，我们就不能不承认，对于一条铁路、一座铜矿、一个纺织厂、一件专利药的商誉、一艘大西洋邮船、伦敦城的一栋建筑物等，我们据以估计它们十年后的收益的知识，充其量是很少的，有时几近于无；甚至于五年后的收益也是如此。事实上，那些真正试图进行此类估计的人往往是极少数，以至于他们的行为不足以左右市场。

在过去，企业主要是由创业者或他们的好友和同事所拥有，投资取决于是否存在足够多具有活跃性格和事业动力的人。这些人把经营企业当作一种生活方式，而不是真正依赖于对企业未来利润的精确算计。事情有点像买彩票，尽管最终结果主要取决于经营者的能力和素质是在平均以上还是以下。有些人会失败，有些人会成功。但是，甚至在事后，也没人知道所投资金额的平均成果是否超过、等于或小于通行的利率；虽然，如果我们把自然资源的开发或垄断的情况排除在外，则投资的实际平均成果，即使是在进步和繁荣的时期，大概也会使那些为此而创业的人搞到失望。商人们是在玩一种兼具本领和运气的游戏，终局以后，参加者是无从得知投资的平均成果的。如果人的本性一点也不受赌一把的诱惑，对于建造工厂、修建铁路、矿井或农场也兴趣寥寥（取得利润除外），则只靠冷静的盘算，也恐怕不会有多少投资。

然而，在旧式的私人企业中，投资决定在执行后大体上是不可收回的，这不仅对于整个社会，而且对于私人也是如此。在今天通行的所有权和经营权分离的情况下，随着有组织的投资市场的发展，一个新的具有重大意义的因素出现了，这个因素有时为投资提供便利，但有时会极大地增加经济体系的不稳定。在证券市场不存在的情况下，对我们已经承诺的一项投资频繁地尝试着再评估，是没有任何意义的。但是，证券交易所却每天都对许多投资重新估价。这种重新估价，经常向个人（但不是整个社会）提供改变其承诺的机会。这就好像一个农民在吃完早饭，记录下天气的温度之后，能够决定在上午10时与11时之间，把资本从农业中抽出，然后再考虑，他是否应该在几天后把资本重新投回农业中去一样。但是，证券交易所每天的重新估价，虽然其目的主要在于为旧有投资在个人之间的转手提供便利，但却势必会对当前的投资产生决定性的影响。因为，创立一家新企业，如果它的费用大于购买一家类似企业的费用，那是没有任何意义的。另一方面，如果看似耗资巨大的投资项目的股票，能在证券交易所售卖出去，并且能立即获得利润，那么这种投资就具有吸引力了。所以，某些种类的投资，与其说是取决于对实际经营企业的人的预期，倒不如说是取决于对股票价格所显示的那些在证券交易所从事投资的人的平均预期。既然如此，那些影响重大的每日甚至于每时对既有投资的重新估价是如何在现实中进行的呢？

IV

在现实中，一般而言人们之间存在着默契，都遵照着实际上的某种成规行事。这条成规的实质——当然，它在实际运用上并没这么简单——在于假定：既有的状态会无限期地继续下去，除非有明确的理由预期未来会发生变化。这并不意味着，我们真的相信现有的状态会无限期地继续下去。我们可以从大量的经验中知道这是极不可能的事情。在经过一段较长的时期之后，一项投资的实际结果是极少跟最初的预期相一致的。我们也不能给我们的行为提出合理的解释，从而认为：对于一个完全缺乏信息的人而言，他对前景作出偏高或偏低的预期具有相同的可能性，从而根据相同的概率，可以求出一个统计平均预期值。不能这样解释的原因在于，我们可以很容易证明：对于缺乏信息的事物赋予相同的概率会导致荒谬的结果。这样做就等于假设：现有的市场价值，不论是以何种方式形成的，都代表唯一正确的数值；这一数值是根据我们现在所知的能影响投资收益的各种事实得出的，从而，它只能随着我们所知的事实的改变而改变。然而，从哲学的观点看,这个数值并不是唯一正确的,因为我们现在所知的事实,并不构成充分的依据,来计算出一个正确的数学期望值。事实上,许多在决定市场价值时所考虑的因素,是与未来收益完全没有关系的。

虽然如此,只要我们相信上述成规能持续下去,则它在相当的程度上有利于我们的事态的连续性与稳定性。

因为,如果存在着有组织的投资市场,如果我们相信这条成规会继续得到遵守,则投资者便有理由使自己感到宽慰,相信自己所承担的唯一风险是:关于不久的将来的真正信息会有所改变。因为,在成规仍为大家遵守的条件下,只有这种改变才会影响其投资的价值,至于改变的可能性,他还是可以自行判断的,同时,这种改变也不大可能很大。这样,对投资者来说,投资在短期内就会成为相对"安全"的事情。因此,不论经历多少个短时期,只要他相当肯定上述成规不会中断,从而在事态变得严重以前,他便有修改其判断、改变其投资的机会,那么,他的投资仍然是相对"安全"的,他不会单纯因为对其投资10年以后一无所知而失眠。在这样的条件下,对整个社会来说是"固定数量的"投资,在个人看来成为"可变数量"。

我相信,我们的主要投资市场都是根据类似的思想基础而发展出来的。然而,不难看出,一个以如此随意的方式形成对事物的绝对观点的成规,自然不免有其弱点,即,它靠不住的性质。这种性质给我们当前要取得足够多的投资这个问题,造成不少的困难。

V

一些加强这一靠不住的性质的因素,可以简要地提一下……

但是,这里有一点特别值得我们注意。也许有人设想:知识与判断能力超出一般私人投资者的专家们之间的竞争,可以矫正缺乏知识的个人的胡思乱想。然而,事实上则不然。职业投资者与投机者的精力与技能,大都用在其他地方。其中大部分人实际上所关心的,并不在于对某一投资在其生命期间可能的收益作出优质的预测,而在于比一般人群早一点看出根据成规而得出的股票市场价值会发生什么改变。换句话说,他们所关心的并不是:像购买某一投资的股票并长期持有的人那样关心这笔投资真正值多少钱;他们所关心的,乃是上述股票在大众心理的影响下，3个月或1年以后在市场上值多少钱。必须说明，这种行为并不代表他们性情怪僻。这是按照上述方式组织投资市场所带来的必然结果。因为，如果你相信一项投资的未来收益能使该投资在今天值30，如果你还相信，3月以后，此投资在市场上只值20，那么用25去购买该项投资，就不是明智的举动了。

这样一来，职业投资者就被迫致力于根据消息或市场气氛，来预测某些因素即将面临的变化，因为根据以往经验，这些因素是最能影响大众心理的。在一个以"流动性"为目标而组织的投资市场里，这是一个不可避免的结果。在正统金融的箴言中，肯定没有哪个比流动性崇拜更不利于社会的了。流动性崇拜这一教条认为，投资机构把他们的资源集中于持有"流动性"证券是件好事。可是它忘记了，就社会整体而言，却不存在投资的流动性。高明的投资的社会目标，应该是克服把将来遮盖起来的由于缺乏信息和时间因素而导致的模糊不明之处。然而在现实中，今日最高明的投资的私人目标，却是被美国人表达得很恰当的"起跑在枪响之前"，以便在斗智中胜过大众，从而把坏的或正贬值的半克朗脱手给别人。

不是预测经过长时期之后一项投资的未来收益，而是预测几个月以后传统估价的基础，这种智力上的斗争，甚至不一定要求用大众的鱼肉去充填职业投资者的肠胃；——斗争也可以在职业投资者之间进行。它也不必然意味着，任何人盲目相信社会成规据以决定股票价值的基础从长时期看是有效的。因此，斗争好像是一种"叫停"的游戏，一种"摸乌龟"的纸牌游戏，一种"抢椅子"的游戏——可以说是一种消遣：谁能不先不后地说出"停"字，谁能在游戏结束以前把"乌龟"传给邻近的玩家，谁能在音乐结束时抢到一把椅子，谁就是胜利者。这种游戏可以玩得很投入，很有趣，尽管所有的玩家都知道，有一个大家都不要的东西在传递之中，到音乐结束时，总有某个人发现没有椅子可坐。

或者，稍微换个比方。职业投资者好比是报纸上选美比赛的参与者。在比赛中，参与者要从报纸上的一百张照片中选出6张最漂亮的，谁选出的6张照片最接近于全体参与者的平均偏好，谁就是得奖者；可见，每名参与者所要挑选的，并不是他本人觉得最漂亮的面孔，而是选择他认为最有可能符合其他人的爱好的面孔。他们全都从相同的视角看待这个问题。这里的挑选，并不是根据个人判断选出最漂亮的面孔，甚至也不是根据真正的平均判断力选出最漂亮的面孔，而是运用智力来推测一般人所推测的一般人的意见是什么。这里，我们已经到了推测的第三个层次；我相信，有些人会运用到第四、第五乃至更高的层次……

VI

这种种考虑都不应落在经济学家的视野之外。但是，考虑它们时应有轻重缓急之分。如果允许我用投机一词，来表示预测市场心理的活动，用从事企业一词，来表示预测资产在整个生命期间的未来收益，那么，现实情况远远不能表明，投机的成分始终大于从事企业。然而，由于投资市场的组织改善，投机大过从事企业的危险确实会加大。在世界最大的投资市场之一，即纽约，投机（在刚才所说的意义上）的影响力是巨大的。甚至在金融领域之外，美国人也往往异乎寻常地感兴趣于找出一般人所相信的一般人的看法是什么；这种国民弱点在证券市场上遭到报应。据说，美国人极少像许多英国人现在还在做的那样为了"收入"而投资股票；美国人除非有资本增值的希望，否则是不太愿意购买股票的。换一种说法就是，当美国人购买股票时，他并不太把希望寄托在该投资的未来收益上，而是寄托于股票市场价格的上涨，即，在上述意义上，他是一名投机者。投机者如果只是企业的洪流中漂浮的泡沫，也许不会造成什么伤害；但是当企业变成投机漩涡中的泡沫时，情况就严重了。当一国的资本发展变成赌博场中的副产品，这事情多半是做不好的。华尔街被认为是这样一个机构，其正当的社会目的应该是把新的投资引导到就未来收益而言最有利可图的渠道去，就此而论，华尔街所获得的成功，就不能被衡量为自由放任式资本主义的典范之一——这是不足为怪的，如果我下面的认识是正确的话：华尔街最好的头脑已在事实上被引导到一个跟其社会目的不同的目标上了……

VII

除了因投机而导致的不稳定性之外，甚至还有因人性特征而导致的不稳定性，即，我们积极活动的很大一部分，与其说取决于对未来的一种数学期望值，不如说取决于一种自发的乐观情绪，不论是道德的、苦乐的还是经济的。关于其全部后果要过许多天之后才能见分晓的积极活动，我们的大多数决策很可能起源于动物本能——一种要采取行动而非不行动的自发冲动；它不是用利益的数量乘以概率后而得到的加权平均所导致的后果。各企业宣称，从事经营的主要动机已由章程所说明。不论其态度如何坦率和真诚，它们实际上不过是把动机假设成为如此而已。事实上，根据对未来收益的精确计算后而作出的经营活动，只不过比南极探险的依据稍微多一些罢了。因此，如果动物本能有所减弱，而自然的乐观情绪又萎靡不振，以致使我们只能以数学期望值作为行事的根据，企业就会委顿和衰亡；——虽然对损失的担心跟以前对利润的希望一样，都没有任何合理的根据。

我们可以有把握地说，因对未来怀有希望而创办的企业对社会整体有利。但是，仅当必须合理的计算结果辅之以动物本能，并由它支持，个人的主动性才足以大到兴办企业。这样一来，对最终失败的想法，正如经验毋庸置疑地告诉我们的那样，才会被置之不顾，就好像一个健康人把对死亡的预期放在一边一样。

不幸的是，这不仅意味着衰退和萧条的程度会加深，而且意味着经济繁荣高度依赖于一种与一般工商业者相适合的社会和政治氛围。如果对英国工党政府或美国新政的担忧会抑制企业经营，这不一定起因于理性计算的结果，也未必起因于具有政治意图的策划；原因可以仅仅在于打破了自发的乐观情绪的微妙平衡。因此，在估计投资前景时，我们必须考虑到那些对于自发活动具有决定性作用的人物的胆略、兴奋度乃至消化是否良好以及对气候的反应。

但是，我们不应该由此得出结论说，一切都取决于非理性心理的波动。相反，长期预期状态往往是稳定的，而且，甚至当它不稳定的时候，其他因素会发挥补偿性的影响。我们不过是在提醒自己：影响未来的人类决策，不论是个人的、政治的还是经济的，都不能依据严格的数学期望值，因为作出这类计算的基础并不存在。推动社会车轮运转不息的，正是我们想要行动的内在冲动。而我们的理性自我则在我们力所能及的范围内，在能计算时加以计算，以便作出最好的选择；但以动机而论，我们的理性自我往往会退回到依赖我们的兴致、情感和机缘巧合。

我只能勾勒出《通论》的基本轮廓，而把许多重要的新洞见搁置一边。凯

恩斯的利率分析就属于此列。凯恩斯相信，利息不是对储蓄的回报，而是为了放弃现金的流动性。因此，他并不相信，提高利率会使储蓄增加，至少，他把储蓄看作是隐藏在失业背后的问题，而非解决失业的方案。所以，他也是第一个看出，增加支出会有"放大"作用，只要我们没有达到充分就业，结果是，新的投资支出增量从接受方到接受方的运动中，虽然每次都会因储蓄而减少，但最终会创造出显著超过初始支出的总收入。我也许要补充说，这会以那种"健全的商业原则"使清晰的思维变得模糊的方式导致典型的凯恩斯主义推力。在谈到消除失业的方式时，他写道：

如果财政部用旧瓶子装满钞票，然后把这些瓶子埋在废弃矿井中合适的深度，再用城市垃圾把这些矿井填平，并听任私有企业根据自由放任的原则把钞票再挖出来（当然，需要通过投标才能取得在填平的钞票区开采的权利），那么失业问题就不复存在了，而且在事件影响的帮助下，社会的实际收入与资本财富也大概会比现在大得多。其实，修建房屋和类似的举措较合理些；不过，如果这样做会遇到政治或实践上的困难，则前面那个办法总是聊胜于无的。……

古埃及是双倍幸运的，而且其神话般的财富无疑归因于此，因为它进行了两种活动，即建筑金字塔与寻找贵金属，因为这些活动的果实能够不以被消费的方式来满足人们的需要，所以不会因其充裕而降低效用。中世纪则造教堂、做道场。对于死者而言，两座金字塔、两场道场，其利两倍于一座金字塔、一场道场。但在伦敦和约克之间修两条铁路则不然。由此可见，我们现在如此讲究实际，把我们自己教育成近乎审慎的金融家，以至于在为后代建造房屋时，都会仔细考虑给后代添加的"财务"负担，从而我们没有任何像古埃及和中世纪那样逃避失业问题的简易方法。我们不得不接受失业的存在，当作把私人的"致富"之道应用在国家事务上的不可避免的结果。而私人的致富之道只不过使私人能够积累起大量的他们并不想在任何特定时期行使的权利。①

经济思想中的这些创新，有许多到目前为止已经成了传统智慧。其他的则没

---

① 《通论》，第 129、131 页。

有。在其原阐述中，《通论》缺乏一个强有力的确认——最好是图表形式的系统阐述，用它纵横交错的曲线，在人们心中产生像传统的供需分析那样的说服力。通过一种规划，包括对一种产品－市场（投资—储蓄）均衡和一种货币市场（流动性－货币）均衡——它最初由约翰·希克斯提出，其后（一度）得到凯恩斯本人的赞同——的交叉运用，来对此进行补救的尝试，只会导致这样的争论，即，那些图表是否消除了凯恩斯的原创观点中那充满活力、预期导向的灵魂，只剩下干巴巴的静态图表的外壳。这个争论连同其他许多争论，目前仍在继续。

因此，《通论》在今天并未享有在我最初费尽心力地应付书上不熟悉的概念和令人生畏的新词汇的时候所获得的崇高赞誉，大部分赞誉后来都失去了。尽管如此，某种具有主要价值的东西保留了下来。我们现在称呼"经济"，看起来迥异于前面几代经济学家的方式。支出流和储蓄流产生出一定的产出和就业水平，在相反的扩张力和收缩力寻找其永不停歇的平衡点的过程中，这产出和就业水平就像水流中的乒乓球，不停地起起落落。此外，没有理由相信，这个平衡点必须对应于"最大"产出或"充分"就业。相反，如果由于种种原因，推动投资的动物精神不足以导致高水平的产出和就业，经济仍将无限期地处于半萧条或严重萧条的状况。

因此，关于凯恩斯式衰退，是没有什么能自我医治的东西的，这跟以前的信念不同，那时的人们认为，当工资降低、利率下降时，投资迟早会起来。在凯恩斯式的世界里，当工资降低因而消费支出减少时，如果对未来的不安感持续未见缓和，则利率不会下降，因为现金持有者将不愿意为了那少得可怜的低利息收入报酬，而放弃其流动性。因而，凯恩斯式的未来并未呈现出马歇尔式未来的前景。也许这是《通论》带给我们的最令人不安的教训了。

它还为详尽的研究提出了该书的最后一个方面——凯恩斯为他关于资本主义失灵的诊断而开出的政策药方。当然，这失灵就是不寻常的、残酷无情的和永不停息的萧条。在《通论》被撰写、出版、争论和最终接受的十年间，萧条始终盘旋在整个西方世界的上空。在这个可怕的十年，西方世界大约有五分之一到四分之一的劳动力失业。那么，凯恩斯提出应该怎么做呢？我想，找到它我们将会大吃一惊的。

第二十四章　关于《通论》可能引起的社会哲学的结论性要点

I

我们生存于其中的经济社会，其突出的缺陷在于它不能提供充分的就业，以及它对财富与收入蛮横而不平等的分配。本书的理论对于第一个缺陷的作用是显而易见的，但是它在两个重要的方面，也跟第二个缺陷有关系。

自从19世纪末叶以来，通过直接税的手段——所得税、超额所得税和遗产税——特别是在英国，在消除财富与收入的巨大差异方面已取得相当大的进展。许多人都希望看到这个过程能大大前进一步，但是两方面的考虑使他们驻足不前：部分是担心，这会使逃避税收之风由此而炽，而且负担风险的动机也会大打折扣；但我认为主要是人们相信，资本的增长取决于个人储蓄动机的强弱，而这种增长的一个很大比例取决于富人的出自他们剩余金钱的储蓄。我们的论证并不影响其中的第一种考虑；但是在我们对于第二种考虑的态度，却可能大有修改的余地。因为我们已经见到，在达到充分就业状态以前，资本的增长根本不取决于较低的消费倾向，① 但是，反过来前者会阻碍后者的实现；而且只有在充分就业的条件下，较低的消费倾向才有助于资本的增长。不仅如此，经验提示我们，在既有的条件下，机构的储蓄以及经由偿债基金的储蓄已经超过所需，从而，采取可能提高消费倾向的收入再分配措施肯定有助于资本的增长。……

这样，我们的论证得出一个结论：在当代的条件下，财富的增长远非像通常认为的那样取决于富人的节欲，反而更有可能受到后者的阻碍。因此，支持社会应有极大财富不平等的主要论据之一被消除了。我并不是说没有任何其他的理由，若其正确性不受我们的理论所影响，而可以在某种情形之下支持某种程度的财富不平等；但是我们的理论的确消除了其中一个最重要的理由；正是由于这个理由，我们才一直认为必须谨慎从事。我们对遗产税的态度尤其受到这一点的影响，因为有些支持收入不平等的论据不适合遗产的平等。

---

① 即，经由高水平的储蓄。

就我本人这方面而言，我相信的确存在着社会的和心理的依据，证明收入和财富的显著不平等是合理的，但并非证明像今天这样如此之大的不平等是合理的。许多有价值的人类活动要求有赚钱的动机以及财产私人所有的环境，才能收到全部的效果。此外，人类的危险癖好，也由于赚钱机会和私有财产的存在，而被导入比较无害的渠道之中；这些癖好如果不以此方式得到满足，它们便会利用于残暴、肆无忌惮地追求个人权力和权威，以及其他方式的自我高大化。我们宁可让一个人对他的银行存款实施暴政，也不要让他对他的同胞实施暴政；虽然，前者有时候被谴责为不过是达到后者的手段，但至少有时候前者提供了一个可供选择的渠道。尽管如此，为了刺激这些可供选择的活动，满足这些癖好，却没有必要像今天这样，给参加游戏的赢家提供如此之多的胜利品。较小的胜利品也可以达到同样的目的。一旦参与者习惯了这个，改变人性的任务决不可混同于管理人性的任务。虽然在一个理想的社会里，可以通过教育、感召、养育来使人们对胜利品不发生兴趣，但只要普通人甚或社会中相当多的一部分人仍强烈地沉迷于赚钱的嗜好，那么，睿智审慎的政治家就应该让游戏在规则与限度的约束下继续进行下去。

II

然而，关于财富不平等的前景，从我们的论证中还可以得出第二个重要得多的推论，这便是我们的利率理论。到现在为止，认为适当高的利率的理由是，利率有必要提供足够的储蓄诱导。但是我们上面说过，有效储蓄的量必然取决于投资规模，而投资规模被较低的利率所推动，如果我们不以此办法把投资规模推进到充分就业之点以外的话。由此可见，如果在既定的资本边际效率下，把利率减少到使充分就业得以实现之处，那就会对我们有利。

毫无疑问，上述原则会是利率远低于现行的市场主导利率。……

因此，我看到，当资本主义的食利者阶级方面完成了它的任务以后，它会作为一个过渡阶段而消失。一旦它的食利者阶级方面消灭，资本主义的某些方面将有重大的改变。此外，我的主张还有一个极大的好处，即食利者阶级和已经没有社会职能的投资者决不会突然消亡；就像近来在英国所看到的那样，它们的消亡是一个逐渐而漫长的过程，从而无须任何革命……

III

在其他几方面，本书以上的理论在含义上是适度保守的。因为，虽然本书指出，现在主要听任私人主动性支配的某些事物应加以集中控制的重大意义，但是，还存在广泛的领域，其中的活动不受影响。对于消费而言，国家将要部分地通过征税制度，部分地通过利率的涨落，以及部分地通过其他手段来发挥引导的作用。还有，仅仅依靠银行政策对利率的影响，似乎不大可能决定投资的最优数量。因而我以为，全国某种程度的投资社会化将要成为大致取得充分就业的唯一手段；当然，这并不排除一切形式的折中方案，通过这种方案，国家当局可以和私人的主动性结合起来。但是除此之外，似乎很难证实囊括绝大部分社会经济生活的国家社会主义的必要性。重要的并不是生产工具的国有化；只要国家能够决定被用于增加生产工具的资源数量，并且能够决定对生产工具所有者的报酬的基本额，那么国家就应该被认为履行了它应尽的职责。此外，种种必要的社会化步骤可以逐渐采用，从而不会割断社会的一般传统……

更具体地说，我看不出有任何理由，认为既有的经济制度对已经使用的生产要素具有严重的使用不当之处。当然，预测不免有失误之处；但是这些问题并不会由于集中的中央决策而得以避免。如果在一千万愿意而且能够工作的人中，有九百万人得到了雇佣，那就没有任何证据表明，这九百万人的劳动有被使用不当之处。我们对现有经济制度的不满，并不是这九百万人应当用在不同于过去的任务上，而是应该为其余的一百万人提供就业的任务。现有经济制度的缺点，并不在于已就业的人如何加以使用的问题，而在于就业者的多寡问题。……

个人主义，如果能够去除其缺点和滥用，则它仍然是自由的最好保障，其意义在于，跟任何其他制度相比，个人主义在很大程度上扩大了个人的选择范围。它也是生活多样化的最好保障，因为生活多样化恰恰来自扩大了的选择范围。而生活一致或集权国家的种种损失中，缺乏生活多样化是其中最大的损失。因为这种多样化，保存了以往各代人最妥善、最成功的选择的传统。它以其多样化的方式使现实多姿多彩。此外，它是经验、传统和想象的结晶，它也是改善将来的最有力的工具。

因此，虽然似乎在19世纪的政论家或当代的美国金融家看来，为使消费倾向与投资诱导相互协调而引起的政府职能扩大是对于个人主义的严重侵犯,但我要为这种扩大进行辩护。我认为事实恰恰相反。它不但是避免现有经济制度被完全毁灭的唯一可行办法,而且也是个人主动性能成功发挥作用的必要条件。

V

这些思想的实现难道只是不着边际的希望吗?难道它们没有奠基于足够的人类动机,而这种动机又能左右政治社会的演变吗?被它们所伤害的利益的体现者是否比它们为之效劳的人要更强大和明确吗?

我不想在这里提出解答。解答需要有一本与此同性质的著作,才能仅仅以提纲的形式表示出把这些思想逐渐付诸实施的种种实际办法。但如果思想正确的话——作者本人必须有此假定,才能着手著作——那么我敢作出预言:否定它们在一段时期后的潜力,这是一个错误。在目前,一般人都渴望有一个更基本的诊断;非常易于接受它;而且它在表面上合乎情理,就急于试着将它付诸实施。然而,撇开当代的这种情绪不谈,经济学家和政治哲学家们的思想,不论它们在对的时候还是不对的时候,都比一般所设想的更有力量。的确,世界就是由它们统治着。讲究实际的人自以为不受任何学理的影响,却常常是某个已故经济学家的俘虏。在空中听取灵感的当权狂人,他们的狂乱想法不过是从若干年前学术界拙劣作家的作品中提炼出来的。我确信,和思想的逐渐侵蚀力相比,既得利益的力量被过分夸大了。诚然,这不是就立即产生的影响而言,而是指一段时间以后;因为,在经济哲学和政治哲学的领域中,25岁或30岁以后还能接受新理论的人是不多的,所以,公务员、政客乃至煽动者所运用的思想不大可能是最新的。但是,不论早晚,不论好坏,危险的不是既得权益,而是思想。

总而言之,对于如此严肃的分析而言,这是一个温和得令人吃惊的结论。凯恩斯提议的计划并未包括任何明确的建议让政府扩大支出,以填补私人支出不足而导致的支出缺口。他顺便提到了"稍微广泛的投资社会化",十有八九是指政府扩大在道路、学校和其他类似公共资本项目上的支出计划,但是,正如我们知道的那样,决没有什么蓝图去建立永久性扩大的公共部门,更不用说什么福利国家了。相反,凯恩斯依靠的是旨在压低利率、提高对高收入和大型不动产征税,

以期减少储蓄流的政策。他的话——他谈到了"食利者的安乐死"——几乎不是为了安抚焦虑不安的保守主义者的心,而是刀子嘴豆腐心,因为在下一页,他明确否定了任何国家社会主义制度,而且该章以几分对一种更可靠的现代资本主义制度的颂扬而结束。

简言之,我们所读到的,听起来与其说是马克思式的,远不如说像是约翰·斯图尔特·穆勒的话。那些至今仍把凯恩斯的思想和马克思的思想等同起来的人,并不知道凯恩斯本人对后者的地位的评价。1934年,凯恩斯给萧伯纳去信:

> 我对《资本论》的感觉跟我对《可兰经》的感觉是一样的。我知道它在历史上是重要的,我也知道许多人在其中找到了几分基督耶稣的感觉,这些人可不都是白痴。然而,当我深入考察它的时候,在我看来始终不得其解的是它怎么会有这种效果……我确信,其当代的经济学价值(除了洞察力偶尔的但却非建设性的、间断的闪现外)是零。[①]

不论人们对这种评价有何感想,这评价都充分说明了写出它的那个人。尽管他在关于政治图谱中的自我定位时自称为自由主义者,但最好是把凯恩斯描述为一个开明的保守主义者——开明在于他知道商业价值观的边界,保守在于他不能否定那些更大的支撑着那些价值观的社会安排。

这一根深蒂固的观点再没有什么比他的生命临近结束时表现得更明白无误了。当时,凯恩斯是布雷顿森林会议中一位众望所归的人士——要人一词应该是更准确的描述。这个会议寻求使一个被国际经济混乱所威胁的世界恢复稳定和秩序,并有所成功。凯恩斯在那里所扮演的角色可以被描述为跟他在四分之一个世纪前的巴黎和会上目睹过的那些自我中心、目光短浅的人物完全相反。布雷顿森林会议的一名代表给了我们这样的人物描写:

> 今天是剑桥国王学院-牛津新学院协定500周年纪念日,为庆祝这一时刻,凯恩斯在他的住所举办了一个小型宴会……对此盛会期盼了数周、激动

[①] D. E. 莫格里奇,《梅纳德·凯恩斯》,纽约:劳特利奇书局,1992年,第469-470页。

得像个小男生的凯恩斯,展现了他最迷人的魅力。他作了精彩绝伦的讲话……这是一个体现了这位卓越人士那令人好奇的综合素质的有趣例子,虽然在纯智力事务方面的观点如此激进,但在文化事务上,他是一位真正的伯克式保守分子。一切都是非常的轻柔,与这种场合相称,但他在谈到我们对过去的债务时流露出的感情,却是真正感人至深的。[1]

开明的保守主义是否最终能够聚集力量改革机能不良的社会,这是一个说易行难的信念,但是,不幸的是,同样的批评也可用于反对激进主义,甚至于现代激进主义,针对其自身运作不良的制度来执行相同任务的能力。我在凯恩斯身上找到的令人钦佩之处是,他愿意在他的经济学衣袖上披上政治的价值观。他的学说是否将继续塑造我们一般的社会认知,我们无从得知,但我们能够指望,他在政治方面的诚实将继续给这些认知以启示。

---

[1] 罗伊·哈罗德,《约翰·梅纳德·凯恩斯的生平》,纽约:奥古斯特·凯利出版社,1969年,第577页。

约瑟夫·阿洛伊斯·熊彼特

(1883–1950 年)

1947 年，在约瑟夫·阿洛伊斯·熊彼特最著名的《资本主义、社会主义和民主主义》出版 5 年之后我买了这本书。在该书的扉页上，我找到了我这样的手写字："自负、讲究、傲慢而妄自尊大。该书的成功，凭借的是其无所不知的语气，而不是分析或论证，分析不足而疏漏，论证经常出错。其预言尚未证实。"最后一句所指的无疑是书中最有名的两个声明："资本主义可以存续吗？不行。我不认为它能"以及"社会主义能行得通吗？当然能。"

那么，为什么我现在把熊彼特置于人们可从中获得教益的那些经济学家的前列呢？答案比较复杂，因为毫无疑问，熊彼特常常自负、傲慢、妄自尊大，经常出错。然而，他的作品是有着巨大的价值的。我把这看作是不太情愿承认经济学作为一门科学，其能力是有限的，这种承认因熊彼特是创立计量经济学的领袖人物而益发引人注目。计量经济学是一个新的经济学分支，是理论驱动的统计学研究，旨在增强经济学研究的科学内核。甚至在这方面，也有理由以怀疑的态度来看待：曾当选为经济计量学会首任会长的熊彼特，他本人是一名无足轻重的数学家，如果他的确算得上数学家的话。[①]

那么，可取之处是什么呢？且让我通过简要介绍熊彼特本人，来回答这个问题。约瑟夫·阿洛伊斯 1883 年出生于奥地利的一个织布厂主的家庭，他与凯恩斯同年。熊彼特后来把后者连同卡尔·马克思视为他的主要竞争对手（凯恩斯对此恭维未作回应），而对于马克思，熊彼特则大加赞赏，正如我们将会看到的，

[①] 参阅理查德·斯维德伯格，《熊彼特传》，普林斯顿，纽约：普林斯顿大学出版社，1991 年，第 117–118 页。

他一开始便把真正的马克思定为一名保守主义者。

他的寡母再婚嫁得不错,年轻的约瑟夫被送往特雷西亚学校读书,这是一所只招收贵族子弟的贵族学校。他在那里学到了同学们的那种贵族气派,虽然我恐怕他与同学们交往时内心没有安全感:有人怀疑,他后来的装腔作势很大程度上源于那些年在社交方面的自卑感。① 然而,绝无任何怀疑的是,他是一名才华横溢的学子,而且在 27 岁给一位埃及公主当财务顾问期间,他出版了自己的第二部著作《经济发展理论》②。这本书一开始没有引起人们的注意,但逐渐地为人所知,尤其是 1934 年它的一个英译本面世之后。我本人的探究就从这里开始。

《经济发展理论》引起我们兴趣有一个特殊的原因——它对制度内一个关键角色引人注目的和完全原创性的描写:<u>企业家</u>。令人奇怪的是,尽管十分重要,企业家-资本家不过是作为前述各经济场景中的一个影子而存在。我们从未实际遇到过斯密笔下的工厂主,比如著名的扣针厂厂主,也不清楚他和他的同道实际做什么,他们谋划着欺骗公众除外(参见本书第 77 页)。我们也不太理解李嘉图笔下忙碌的资本家做什么,而且对于他们作为商人的活动,或他们对自己即将向土地主交付地租时的反应,我们连模糊的概念都没有。在马克思的伟大剧本中,资本家以守财奴的形象出现,他们搜刮着剩余价值,或者在资本大战中扮演捕食者或猎物的角色,但他的实际经济责任或决定却付诸阙如。即便是马歇尔的笔下——我们能从中观察到商业命运的跌宕起伏,也没有关注商界人士实际做什么。

在熊彼特的笔下,这一切都变了。我们现在有了一个关于资本主义世界中一类关键人物的性格和责任明快而稍显浪漫的描述,以及作为一个十分重要的结

---

① 我忍不住引用《世俗哲学家》(第 6 版,第 298 页),它讲述了熊彼特是如何娶了一位公寓管理员的富有魅力的女儿的:"他把她送到巴黎和瑞士的学校接受教育,以使她适合当他的妻子。"这其实是他杜撰的故事。事实上,她曾在法国当过保姆。(罗伯特·洛林·艾伦,《开门:约瑟夫·熊彼特的生平和工作》,新布伦斯威克,纽约:翻译出版商社,1991 年,第 1 卷,第 197 页。)然而,他的确深深地爱着她,而且从未从她的早早离世中恢复过来。

② 纽约:哈珀兄弟出版社,1942 年;第 2 版,1947 年。

果，一个新的借以对资本主义本身进行考察的视角。我们从企业家在其中跃然纸上的生动场景开始，这场景熊彼特称之为"循环流转"经济。或许从魁奈、坎蒂隆和瓦尔拉斯借用来之后，熊彼特相信，仅当人们描绘了商业社会看起来只是年复一年地再生产自身之后，才能理解这样一个社会是如何运转的。这肯定不是因为熊彼特相信循环流转是对资本主义制度的准确表述。恰恰相反，他强烈地感到，由于资本主义不停的和自生的多变性，它在历史上是独一无二的。循环流转按他的话说就是"相同的产品每年以相同的方式生产出来"①，所以从循环流转开始，其目的是唯有在这样一种想象中的、所有干劲和活力都被消除的制度中，人们才能正确地找出那具有自主改变能力的力量，这当然就是企业家。

我们应该花些时间来了解循环流转需要些什么。由于其一成不变的条件，通行着某种类似于李嘉图和穆勒所说的静止状态。现在，竞争驱使雇主们向工人支付其全部劳动价值，结果是没有任何除管理工资之外的利润。这是萨伊定律成为其统治法则的世界："对于每一供给，"熊彼特写道，"经济体系的某个地方都有一个对应的需求，对于每一需求，也有一个对应的供给。"②

我不想进一步对具有类瓦尔拉斯一般均衡的循环流程经济作描述，也不想提出显而易见的反对意见说，没有哪个资本主义制度在这类了无生气的条件下能够维持自身。熊彼特会不耐烦地大手一挥承认这一切。他会坚持说，要点在于，唯有从这样一种归谬法，人们才能找出实际的资本主义制度据以获得其生命力的关键手段。正如我们可以预期的，答案就在这样一批个人的活动中：这些人开始通过发明新产品、对产品进行再设计、重新安排业务流程，以期从他们的活动所带来的不平衡中获得利润，来扭转这循环流转。

在《资本主义、社会主义和民主主义》一书中，我们将较详细地探究这种动态变化的长期结果（"资本主义制度可以存续吗？不。我认为它不能。"）。然而，值此之际，企业资本家值得我们的关注，因为他们体现了熊彼特的另一个概

---

① 熊彼特，如上所述，第 108 页。
② 萨伊定律，在其《政治经济学概论》中首先明确提出，意思是每一生产总是能创造出足够的收入和其产出，因而说"供给创造其自身的需求"。关于熊彼特的版本，参前，第 108 页。

念——即，因企业家群体出现而自然产生的精英人物。那么，为什么有些资本家成了企业家，而另一些还是老样子，只是对不变的业务的管理者？他在下面处理了这个问题。答案就在于天分或"才能"的不均匀分布：

现在这种才能假定是同其他才能完全一样地在一个伦理上同质的人口中分布的，也就是说，它的分布曲线具有最大的纵坐标，两边的偏离越大，这样的情况就变得越稀少。类似地我们可以假定，每个健康的人如果想唱就能唱歌。在一个伦理上同质的群体中，或许半数人的唱歌能力可以达到平均水平，四分之一的人的能力逐渐降低，而且我们可以说，另外四分之一的人的能力则超过平均水平；在这后四分之一当中，通过一系列连续不断地增加的歌唱能力和连续不断地减少的具备这种才能的人数，我们最后才遇到了恩里科·卡鲁索①这样的一些人。只是在这四分之一的人中，我们一般才为歌唱的才能所打动，只有在这种极高的例子中，这种才能才变成这个人的特点……

让我来应用这一点：再一次，让我们在这里暂且假定，四分之一的人口关于经济首创精神这种品质是如此缺乏，以至于这种匮乏通过他们的道德人格的贫乏而被感觉到。他们在要求具有这种要素的私人生活和职业生活的最小事务中只起着可怜的作用。我们看到了这种类型的人，知道有许多最好的办事员，以忠于职守著称，有专业知识，一丝不苟，就属于这个类型。然后有那"一半人"、"正常人"。这些人证明自己在这样的事情上做得比较好些，可是这些事情即使在已经建立的渠道中也不能只是"交办"，而是作出"决定"和"执行"。实际上所有的工商界人士都属于这一类，否则就绝不能达到他们的地位；大多数人代表着一种选择——在个人方面或在遗传方面经过了考验。……从这里，在尺度上越走越高，我们最后进入了最高的四分之一，走到了具有超乎正常人的才智和意志的那类人中间。在这一类人中，不仅有许多各种各样的人（商人、制造商、金融家，等等）连续的变化，而且在"首创精神"方面还有强烈程度不一的连续变化……有不少人能在没人到过的地方安全前进；也有其他一些人沿着别人走过的路前进；还有其他一些人只是置身于群众之中跟随前进，但他们是在第一批群众

---

① 意大利歌剧中的男高音。——译注

之列……①

最后，是什么驱使着企业家去发挥他的领导才能呢？熊彼特写道：

首先，存在着一种梦想和意志，要去找到一个私人王国，常常也是（虽然不一定是）一个王朝。现代世界实际上并不知道有任何这样的地位，但是工业上或商业上的成功可以达到的地位仍然是现代人可以企及的最接近于中世纪的封建贵族领主的地位。对于没有其他机会获得社会名望的人来说，它的引诱力是特别强烈的。权力和独立的感觉，并不由于这两者主要是一种幻想而有丝毫的损失。更仔细的分析将会引导到发现在这一类动机中有无穷的变种，从精神上的野心到只是趋炎附势。……

其次，存在有征服的意志：战斗的冲动，证明自己比别人优越的冲动，求得成功不是为了成功的果实，而是为了成功本身。从这方面看，经济行动变得跟体育运动很相似——有着金钱上的竞赛，或拳击比赛。金钱上的输赢是次要的考虑，或者无论如何，只是作为成功的指标和胜利的象征才受到重视，它的炫耀常常最重要的是作为大笔开支的动机，而不是作为对消费者的货物本身的想望。我们又可以找到无数细微的差别，其中有一些，如社会野心，会渐渐变成第一类的动机。我们重又面临一种动机，它跟上面所描写的"需要的满足"有本质的不同……

最后，存在着创造的欢乐，把事情办成的欢乐，或者只是施展个人的能力和智谋的欢乐。这类似一个无处不在的动机，但它作为一种独立的行为因素，在我们的情况中比在任何别处都更为清楚地自己强行表现出来。这种类型的人寻找困难，为改变而改变，以冒险为乐事。这一类动机，在三类之中，是最明白不过地反享乐主义的。

只在第一类动机中，作为企业家活动的结果的私有财产，才是使得这种活动起作用的必要因素。而在其他两类中则不是。金钱上的收益的确是成功的一个非

---

① 《经济发展理论》，第88－82页，注释2。奇怪的是，这个至关重要的段落只是在该书的第二版才添加，其后则作为脚注出现。

常精确的表现,特别是就相对的成功而言;而从为之奋斗的人看来,它还有一个额外的好处,那就是它是一个客观的事实,大都不受他人意见的影响。这些以及其他伴随"渴望得到财富的"社会的机制的特点,使得难以取代它作为工业发展的动力的地位……至于还可以提供什么其他的刺激,怎样能使它们工作得像"资本主义的"刺激一样好,这些都是超出本书范围以外的问题。这些问题被社会改革家过于轻视了……然而它们并不是不能解决的,至少就一定的时间和地点来说,是可以通过仔细地观察企业家活动的心理学去解答的。①

很难知道该怎么去理解这种老于世故、精英主义和天真烂漫的混合体。我不认为有谁会把熊彼特对企业家行为的角色或动机的解释看作是用于计量经济学检验的研究的基础。而且我也不认为这是他的目的。熊彼特是在设法去确切地指出,经济学中自亚当·斯密在《道德情操论》中评论之后就几乎完全被忽略了的一个方面,这就是找出对资本主义制度至关重要的活动的根源。熊彼特在社会或政治动机的范畴而不是经济学的范畴中找到了它,经济学只着重于理性计算。

不久之后我们将转而讨论《资本主义、社会主义和民主主义》——我们就是从这本书开始对熊彼特的研究的,那时,我们将探究这种企业家行为的观点的诸般结果。但是首先,一个额外的应用值得我们稍加关注。这就是在解释熊彼特始终感兴趣的一种现象——经济周期——时,"理性"行为的角色。经济周期是《经济发展理论》最后一章的焦点,而且在二十世纪三十年代期间的另一部两卷本书中再次作了研究。这后一本书《经济周期》要雄心勃勃得多——其副标题是《资本主义过程的理论、历史和统计分析》,但大家普遍认同的是,这部两卷本著作主要是相当冗长乏味的商业史,而其余的部分致力于解释为什么繁荣和萧条看起来以一种周期性的方式出现,它与《经济发展理论》最后一章相比没什么新意。②

为什么经济周期会引起熊彼特的注意呢?答案仍在《经济发展理论》一书

---

① 《经济发展理论》,第 93-94 页。
② 后一本书中有一个值得注意的变化。经济周期现在受到了重视。在《经济发展理论》中,它们并非:"任何官方对危机的调查都表明,关于不景气引起荒废的流行概念是如何被夸大了。"(第 246 页)但这是在 20 世纪 30 年代之前 20 年所写的。

中,虽然它不是后来在《经济周期》中呈现的历史细节。这就是熊彼特把经济增长归结于企业家活力。那么问题就来了,正如熊彼特所说,为什么增长不是一个平稳连续的过程,"类似于树的有机生长呢"?熊彼特求助于经济衰退的各种原因,从意外事件,"比如农作物歉收"、供给或需求的各种失灵,到信用破产、"恐慌"以及诸如此类。似乎没有一个包含自重复的成分。这导致熊彼特得出结论:周期不是因系统中出现的扰动而起,而是由于这些扰动"成群结队地"出现。这尤其适用于那些因采用新的和未经试验的流程或产品而产生的增长所致型扰动的情况。熊彼特对此问题作了如下解释:

那么,为什么企业家的出现不是连续的,也就是说,只是在每一个适当选定的时间间隔内出现,而且是成群地出现呢?这完全因为一个或者少数几个企业家的出现可以促使其他企业家出现,于是又可促使更多的企业家以不断增加的数目出现。[着重号为他所加]

这意味着,第一,由于第二章已经解释了的原因,实现新的组合是困难的,并且只是具有某种特性的人才能接触到。关于这个问题,最好是通过设想一个较早时期的例子,或者设想一个非常类似于处在经济尚未发展阶段的经济状况……只有少数人具备这种领导才能,而且只有少数人在这样一种状况里,也就是在一种本身尚未成为繁荣的状况里,能够沿着这个方向获得成功。可是,如果一个人或少数人成功地前进,那么许多困难便会消失。于是其他人便会步这些先驱者的后尘,就像在此刻所能达到的成功的鼓舞下,他们将要明确地去进行那样。他们的成功,通过不断完全克服第二章所分析的障碍,将再次使得上述进程变得更加容易,因为更多的人跟踪而来,直到最后创新为人们所熟悉,并且成为一种自由选择的事情。

第二,因为,正如我们已经看到的,作为企业家的资格或要求条件,跟其他特性一样,是依照误差法则在纯一种族群体中分布的,所以,在这方面满足累退标准的个人数目将会不断增加……

第三,这解释了企业家成群出现的现象,一种首先在创业者出现的企业部门确实达到了消除企业家利润的地步。实际情况也揭露了,每一个正常的繁荣开始于一个或少数几个企业部门(铁路建设、电力、化学工业等等),并且从它所开始产生的企业的创新中获得特征。但是创业者不仅在他们首先出现的生产部门里为他人消除了障碍，而且由于这些障碍的性质，事实上也在其他部门里消除了障碍。……因此，第一批领导人物在他们最直接行动的范围之外发生作用，于是企业家团体将更进一步地增加；经济体系较之在另外的情况下，将更为迅速地和更为完全地被拉入技术的和商业的重新组织过程，而这一过程将构成繁荣时期的含义。

第四，发展过程越是变得为人们所熟悉，并且变得对一切有关方面只是一个计算问题，障碍随着时间的进程越是变得微弱，那么，激发创新所需要的"领导"就越少。这样，企业家成群的出现就变得越是不显著，周期运动也就变得越是温和。……经济生活的日益托拉斯化在同一的方向发生作用……

第五，新组合的成群地出现，很容易并且必然要对繁荣时期的根本特征作出解释。它能够解释，为什么增加资本投资正是未来繁荣的第一个征兆，为什么生产生产资料的企业第一个表现出超乎寻常的兴奋，尤其重要的是，为什么铁的消费增加。它能够解释繁荣时期新的购买力的大量出现，以及由此而来的价格的特征性上升，而对于这些问题，单靠引用增加了的需求或增加了的成本都不能作出解释。更有甚者，它能够解释失业的下降与工资的上升，利率的上升，货运的增加，对银行收支和银行储备的日益抽紧，等等；并且，正如我们已经说过的，还能解释第二波或次级波的放出——繁荣遍及于整个经济体系。

这是一个大胆的尝试，尽管绝不是一个完全令人信服的解释，这尝试在其时代有相当大的影响，不限于把"开拓者"一词引入大量的经济周期类文献中。然而，关键的周期性问题仍然令人困惑——既然承认"群集"可以加强繁荣，那为什么扩张一旦成为一种常规的时候，不能无限期地继续下去呢？熊彼特对此沉默以对。尽管如此，鉴于以下两个理由，我还是选择从他论商业周期的章节中摘录若干段落。其一是，正如我已经说过的，熊彼特关于才能分布的精英主义观再次派上了用场，至少收到了澄清之效：

……没有一种疗法能够永久地阻止大规模的经济和社会过程，在此过程中，工商企业、各个人的地位、生活方式、文化的价值和理想等等，将以整个社会的

规模下沉，并最终消失。在一个存在私有财产和竞争的社会里，这一过程是对新的经济和社会形态的不断出现的必要补充，也是对所有社会阶层的不断提高的实际收入的必要补充。如果真的不存在周期变动，那么这个过程就要缓和一些；但是，这并不能整个地归因于前者，事实上这倒是独立于它们而被完成的。在理论上和实际上，在经济上和文化上，这些变化倒是比所有给予了如此长时间的分析性关注的经济稳定性，要重要得多。而且家庭和厂商的兴与衰，在它们变动的特殊方式中，较之在以固定速度进行反复的自我再生产过程这种含意上的静态社会里所观察到的任何事物，更能说明资本主义经济制度的特征，包括它的文化和它的成果方面的特征。①

第二个理由可以在上面引人注目的段落——该章及该书的结尾——中找到。这段听起来有一种悲观的调子，让我们吓了一跳，因为我们在这种对企业家精神的颂扬中并没有料及于此。同样地，褒贬兼具充当了我们通往30年之后才面世的下一本读物的桥梁——非同凡响的《资本主义、社会主义和民主主义》。我不知道熊彼特是否已经在脑海中有了这部有影响力的著作的构想，但上述段落揭示了，如果它没有在他的意识层面，那么它肯定是在他后来所称的社会经济景象"预分析"层面的某个地方。

《资本主义、社会主义和民主主义》

这部伟大的著作以马克思开篇："先知马克思"、"社会学家马克思"、"经济学家马克思"和"导师马克思"。熊彼特是作为仰慕者和学生——绝不是作为信徒或奉承者——来对马克思进行研究的。此外，熊彼特从马克思那里汲取的并不是他的辩证法、唯物主义历史观，甚或特殊的资本主义模型。这些似乎没有什么留下来。但熊彼特的赞赏依据的是其他东西——一种从不对其社会根源和政治根

---

① 《经济发展理论》，第255页。

源,即其价值负载的核心视而不见的经济研究方法。这方法给予熊彼特的图景以一种不可能不予考虑的重要性,即便当这图景明显出错的时候。

如果我们继续往下读,我们将会看到这种特质,但是我必须首先对落在我们身后的那一章作最后一点评论。熊彼特最终找到了他与马克思的缘分,因为在《资本论》中,他"在可疑的宝石的古怪闪光底下"觉察到"一种明显的保守含义"。"再说,"他沉思着,"为什么不该如此呢?从来没有哪种严肃的论证无条件地支持过任何'主义'。说马克思在去掉一些废话之后容许对他作出保守意义的解释,这不过是说,他是可以被严肃对待的。"① 我不确定这些反思对于人们理解马克思有什么启示,但它们肯定启发了这位作者。

结束了论马克思的第一篇,我们转向第二篇《资本主义能存在下去吗?》。我们知道答案,但不是论证,直到我们读到第三段:

> 我努力想确立的命题是:资本主义制度现实的与未来的成就大到足以否定它将在自己的经济失败重压下崩溃的观念,正相反,正是它的成就破坏了维护它的制度,同时"不可避免地"创造了它活不下去的诸般条件,这些条件强有力地指定社会主义为第一继承人。所以我的最终结论,跟大多数社会主义作家,特别是跟所有的马克思主义作家是没有什么分别的,虽然我的许多观点跟这些作家是不同的。但是要接受这个结论,不一定需要是一个社会主义者。预测,并不意味着他喜欢他们断定的事件进程。如果一个医生预告他的病人马上要死,这并不是说他愿意他死。一个人可以憎恨社会主义,或至少可以用冷酷的批判态度对待之,可是可以预见它的降临。许多保守主义者过去这样,现在也是这样。

接下来的一章实际上是对斯密在《国富论》第一章中的结论的修正。我们回忆一下,《国富论》第一章以下述提醒我们的话结束:"一名勤劳节俭的农民的……膳宿,要超出许多非洲国王的膳宿——他们可是数以万计光身子野蛮人的生命和自由的绝对主人啊。"(参见本书第68页)。熊彼特用更复杂精致的语言,让我们回想起一个类似的自斯密时代以来世界所特有的变化。

---

① 《资本主义、社会主义和民主主义》,第2版,纽约:哈珀兄弟出版社,1947年。

可以这样来说明我们的结论，如果资本主义在1928年后的半个世纪中重复它过去的成就，那就可以消灭按现行标准可称为贫穷的一切东西，即使在人口的最底层亦然，例外的只有病理学的事例……

证实它是容易的。毋庸置疑，工人可以得到的某些东西，正是路易十四本人极希望得到而得不到的东西——现代牙医即为一例。可是，整体而言，这样高水平的个人收入从资本主义成就中获得的好处实在是不多的。即从旅行上的高速度这一点而论，它对于一个十分高贵的绅士来说，可能是没什么大不了的事情。电力照明，在有钱可买大批蜡烛，有钱雇仆人照管它们的人，不是一项重大的恩惠。廉价的衣服、便宜的棉制品和人造丝织品、鞋、汽车等等，才是资本主义的典型成就，它们照例不是一些对富人生活极有意义的改进。伊丽莎白女王有丝袜，资本主义成就一般不在于为王后们准备更多的丝袜，而在于稳步降低生产上的耗费，使丝袜成为工厂女工能够买得起的东西。

从这第一个令人乐观的综述，论证转向了一个因果关系：是什么导致这长期向上的运动？答案并不让我们惊讶。

应该掌握的要点是，当我们研究资本主义时，我们是在研究一个进化过程。谁都没能看到一个如此明显而且马克思很久以前就曾强调过的事实，看来这也许是件怪事。可是，产生了关于现代资本主义运行情况的大批命题的片段分析，却固执地忽略它。让我们重新说说这个论点，看看它是怎样关联我们的问题的。

资本主义，在本质上是经济变动的一种形式或方式，它不仅从来不是，而且也永远不可能是静止的。资本主义过程的这种进化特征，不仅是由于这么一个事实，即经济生活是在一个变化着的社会环境和自然环境之中进行的，而且通过它的变动又改变着经济活动的根据；这件事很重要，这种变动（战争、革命及其他等等）又常常限定了产业变革的条件，但它们并不是它的首要推动者。这种进化的特征，也并不来自人口和资本的准自动增加，或在货币制度方面所要的什么把戏，对于这些把戏，上面所说的那些话也是完全适用的。开动资本主义引擎并使之继续运转的基本推动力，来自新的消费品、新的生产或运输方式、新的市场、资本主义所创造的产业组织的新形式。

正如我们在前一章见到的，工人家庭预算的内容，比如说从1760年至1940年，不是简单地按不变路线增长的，它同时也经历了质的变化过程。同样，一个典型农场的生产设备的历史，从轮作、犁耕、施肥的合理化开始，直到今天的机械化——跟吊谷机与铁路联结起来——是革命的历史。从木炭炉到现代高炉的钢铁工业生产设备的历史，从冲击水轮到现代电力厂的动力生产设备的历史，从驿路马车到飞机的运输事业的历史，也全都是革命的历史。国内外新市场的开辟，从手工作坊手工业工场到美国钢铁公司那样规模企业的组织的发展，说明了这种产业上的突变过程——如果我可以用这个生物学术语的话——它不断从内部使经济结构革命化，不断消灭旧的，又不断创造新的结构。这个创造性破坏的过程，就是关于资本主义的本质性的事实。这正是资本主义的意义所在，也是每个资本主义企业赖以生存的东西。这个事实在两个方面和我们的问题有关系。

第一，因为我们正在研究的过程的每一项要素，都必须经历相当的时期，才能显示出其真正特点和最终后果，因此不能按某个瞬间视野所及来估计这个成就的价值；正因为成就要经过若干世代若干世纪才能表露出来，我们也必须在一个时期内判断它的成就。一个体系——不论是经济体系还是其他体系——凡是在每一给定时点上充分利用了它的各种可能性直到发挥它的最大利益的，可以在长时期内低劣于任何给定时点上都做不到这一点的另一个体系，因为后者未能做到这一点，可能正好是长时期内成就水平或成就速度所需的条件。

其次，因为我们是在研究一个有机的过程，所以对它的任何特殊部分——比如说，个别企业或个别产业部门——所发生事情的分析，虽然确实可以澄清方法上的某些细节，却不能由此推出超过这一点的任何结论。经营战略的每个片段之所以具有它的真正重要性，只不过因为它是以这过程为背景的，因为它是处在过程所创造的形式之内的。必须从它在创造性破坏这个不断呼啸的风暴中所起的作用去了解它；不理会这个风暴，或者，实际上假定存在一个风暴过后永续的宁静，那是无法理解它们的。

于是，通过细数资本主义成功的原因——"创造性破坏的永恒风暴"——资本主义的活力通过它得到动员和刺激，我们开始阐明关于资本主义不能存在下

去的论点。熊彼特用了一章的篇幅来展开这样的论题，即风暴的后果是个体间竞争——小企业之间彼此对抗，如亚当·斯密笔下的扣针工厂的世界——向一个竞争性"垄断企业"的世界演进。"我们必须接受的是，"他在第八章结尾处得出结论，"［大规模工业］已经成为……进步的最有力的引擎，尤其已经成为总产出长期扩张的最有力的引擎……就这点来说，完全竞争不仅是不可能的，而且是低劣的，它没有权利被树立为理想效率的模范。"

这个问题现在把我们引到了一个更难解的问题。如果我们认同熊彼特的观点，即无规律而持续的增长是过去的模式，我们能够有自信把这种轨迹延伸到未来吗？"投资机会的消失"——熊彼特在二十世纪三十年代末至四十年代战前时期大量使用的一个措辞——能够在过去的成就和未来的前景之间画一条直线吗？

熊彼特不接受这样令人沮丧的观点。那种认为我们会面临人口增速下降，并伴随相应的购买量下降的担忧，被他比作过去那种对人口将超出资源承载力的过时的担心；别忘了我们读到的是 50 多年前对未来的展望。同样的信心使他能够对我们将耗尽地球资源的危险不以为然——熊彼特仰仗技术进步创造出"丰裕的"食物和资源。那么，对新投资而言难道不会存在"边疆的封闭"吗？对此，他以一段鞭辟入里的评论作了否定的回答："征服天空也许比征服印度重要得多——我们切不可把地理边疆和经济边疆混为一谈。"但是我们难道就不会耗尽这些技术前沿吗？他向我们保证，"技术上的可能性是一片未经测绘的海洋"，"没有任何理由预期产出增加率会由于技术可能性的耗竭而放慢下来"。

必定很清楚，熊彼特并不指望已经打消了所有关于资本主义历史上的扩张记录将戛然而止的担忧。相反，这章的意图是一个典型的熊彼特式策略：把所有的牌给他的对手，然后在他们自己的游戏中击败他们。在我们刚刚附带作了概述的各章中，他已经"证明了"，传统上对资本主义灭亡的担心至少可以说是被大大夸大了。接下来的四章的标题现在告诉我们前路是什么：且让我们依次浏览，看一看为什么"资本主义能存在下去吗？"这一问题的答案是否定的。

第十一章　资本主义的文化

资本主义文化是合理主义的和"反英雄主义的"。两者当然是并肩前行的。

工业和商业上的成功需要大量精力，但是在骑士看来，工商业活动本质上是非英雄主义的——没有刀剑的挥舞，用不着肉体上的勇敢，没有机会驱马冲入敌阵，毋宁说这是一种异端或异教——赞美为战斗而战斗，为胜利而胜利的观念的意识形态，人们在公事房里、在表格的数字栏中渐渐枯萎。因此，由于拥有吸引强盗或税吏注意的资产，不沾有甚或讨厌跟它的"理性"功利主义相冲突的骑士意识，工商业资产阶级在根本上是和平主义者，他们倾向于主张在国际关系中应用私生活的道德戒律。诚然，和平主义和国际道德不像资本主义文化的大多数特色，而像资本主义文化的某些其他特色一样，也在非资本主义环境中受到非资本主义机构的袒护，例如在中世纪时曾得到罗马教会的袒护。可是现代和平主义和现代国际道德仍是资本主义的产物。

鉴于马克思学说——尤其是新马克思主义学说，甚至不少非社会主义的意见——如我们在本书第一篇中所见，强烈反对这个命题，有必要指出我们的命题既不想否认很多资产者曾为他们的家园作过出色的战斗，也不想否认几乎所有纯粹的资产阶级共和国在时机有利时常常是侵略性的——比如雅典和威尼斯共和国——以及没有一个资产者不曾喜欢过战争利润，不想利用征服的机会取得贸易上的利益，或者拒绝过某些特别利益集团的战争宣传的训练。我所主张的是，第一，这些关于资本主义好战的例子，不能像马克思主义那样——完全或主要地——以经常酿成资本主义征服战争的阶级利益或阶级状况为依据来解释；第二，在做一件你认为是你生活中正常的事业，为此你一年到头准备着，并用它来决定你的成就的事，和做一件不是你的本行，不适合你的正常工作和精神状态，其成功将增加最无资产阶级性质的职业威望的事之间是有区别的；第三，由于这样一种差别，它坚定地——在国际事务和国内事务中一样——反对使用武力，赞成和平安排，即使在金钱利益的计较分明有利于战争的时候，而在现代条件下，这种情况一般是不可能发生的。事实上，一个民族的结构和态度越是完全资本主义化，我们就越可以发现其是和平主义的——并且倾向于计较战争的成本。……

但是我不打算像读者希望我做的那样作出总结。这就是说，我不准备在他决心信赖一个没有经验的人所鼓吹的未经实验的另一条道路之前，邀请他再次看看资本主义秩序那令人难忘的经济成就和更加令人难忘的文化成就，以及这二者所提出的巨大希望。我不准备争辩说，这成就和这希望本身就足以支持这样的观点：承认资本主义过程将继续发挥作用；并且不难说明资本主义将从人类身上卸除贫困的重荷……

然而，关于资本主义成就的价值判断，不管是赞成的还是反对的，都没什么兴趣可言。因为人类不能自由选择。这不仅因为人民群众不能理智地比较各种可选择的途径，而总是接受人们正在对他们说的话。这有一个更深刻的理由。被自己的动能所推动的经济和社会事务以及由此形成的局势，迫使个人和集团按某些方法做他们也许想做的一切——确实不是通过破坏他们的选择，而是通过塑造他们进行选择时的心理状态以及缩小他们据以进行选择的可能性。如果这是马克思主义的精华，则我们大家都得是马克思主义者。结果，资本主义成就甚至是不适合作出什么预测的。大多数文明，在他们有时间完成其约许要做的事情之前就消失了。因此我不准备依据这种成就的强度，来论证资本主义这个插曲似乎会延长下去，事实上，我现在准备作出截然相反的结论。

第十二章 崩坏中的墙垣

1. 企业家职能的陈废

我们在关于投资机会消失理论的讨论中，曾作了有利于这样一种可能性的保留：人类的经济欲望可能在某个时候会得到充分的满足，以至于推动生产继续前进的动力将所剩不多。即使我们保持在现有的欲望范围内，达到这种满足状态也无疑是遥远的未来的事了；如果我们估量到，当较高的生活水平达到的时候，欲望又自动扩大了，新的欲望抬头了或被创造出来了，满足又成了翱翔于空中的目标，尤其是如果我们将闲逸包括在消费者的货品中去的话。不过，还是让我们来看看这种可能性，并且更不现实地假定，生产方式已经到了无可改进的完善状态。

于是就跟着发生一种或多或少静止的状态。本质上是进化过程的资本主义就要萎缩下去，企业家将无事可做。他们会发现，他们的处境很像在完全保证了永久和平的社会中的将军们的处境。利润，还有亦步亦趋的利率，都将收敛到趋于零。靠利润和利率生活的资产者阶层将趋于消失。工商业的经营管理会变成日常活动的管理，工商业中的人物将不可避免地取得官僚主义的特征。一种非常清醒类型的社会主义将几乎自动出现。人类的精力将离开营业事务。经济以外的事业将吸引人们的心思和财力,并提供冒险(的机会)。

就可以计及的未来看,这种悬想是没什么重要性的。但是,的确有某种加大的重要性附着在下面这件事上:我们可以期望近似完全的欲望的满足或技术的绝对完善对于社会结构和生产过程的组织的诸效果,也可以指望它发生于早已清楚地观察到的某种发展中。进步本身也像一个静止经济的经营管理一样可以机械化,而这种进步的机械化又可使企业家精神和资本主义社会受到和经济进步停止时一样大的影响。为了看清楚这一点,只要再说一说下面两个问题就够了:第一,企业家职能的意义究竟何在,第二,对资产阶级社会和资本主义秩序的生存来说,企业家职能到底是什么意思。

我们已经看到,企业家的职能是,通过利用一系列发明,或更一般地,利用一种生产新商品或用新方法生产老商品的没有使用过的技术可能性,通过开辟原料供应的新来源或产品的新销路,通过重组产业等等来改革生产模式或使它革命化。早期的铁路建设、第一次大战前的电力生产、蒸汽和钢铁、汽车、殖民地冒险,是一些炫人耳目的大类的例子,其间还包括数不清的较卑微的类别——往下数一直可以数到比如制作特种灌肠、牙膏等方面取得成功之类的事情。正是这种活动,造就了使经济机体革命化的周而复始的"繁荣",以及由于新产品和新方法扰乱均衡的冲击而引起的周而复始的"衰退"。着手进行这些新事务是困难的,而且构成一种特定的经济职能,第一,因为它们出于谁都懂得的例行事务之外,第二,因为周围环境也通过各种办法来抵抗它们,这些办法视情况而异,从简单的拒绝提供资金或拒绝购买新东西,直到对试图生产新东西的人进行人身攻击。在一向熟悉的信号灯光照射不到的地方满怀信心地办事,以及努力克服这些抵抗,需要一种仅见于极少数人身上的足以说明企业家风格或企业家职能的那种特殊素质。这种职能主要不在于发明某些东西或创造出企业得以开发利用的某些条件,而在于把事情付诸实施。

这种社会职能的重要性早已在丧失之中,而将来它势必还要加速度地丧失下去,即使以企业家精神为其主要推动者的这个经济过程本身仍然毫不减退地在继续行进。因为,一方面,做一些熟悉的例行事务之外的事情,在现在比过去容易得多了——革新本身已经降为例行事务了。技术进步越来越成为一伙训练有素的专家的工作。早期商业冒险的浪漫气息正在急剧地磨灭，因为可以精确计算的东西已越来越多，而在过去，只有在天才的闪光下才能想起它们……

但是这件事影响到全部资产者阶层的地位。虽然企业家并非一开始就必然是甚或典型地是资产者阶层的成员，但他们在成功的时候就会进入这一阶层。因此，虽然企业家本身并不构成一个社会阶级，资产阶级却吸收着他们、他们的家属和他们的亲族，从而经常地补充并活跃了资产阶级自己的队伍，同时，凡是切断了他们与"业务"之间的积极关系的家庭，往往一两代人之后便脱离了这个阶级。在这二者之间，有一大批我们称之为工业家、商业家、金融家和银行家的人物，他们处在企业家的冒险和一片继承地的单纯日常管理工作之间的中间阶级。这个阶级生活所依靠的收入是由于它比较活跃的部分的成就生产出来的，它的社会也是建立在这个部分的成就之上的。这个部分当然可以像在我国那样，形成资产阶级阶层——以及正在上升为资产阶级的那些人——的百分之九十以上。所以，从经济学和社会学看，资产阶级是直接、间接地依赖于企业家的，它作为一个阶级是和企业家同生共死的，虽然很可能有一个或长或短的过渡时期——最后，它也许觉得这是死不了也活不下去的一段时期——正如在封建文明中事实上的确有过这样的时期那样。

总结一下我们这个论证部分：如果资本主义的进化——"进步"——终止了，或者变得完全自动化了，那么产业资产阶级的经济基础，除了可望残喘一段时日的准地租和垄断理论的残屑而外，终将降格为日常管理工作的工资。既然资本主义企业由于它自身的成就趋向于使进步自动化，我们可以由此得出结论：它趋向于使自己成为多余的东西——它会使自己的成就被压得粉碎。完全官僚机关化了的巨型产业单位，不仅会赶走小型中型的厂家，"剥夺"它们的所有主，而且最后也会撵走企业家，并剥夺整个资产阶级，这个阶级在此过程中不仅会眼睁睁地看着其收入的丧失，并且更严重的是会坐视其职能的丧失。社会主义的真正开路人不是宣扬社会主义的知识分子或煽动家，而是范德比尔特们、卡耐基们和洛克菲勒们。无论从哪方面说，这个结论也许不合马克思式社会主义者们的口味，更不合更通俗的（马克思大概会说：庸俗的）社会主义者们的口味。但就可预测的结果来说，这和他们的口味是没什么不同的。

第十三章 日益增长的敌意

从前面两章的分析中，应该不难理解资本主义过程怎样产生了我在本篇小引所说的，对它自己的社会秩序的几乎普遍的敌对气氛。这种现象如此惊人，而马克思主义的解释和通俗的解释又都如此不充分，因此最好把这方面的理论再略为阐明一下。

我们已经知道，资本主义过程最后降低了资本家阶级赖以生活的职能的重要性。我们也已知道，它倾向于侵蚀掉它的保护阶层，弄垮自己的防线，驱散保卫它的堡垒的警卫部队。最后，我们也知道，资本主义创造了一种思想批判氛围，它在毁灭了那么多其他制度的道德权威之后，最后回过头来反对自己的道德权威；资产阶级惊讶地发现，合理主义的态度不以打击国王和教皇的符玺为满足，还进而打击私有财产和资产阶级的整个价值图式……

当然，知识分子的敌意——等于对资本主义秩序的道德否认——是一回事，围绕在资本主义引擎周围的总的敌对气氛是另一回事。后者是一种真正有重要意义的现象，其中有些已在前面指出过；就其目前的情况而言，它是知识分子集团据以进行工作的原料。这二者间存在某种相辅相成的关系，但我没有篇幅来阐明它。可是像这样一次分析所描绘的总轮廓是足够明显的，同时我认为还需要重复一下，知识分子集团的作用首先在刺激、打气、表述、组织这类原料，给它添加点东西不过是其次的事情了。

第十四章 解体

面临着周围日益增大的敌意，面临着源于这种敌意的立法、行政和司法措施，企业家和资本家——事实上是接受资产阶级生活方式的整个阶层——最后将停止发挥作用。他们的典型目标正急剧地变成无法达成的目标，他们的努力正在变为白费的努力。最富魅力的资产阶级目标，即建立一个产业王朝，在多数国家内早已变为无法达到的目标，甚至最谨慎的目标也如此难以达成，以至于当这种情况的永久化而越来越为人们所懂得的时候，人们就不再认为值得为之奋斗了。

考虑一下资产阶级这种推动力量在解释过去两三个世纪的经济史中所起的作用，考虑一下，其被社会不利的反作用压得喘不过气来的情况，或者其因搁置不用而日趋萎弱的情况，无疑会构成一种足以解释资本主义过程中的某种挫折——即使我们一向把它看作是永久性的现象——的因素，而且是比投资机会消失理论所提出的诸因素中的任何一个因素都重要得多的因素。所以，看到这种推动力不仅受到存在于资产阶级思想以外的诸势力的威胁，而且这种推动力也会由于资产阶级思想内部的原因而渐渐消亡是饶有兴趣的。二者间当然有密切的相互依存关系。但是，除非我们设法把二者间的结解开，否则我们是得不出真实的诊断的。

这些"内部原因"中的一个，我们已经碰到过了。我把它命名为财产实体的蒸发。我们已经知道，现代的实业家，不管是企业家或纯日常经营的管理者，一般都是董事长、总经理身份的人。按照其地位的必然性，他取得了在官僚机构内领薪水的雇员的某些心理状态。不论是否股东，他的战斗意志或抓住不放的意志，不是也不能是那些懂得所有权和所有权责任这两词的真正意义的人的意志。他的价值体系和他的责任观念发生了深刻的变化。光是当股东的人是当然已经完全数不上的了——而这和一个管制和收税的国家正在蚕食他们的股份又是完全无关的。这样，现代公司虽然是资本主义过程的产物，却使资产阶级的思想社会化了；它残酷无情地缩小了资本主义推动力的活动范围；不仅如此，最后还要从根到底地杀死它。

然而，更重要的是另一种"内部原因"，即资产阶级家庭的瓦解，我们援引的事实是已为大家太过熟悉，甚至明白陈述它都是不必要的了。在现代资本主义社会中的男女看来，家庭生活和亲子关系的意义大大小于从前，所以它作为行为规范的力量大不如前了；公然蔑视"维多利亚"准则的叛逆儿女表明了一个无可否认的真理，不管它表现得怎样不准确……这种现象到现在多少延伸到了所有的阶级。但它首先出现在资产者（和知识分子）阶层，按我们的目的，事情的征兆性和因果关系的价值全在这里了。它可以整个地归因于生活中一切事情的合理化，我们已经知道这是资本主义进步影响的一种。事实上，这不过是合理化传播到私生活领域的结果之一而已。在解释中通常引证的其他一切因素，都容易归结到它上面。

只要男人和女人学会了功利主义这一课，并且不把他们的社会环境为他们作出的传统安排看作是理所当然的，只要他们形成了展望任何行为的前途并衡量其中有利不利之处的习惯——或者，我们也许可以这样说，只要他们在私生活中用上了一种不清楚的成本会计体系——他们就不能不警觉到现代条件下的家庭束缚，特别是亲子关系所造成的沉重的个人牺牲，他们也不能不警觉到，除非农场主或农民，孩子已经不再是经济资产。这些牺牲，并不仅仅包括可用金钱衡量的项目，而且还包括无限量的生活舒适上的损失，不再能无忧无虑地过日子的损失，以及享受另外一些种类繁多吸引力越来越大的代替品的机会——这些代替品可以和做父母的乐趣媲美。有一个事实不但未削弱反倒加强了它的含义，那就是，这平衡表有可能是不完全的，也许还是根本错误的，因为最大的一项资产即生儿育女对肉体健康和精神健康所作的贡献——也可以称为对"正常性"的贡献——尤其是对妇女而言，几乎总是现代人的合理主义目光所不愿理睬的，他们在私生活中也像在公共生活中一样倾向于把注意力集中在可以探查得出的与功利主义直接有关的细节，并鄙夷人性或社会机体的隐蔽的必要性的观念。我们要表达的观念，我认为是清楚的，用不着进一步推敲。它可以用许多未来的父母们心中十分清晰的一个问题来概括："为什么我们应该压制我们的抱负，困乏我们的生活，以便年老时受人侮辱，被人轻视？"

我们已经重新发现了已被从不同立场，并且我相信，根据充分理由屡次发现过的东西：资本主义体系有一种自我毁灭的固有趋势，这种趋势在它的较早阶段中，它很有可能表现为阻止进步的趋势。

我不想重复指出，那些为了硬要取得一致而互相加强的客观的、主观的经济和超经济因素，怎样促进了那个结果，我也不想在这里指出，那已经很明显而且在下面各章中将变得更明显的一点，即这些因素不仅促成了资本主义的毁灭，而且也有助于社会主义文化的出现。一切因素都指向这个方向。资本主义过程不仅毁灭了它自己的制度框架，同时也为另一个制度框架创造了条件。毁灭也许毕竟不是正确的用词。也许我应该说是变形。这个过程的结果并不单单是可以由恰巧碰到的随便哪种东西来填充的一片空白；事物和灵魂正在沿着越来越顺从社会主义生活方式的这样一条道路转变。钉住资本主义结构的钉子拔掉一个，社会主义计划的不可能性便消失一分。从这两方面说，马克思的理解是正确的。马克思将人们看不见的这种社会转变，跟经济过程这个转变的主要推动力联结在一起，这一点我们可以同意。我们的分析如果是对的，那么我们所驳斥的毕竟不过是次要的东西,不论这在社会主义者的信条中所起的作用是如何的重要。说到最后,在认为资本主义的凋谢是由于它的成功和认为是由于它的失败之间,并不存在着普通人所想象的那么大的分歧。

但是我们在回答作为本篇标题的那个问题时,我们的答案所布置的问题要远比它回答的问题多。鉴于后面要说到的许多事情,请读者记住下列各点:

第一,到目前为止,关于将来会出现的社会主义的性质,我们还一无所知。在马克思及其许多的追随者看来——过去、现在这都是他们学说中最严重的缺陷之一——社会主义只指一件明确的事情。但这种明确性实际上不外乎产业的国有化而已,而我们将看到,不确定的各式各样的经济和文化可能性是与此并行不悖的。

第二,关于社会主义究竟可望会沿哪条路到来,我们也和前面那个问题一样一无所知,我们只知道有许多的可能性,从逐渐官僚主义化,直到最生动的革命。严格地说,我们甚至还不知道,社会主义的到来是否确实已成定局。重复一遍,觉察到一种趋势,思考这种趋势的目标是一回事,断定这个目标是否确实可以达到,断定作为它的解决的事态是否行得通——且不说会不会永久存在下去——则完全是另一回事了。在人性窒息(或沐恩)于社会主义地狱(或天堂)之前,社会主义很可能在帝国主义战争的恐怖(或荣光)中全部化为灰烬了。①

第三,我们曾试图描述的趋势的各种成分虽然随处清晰可辨,然而迄今为止,它还没有在一个地方充分使自己显露出来。在不同国家中已经经过的路程长短不一,但没有哪个国家已进展到那么远,允许我们以任何信心清楚地说出它们究竟要走多远,或者断言它们的"潜在趋势"已经增长得那么强烈,以至于任何事情都阻挡不住,任何逆流都只能是暂时的逆流。产业一体化尚远未完成。实际的和潜在的竞争还是任何商业环境中重大的因素。企业还是活跃的,资产阶级集团的领导仍是经济过程的主要动力。中产阶级仍然是一支政治力量。资产阶级准则和资产阶级的动机虽越来越受到损伤,但仍然很有生气。残存的传统——以及家庭拥有的控制性股权——还使许多企业当局按老所有主—经理人的做法进行他们的工作。资产阶级家庭还没有死亡;事实上,它如此执着于它的生命,以至于任何负责任的政治家除捐税外还不敢用任何方法去触动它。按即时行动的立场

---

① 写于 1935 年夏。[本脚注和下一个脚注均是熊彼特为第二版所加]

也好，按短期预测的目的也好——而在这些事情中，一个世纪是"短时期"①——所有这些表面现象，可能比缓慢地在表层下面深处工作的，走向另一种文化的趋势更为重要。

我们现在把书翻到第三篇"社会主义能行得通吗？"，读一读它有名的第一句话。

第三篇远不如第二篇有趣，不仅因为其显然已被历史证伪，而且它里面的论证也不如熊彼特论证资本主义灭亡的必然性时那样耐人寻味——请注意，这种必然性在本页注释的第一句话中被给予了半个世纪的延后，而且在最后一句中或许是无限期地延后。

实际上，熊彼特关于社会主义的讨论，我觉得能够激发人们兴趣的只有一个方面，因为它再次反映了他由以开始的基本的预认知想象。我们在第十八章"人的因素"中找到了这一点。下面，我先重温一下能说明问题的段落，他在其中讨论了深刻的态度变化将是否为建立社会主义所必须——从三个部门对这一问题做了探讨：农业部门、工业和服务业从业人员、管理人员，然后提出我的问题。

我们首先可以排除掉预期会引起最严重困难的农业部门。如果社会主义的经济领导机构把自己在农业方面的计划方法限制为跟早在发展中的计划方法只有程度区别的方法，我们的社会主义仍然是社会主义。确定一个生产计划；使区别（土地使用）合理化；以机器、种子、种畜、肥料等等供给农场主；确定农产品价格，按这些价格向农场主收购农产品——这就是必须做的所有事情，这在实质上毫未触动农业界和它的态度。还有其他可能的途径。对我们来说，要紧的是采取的方法要摩擦很小，同时，可无限制地采用它，而不至于损害这个社会的社会主义性质。

---

① 这就是为什么本章和前二章所提出的事实和论证，并不能使我关于今后五十年间资本主义进步可能的经济结果的推论归于无效。三十年代很可能被证明是资本主义的最后一次挣扎——其可能性当然因这次战争而大大增加了。但也可能不是这样，至少没有什么纯经济的理由，可以据以断定资本主义不会获得另一次成功，而我所要证明的不过是这一点。

第二，工人和职员的世界。任何灵魂的改造、任何痛苦的适应对他们都是不必要的。他们的工作实质上还是原来的老样子——除了后面要加上的一个重要附加条件，结果还是同样的态度和同样的习惯。工人和职员下班后还是会回家去做一些家常活动。社会主义空想可以任意称呼这些家常活动——比如说，他可以踢无产阶级的足球，而现在他踢的是资产阶级的足球——但是家还是那一类家，活动也还是那一类活动。在这个领域里不应该发生什么重大的困难。

第三，就是并非不自然地预料到要成为社会主义制度的牺牲品的那些集团的问题——大致说来就是高级阶层或领导阶层的问题。这个问题，按照那个神圣的教义（它已经成为远远超出社会主义阵营的人们的信条）是解决不了的。按照这个教义，构成这些阶层的，不过是些大嚼猎获品吃得过饱的野兽，他们侥幸获得他们现在的经济地位和社会地位，分明不过是靠运气和残忍，他们除了从劳动大众那里——或者说从消费者那里，可按情况而异——抢占一部分他们的勤劳果实之外，没有起过任何"作用"；何况，这些食肉野兽还由于他们的无能，（这儿加上了一些现代气息）由于他们关于窖藏他们的大部分猎获物而产生了萧条，这就把他们自己的把戏耍坏了；所以社会主义共同体除了眼看着他们从原有地位上被很快地撵走，防止他们采取怠工行动之外，用不着为他们操什么心。不管这种教义的政治效果如何，也不管对付低能者的这种心理疗法的效果如何，这甚至不是好的社会主义。因为随便哪个文明的社会主义者，如果他善于检点并指望能够被严肃的人们所严肃地对待，他就会承认许多关于和这教义不相容的资产者阶层的品质和成就的事实，他还会进一步主张，这类高级阶层根本不应该被牺牲掉，正相反，还应该把他们从道德上压迫他们不亚于经济上压迫大众的那个制度的桎梏中解放出来。从这个符合马克思遗教的立场出发，所走的路不会离下面的结论太远：与资产阶级成分的合作，也许和社会主义秩序的成败有很大的关系。

所以，问题是这样摆着的。这里有一个阶级，由于它借以形成的选择过程，积蓄了具有优秀品质的人才，因而它是一项民族资产，任何社会组织使用这项资产都是合理的。仅此一点就至少不应该含有绝灭这个阶层的意思。何况，这个阶级正在执行即使在社会主义社会内也应该执行的职能。我们知道，这些职能一直被人们而且现在实际上还被人们把它跟资本主义时代的全部文化成就，以及不是由于劳动人口增加而造成的全部经济成就——也就是跟全部通常被称为劳动生产力（每工时生产力）的增量，因果相连地联结在一起。然而，这种成就也是一直被人们跟社会主义势必要加以废止的，具有独特效率的奖惩制度因果相连地联结在一起的。所以，现在的问题一方面是，能否利用原来的资产阶级分子来为社会主义社会效劳，另一方面是，社会主义必须从资产阶级那里夺取过来的各种职能，能否由另外一些执行者来执行，或者由各种非资产者的方法来执行，或者两者兼具。

我不认为我们需要进一步探讨这个问题了。熊彼特将给予上述问题以肯定的答复：是的，拥有超常才能的资产阶级管理者将来当然能适应于跟先进资本主义制度的组织差别不太大的官僚制组织。其实，在该书论民主的那篇中（我无法在本书中论述这个部分），也可以发现官僚制是与技术先进的社会中的民主政府相协调的——甚至是不可或缺的。

于是，我们现在能看出，为什么熊彼特在回答最初的问题"社会主义能行得通吗？"时，用了"当然能"这样一个肯定的答复。原因是他把社会主义看作是极类似于高度发达的资本主义。诚然，工作任务将有所减轻，收入差别将稍微均等一些，但可能有人会辩解说这些是资本主义制度发展演进的结果。这样说来，唯一的问题将是，为什么社会主义行不通；对于这个问题，熊彼特没有答案。

关于这部非同寻常的一度如此大胆、如此自以为是、如此激进、如此真正保守的著作，是否还有最后什么东西要说的吗？我看不出有什么目的要设法用单一的价值评价，去褒扬一部其魅力和价值在于它能够把截然相反的对立物结合在一起，并说服不可调和的思想和平共处的著作。或许，我所能提议的是，该书应该在所谓"经济科幻著作"的类别中排在第一位，但是熊彼特也许不喜欢被归于乌托邦社会主义者一类。我想，如果我称其为"科学幻想"类，他的著作将是其中仅有的一部，那么我就可以抚慰他的感受了。

现在熊彼特的著作中就只剩下最后一部需要探讨了，那就是权威的《经济分析史》，于他去世后的 1954 年出版。[①] 篇幅超过 1000 页，结合了最杰出的学术成就，没有丝毫的卖弄学问之意，学问深厚，有时会自以为是，这是一部举世无

---

① 《经济分析史》，根据伊丽莎白·熊彼特的手稿编辑而成，纽约：牛津大学出版社，1954 年。

双的鸿篇巨制。不可能把它从头读到尾，但必须搁在书架上，当需要了解有关经济思想进程中的某些转折、大大小小的人物、其重要思想的某个流派时，可供随时翻阅。没有任何其他书籍堪与之相比。

这里，还有一个原因我要给予它显要地位。先前我说过，我认为熊彼特最值得注意的一个贡献，是勉强承认经济学作为一门科学，其范围是有限的——这种承认因熊彼特如此热心于促进它的科学地位而越发显得不同寻常。我们已经见到这种承认在他对通常只允许静悄悄地——更糟的是不为人知地——潜伏于分析表面之下的问题大言不惭地给予强调时的一个极端重要的方面：在其关于资本主义（以及程度稍逊的社会主义）是什么和如何运作的描述中扮演决定性角色的社会学模式、文化抱负、阶级特征。

《经济分析史》一书中公然引入了另一个甚至更离经叛道的非科学成分。那就是径直讨论了一切科学思想的掺杂物中最危险的那种：意识形态。我们还是引用熊彼特的引人注目的原话吧："在每一种科学探索中，"他写道，"最先出现的是想象。这就是说，在开始从事任何一种分析工作以前，我们必须首先挑出我们想要加以观察的一组现象，并且对于它们如何结合在一起——换句话说，对于从我们的观点看它们的根本性质是什么——首先凭直觉得出一个初步的观念。"

这是一个大胆的陈述。因为预先承认想象的必要性，向作为经济分析主要任务的分析提出了一个根本的挑战。不可避免地，给予想象以明确的认可势必导致对主观因素——不同偏好、价值观或简单的认知能力，它们可能深刻影响那些我们运用分析技巧加以分析的"事实"——所扮演角色的认可。就这些主观因素进入分析所依靠的根据来说，我们引进了这样的成分：它们的影响势必会妨碍我们分析的抱负的"科学性"，而一旦涉及我们的分析工作所可能得出的任何结论，其藏而不露的存在决不可能不被人觉察。

当我们从引起我们注意的一组现象中看到了我们所想象的图景时，无论这组现象是在处女地还是以前已经耕耘过的土地上，我们的分析努力就开始了……现在应该完全可以看清，这里有一扇大门可以让意识形态进入这个方法之中。事实上它在楼下就已登堂入室，进入我们曾经说过的分析前的认识行为中。分析工作是用我们对事物的想象所提供的材料开始的。而这种想象几乎从定义来说就是意

识形态的。它把我们所看到的事物的形象体现出来，不管什么地方，只要有任何可能的动机希望从某种角度而不从另一角度去看待事物，那么我们实际怎样看事物和我们希望怎样看事物之间的界限就很难划清。①

在承认了意识形态的力量之后，熊彼特现在试图控制它。他提出，将存在着保护性的反作用力，这些力量即便不能完全消除也能限制它的危险。主要保护性元素就是那些指导我们分析工作的方法论程序。我恐怕熊彼特提出的这个补救方法不如他希望的那样有效。这是因为，那些扮演这一非常重要的角色的"规则"是什么呢？熊彼特没有给出清楚的说明。原文在这一段之后不久就结束了——更确切地说，正如我们可从编者的评语中得知，后面跟着的是多页未完全整理的文稿散见于他为《经济分析史》的这个部分而作的文章中间。其中有三大页整理完好的文稿值得仔细阅读（第44－47页），但我认为从这三页中摘录的下述文字，概述了后文内容：

虽然我希望上面对意识形态问题的处理能帮助读者了解我们不得不在其中进行工作的处境，一方面使他提高警惕，一方面又不要使他对我们的方法与结果的"客观有效性"产生无谓的悲观情绪，但必须承认，我们对这个问题的回答，其中包括搜索、诊断和消除意识形态虚妄的一套规则，不能搞得那样简单明确，像通常人们所做的那样，肯定科学的经济学史是或者不是一部意识形态史。对于前一种意见，即认为经济学史是一部意识形态史的看法，我们不得不作出很大的让步，这些让步会使所有那些有关经济生活的广泛哲学……的科学性遭到怀疑，而这些哲学对我们很多人来说，正是在经济思想的创造中最令人感兴趣和富有魅力的部分。更糟的是我们一方面不得不承认，虽然有一种机制倾向于自动地摧毁意识形态，但也许这是一个消耗时间的过程，会遇到许多阻力，而另一方面还得承认，我们从来也难以保证不会有新的意识形态侵入以取代正在消逝的旧意识形态。

在这个使人打消疑虑的坦白后面，是承诺去讨论四个这样含有反意识形态保

---

① 《经济分析史》，第42页。

护措施的例子，不幸的是，熊彼特讨论了第一个例子之后就没有再继续了……之后，未结束的那章（通过编者补充的一段用圆括号括起的插入语）转到了意识形态部分的开始部分，带我们兜了一个大圈子，回到了我们已经讨论了的材料。因此，如果说熊彼特比任何之前的经济学家（包括马克思在内）更直接地遇到了想象力问题的话，那就不能说就分析的客观性而言，他有效地消除了它的威胁。[①]

我本人不太确信：意识形态是一种要被消除的不纯物，充其量是一种要得到承认的佐料；但这个问题需要另找时间探讨了。这里，熊彼特在承认想象和分析交织、价值观和事实交错时所显示出来的勉为其难的勇气，似乎是一种极好的方式总结了世俗哲人中这位最唐吉诃德式人物的贡献。很容易就能看出熊彼特的弱点，就像我20岁出头时胆大包天地做的那样，称他"自负、傲慢而妄自尊大"；尽管如此，不论我们在认识世界的科学探索中发生什么，他内省式的自觉意识中都有某种东西将继续给我们以教导。

[①] 改编自海尔布罗纳，"熊彼特终究说对了吗？"《经济学展望期刊》，第7卷，第3号（1993年夏），第88–90页。这个长长的脚注看起来是一个合适的地方，用以提出对一个长期困扰我的问题的解答。那就是，为什么熊彼特在数量巨大的经济学著述家中，选择了这样一个不太可能的英雄。《经济分析史》中的英雄不是斯密、李嘉图、穆勒、马克思、马歇尔、凯恩斯——肯定不会是他的对手凯恩斯，而是莱昂·瓦尔拉斯。不过我现在看出了，人们可以从熊彼特对于在分析和意识形态之间的竞争——意识形态似乎总是渗入到分析之中的竞争——的承认中找到答案。这就是，坚持纯粹经济学应该和应用经济学相分离的瓦尔拉斯，比任何人都更接近于实现熊彼特关于不掺杂意识形态的经济学的愿望。人们能否把一个一般均衡系统称作是对资本主义的不关乎价值的描述，我留给读者自己去判断。但在瓦尔拉斯建立"纯粹"经济学的努力中，肯定有对这样一种情况的要求，而且人们能够看出，对于一位亲口宣称资本主义不能存续、社会主义肯定行得通的经济学家来说，这样一种想法将会具有怎样的诉求。说熊彼特是一个令人感兴趣的人，不亚于说他是一厢情愿的思想的牺牲品，我认为他就是这样的人。还会有哪位世俗哲学的践行者具有他那样的想象力和胆魄？

跋

是否存在一种关于经济思想的元历史——一个包罗一切的把经济思想大师们的工作条理化的叙述？这是一个不容易回答的问题，但我不知道还有什么更好的办法结束我们的探究。此外，这个问题适合本书中经常作为对这些大经济学家之作品的评论所表达的意见。这些评论中有些是针对分析上的混乱，比如重农学派把地租当作"自然赠予"来处理。但是，我的绝大部分评论针对的是先于分析性阐述本身的想象。再举一个重农学派的例子，我们回忆一下杜尔哥的话，"社会上另一部分人……宁可从事土地产品的制作和加工工作，也不愿意种植这些农作物"，这是一种描述可怜的农民被迫离开土地，而成为无产阶级工人的历史进程的奇怪方式。

现在我必须面对我自己的评论，问一问它们本身是否富有价值。我的回答是它们的确富有价值。尽管我希望以一种一开始就是明确的方式加以表述，即，经济学在本质上就跟社会政治密不可分。但是即便这样，也不能完全表达我本人的价值取向。因为我更相信，经济学的社会政治方面，尤其——或许甚至仅仅——适用于那些其经济会显示出下述三个属性的社会秩序：它们被永不满足的积累资本的欲望所驱使，被主要是无管理的市场结合在一起，并被划分为两大领域，一是私人领域，一是公共领域。一句话，它们是现代资本主义社会。

如果我们要想弄清楚这样的社会如何结合在一起，以及为什么它们表现出具有最异乎寻常的特色的动态，则这样的社会的确要求作特殊的经济学分析。那就是被大肆吹嘘的经济学成就，在本书中体现为具有特色的展现这些分析性阐述的"图景"，这些"图景"是其最令人感兴趣的。但是还有一个原因使我聚焦于这些大图景。因为较之在经济学中的任何其他应用，它们更清晰地表达了预知性想象（熊彼特的用语）给经济学分析填充评价性内容的方式，熊彼特称之为"意识形态的"。

我们已经熟悉这个一般结论了。然而，值此之际，重要的是要认识到，这些富有价值的图景能够给我们提供关于我们一直寻求的主题的元历史。此外，那个包罗一切的叙述现在看起来相当容易描述了。它采取了从研究政治经济学稳定地转移到研究经济学的形式，即从大言不惭地认可他们的分析性概念中富有价值的元素的研究，到忽视甚或更糟地，没有觉察到它们的存在的阐述。除了将斯密、李嘉图、穆勒，当然还有马克思提出的图景中的主要角色，跟杰文斯、瓦尔拉斯、马歇尔甚至凯恩斯笔下的角色进行比较之外，还可能有什么更清晰的证据呢？在第一组经济学家中，其剧本关心的是社会当中各社会政治阶层的命运，而在第二组中，关心的是不定型的个人群体的财富。由此可知，第一组图景描述的是有关社会秩序本身的不断变化的前景，而第二组描述的则是收入分配的变化，而非相对阶级位置的变化。

是什么原因导致研究方向的这种转变呢？一个原因是政治上的，社会面貌从政治经济学问世和繁荣的十八世纪向政治经济学开始衰退的十九世纪中后期的变迁。第一个时期在信仰方面本质上是贵族式的，理所当然地认为阶级分层是不可避免的和正确的；第二个时期由于民主政治观念和资本主义经济观念日益深入人心，而倾向于否定阶级的重要性乃至阶级的存在。值得注意的是，在这方面，马歇尔喜欢宽泛的术语"经济学"胜过较狭义的"政治经济学"，因为他明确地把关键词"政治"理解为指的是"政党组织的迫切需要"，而不是指资本主义秩序的阶级性质。[①]

经此清理，经济学从一个作为一项社会研究的自我形象，稳定地退化为"科学"的自我形象，马歇尔的选择是社会学。我们可以从那些日益代表首选分析阐述方式的"模式"中越来越缺乏对社会和政治因素的兴趣中看出这一点。在这些阐述中，只有那些表现良好的行为力量——主要是最大化和最优化——才可能加以考虑，而不是那些不适合数学表达式的力量，譬如非理性决策、百依百顺或无限的野心。由此可知，对"相关性"的考虑位于分析前提列表的底部——跟

---

① 马歇尔，第43页；第 xiv 页。

什么相关呢？以同样的方式，经济政策退而求其次，追求阐述的"精确性"：正如我在其他地方所写的，一名拿起一本主流经济学杂志的火星来客，可能会情有可原地误把它当作是物理学杂志。

那么，这个元叙述有一个可预见的结局吗？太容易想到一种结局了："科学的"经济学的践行者们以中世纪教师那种不屈不挠的精神从事着他们当前的研究，不过我还能想象另一条发展路径，即使这不容易预见到。当今的资本主义制度遭遇到了许多新的压力，它们源自强大的技术、新出现的生态威胁和愈演愈烈的政治不稳定性，以及史无前例地暴露在国际金融和投资洪流之下。这些挑战可能是本书中赞美过的政治经济学传统重振雄风所必需的。

因此，我所能希望的是人们对政治经济学燃起新的兴趣，这兴趣或许是被一支持不同意见的经济学家队伍——凡勃伦笔下的工程师们的对立方——所复活。这支队伍将寻求这样一种经济学研究模式，其分析结论始于作出不懈的努力，去充分认识我们时代的社会政治现实，而不论他们在简洁优雅的模型的建立过程中可能会遇到什么困难。这种希望也许被证明就像凡勃伦期待着在已觉醒的工程师们的指导下，价格体系得到再造那样不现实。但是，如果我不相信政治经济学的传统重振雄风是可能的，我就不会写作本书了。这将的确是世俗哲学的教导一个开心的结尾。

思想的力量
——译后记

本书可以说是《世俗哲学家》（中文译本名为《几位著名经济思想家的生平、时代和思想》）的姊妹篇，虽然后者的"年纪"已40多岁了，作者海尔布罗纳本人就是靠它一举成名的。关于写作本书的原因，作者在《序》中说得很清楚，"我的两本书合在一起，将以任何单一的一本书都不能完成的方式帮助增进对经济学的理解"。

作者[①]使用"世俗哲学"，而非"经济思想"，是有其词源依据的，虽然本书讲述的是经济思想的缘起和演进。因为哲学乃智慧之学，是一切知识的源头。世俗意为尘世的、人间的，是相对"天国"而言的，世俗哲学实质是关于如何解决人类物质方面的问题的学问，这与当今人们头脑中的"经济"概念有所不同，而类似于中国古代"经济"一词的本义——"经国济世"。另一方面，这也反映了作者的雄心，这雄心，促成了他的第一本著作的面世，也一举造就了他在经济学界的知名地位；本书的缘起，正如作者在"跋"中所言，他雄心勃勃地希望写出一部"包罗一切的把经济思想大师们的工作条理化"的"元历史"。

海尔布罗纳不愧为文字大师，对于自古至今的西方经济思想，信手拈来，举重若轻；叙述起来深入浅出，既不纠缠于晦涩难懂的理论，又不致写成没有自己思想的"抄袭式"读物。从本书结构看，作者以时间为轴，以经济思想为纲，划分若干部分，每部分选择有代表性的经济学家及其思想，从而使读者能够清晰

---

① 罗伯特·海尔布罗纳（1919—2005）美国著名经济学家。1940年毕业于哈佛大学。当他还是个研究生时，因写作《世俗的经济学家》一举成名，该书成为美国各大学经济学的超级畅销入门读物，累计销售超过200万册。主要著作还有：《改变世界的经济学家》、《经济社会的根源》等二十余部。

地看出经济思想演变的来龙去脉；从行文看，作者采用的是摘取原文精要，让那些世俗哲学家"现身说法"，因为"'真货'无替代品"，然后配以精彩的评论，牢牢掌握主动权，引导读者领略和把握真实的思想。

从某种意义说，人是（思想）观念的动物。人从一生下来，就或主动或被动地接受各种各样的思想观念。著名经济学家凯恩斯深刻认识到思想的重要性。他说："经济学家和政治哲学家们的思想……都比一般所设想的更有力量……世界就是由它们统治着……在空中听取灵感的当权狂人，他们的狂乱想法不过是从若干年前学术界拙劣作家的作品中提炼出来的。""不论早晚，不论好坏，危险的……是思想。"

这也是中国历史上任何统治者重视对思想进行钳制的原因。从中国五千年的历史可以看出这一点。远古时期，文字是贵族的专利，普通人基本是文盲。只是到了春秋时期的孔子，才有"授业"之举，因而相传有"三千弟子"、"七十二贤"和"孔门十哲"。孔子这么做的伟大意义，怎么称赞都不过分，所以，他被尊为"圣人"绝不是偶然的。中国第一位皇帝，"焚书坑儒"就是他的"杰作"；历史上的"文字狱"也是层出不穷；历朝历代"独尊儒术"，信奉"民可使由之，不可使知之"的统治理念，显然有着这方面的原因。之所以如此，正如凯恩斯所说："……因为人民群众不能理智地比较各种可选择的途径，而总是接受人们正在对他们说的话。"可见，由于语言是文字的载体，言论自由可以说是人类除生存权之外的第一权利。只有能够自由地发表言论，自由地获得各种信息，通过每个人的独立思考和逻辑分析，才能对各种事物包括对经济事物形成每个人自认为是正确的判断，以采取相应行动。

显然，海尔布罗纳也深刻地认识到思想的重要性，本书就是关于经济思想的。但他对经济学的认识，无疑不是目前人们脑海中的"经济学"，因为"经济学本质上跟社会政治密不可分"，所以他不满意于"经济学从一个作为一项社会研究的自我形象，稳定地退化为'科学'……的自我形象"的现状，而衷心希望经济学能回归到传统的政治经济学范畴，使之"重振雄风"。

本书引用了许多伟大经济学家们的大量的名著原文，时间跨度大，学术性强，翻译起来颇为不易；同时，本身就是知名经济学家的海尔布罗纳，其驾驭思想和文字的能力堪称一流，这也造成了翻译上的诸多困难。如果没有诸多好友和人士的大力帮助，本书是不可能完成的。因而，本书在专业术语方面，在文字润色、核对方面，在资料查找、文字录入等诸多方面，以下诸位不厌其烦地给予了大力支持和帮助：崔柏、崔洪雁、董丽、冯玉成、谷荣涛、姜玉芝、李增智、刘波、罗海党、罗志军、潘晓宇、秦玉环、吴俊杰、阴明辉、张孝强、赵炳雄、周连红、周北芹、朱对林、祝广平、谷荣涛、王孝南、徐宏云、韩月星、张立红、韦强、崔欣等。此外，还有许多人士给予了其他方面的帮助，谨在此一并致以衷心的感谢！

当然，本书得以付梓，离不开华夏出版社的领导和编辑的大力支持和帮助。

陈小白

2014年4月